LES FILLES DU ROI

COLETTE PIAT

LES FILLES DU ROI

ÉDITIONS DU
ROCHER
Jean-Paul Bertrand

© Éditions du Rocher, 1998

ISBN 2 268 03016 4

Pour Hélène, ma mère.

Je me souviens…

À Catherine Jérémie, de Québec.

Amsterdam, en l'an de grâce, le 4ᵉ septembre 1690

Le vieil océan nous sépare. Et le temps, les vagues des années. L'écume de la mer. Le flux de la vie et de la mort. Catherine, mon amie, ma sœur, puisse le sort vous avoir fait crédit comme à moi.

Je vous embrasse de tout mon cœur. Mais cette étreinte m'angoisse. Vous êtes si lointaine, alors que nous parcourûmes de conserve tellement de tempêtes sur cette terre dont les Puissants sont les abîmes, les courants sournois les naufrageurs.

Un navire doit partir sous peu à Québec. J'en connais les marins et souhaite leur confier ce journal que je vous destine. Sachez que, par l'âme, je reste attachée à la Nouvelle-France, devenue ma patrie. Je ne cesse de penser aux milliers de nos hommes avançant sans peur dans cette immensité qui demeure à jamais leur territoire. Sillonnant le monde du Mississippi à Terre-Neuve. Jamais les distances ne les impressionnèrent. Le curé de Biloxi, en Louisiane, n'a-t-il pas long-temps signé les certificats de baptême ainsi : «Dubost, curé de Biloxi, diocèse de Québec» tandis que le prêtre de Mobile parcourait trois fois le voyage en sept ans pour s'entretenir avec son évêque ?

Alors, qu'importe le reste : les marquis en dentelles, les généraux féroces, les conquérants cruels, et ce désir impitoyable de pouvoir que le Seigneur condamne le plus sûrement du monde.

*En dernier adieu — le Ciel nous permettra-t-il de nous revoir ? —
je vous prie de me lire. Puissiez-vous m'accorder miséricorde et compassion. Marie Arnault ne fut jamais une sainte. Mais l'Éternel
connaît les cœurs ; il pardonne aux pécheresses et aux révoltés, ce
troupeau égaré qui déteste l'ennui, l'hypocrisie, l'intolérance et la
haine ; plus fidèle aux passions qu'aux offices ; goûtant le déduit avec
âpreté, mais, après les soupirs, ouvrant les yeux sur la souffrance des
autres qu'il brûle d'apaiser.*

*Si les Sybarites sont promis aux flammes des enfers, je n'y échap-
perai guère. À moins que ceux dont j'aurai pris la main, comme mon
père me le recommandait instamment quand le mal les atteignait, ne
viennent plaider en ma faveur.*

*Puissiez-vous les écouter, chère Catherine, et me faire grâce pour
mes folies. Sachez que je vous aime comme moi-même.*

Marie Arnault

I

Je suis née en 1648 dans un petit bourg normand, non loin de Carentan, où mes parents occupaient un manoir fermier, entouré de champs où paissaient les troupeaux. Les fenêtres à meneaux, les tourelles hexagonales, l'escalier à grandes dalles de granit témoignaient d'un passé glorieux dont il ne reste qu'un souvenir tenace.

Ma mère, Mathilde d'Houdeville, y avait vu le jour. Noble d'origine, elle s'était mésalliée avec un bourgeois de Carentan, Michel Arnault, maître-chirurgien.

Hélas, mon pauvre père aurait-il été médecin et ignorant comme Melchisedec Barsry* la Faculté lui eût tressé maints lauriers, mais le titre infortuné de «chirurgien-barbier», en dépit des actes nobles qu'il pratiquait, le condamnait au mépris, pour ne point dire l'infamie.

Le Seigneur d'Houdeville et son épouse n'ignoraient guère, au moment de l'engagement amoureux que ma pauvre mère souhaitait mener à terme, que si les lois de la Faculté interdisaient aux médecins de toucher un scalpel, voire une lancette, et de soigner ce que j'ose appeler pour vous les «parties honteuses», les chirurgiens n'étaient que de vulgaires manœuvres. L'un des plus glorieux

---

* Charlatan du Pont-Neuf qui affirmait avoir guéri l'éléphant blanc du Siam d'une colique «néphrétique».

les traita même de laquais bottés, d'estafiers de Saint Côme*. C'était, à l'entendre, une race de méchants coquins extravagants, porteurs de moustaches et de rasoirs**.

Vous jugez aisément du peu de goût que mes ancêtres ressentaient à l'égard de ce prétendu malotru. Mais Mathilde ne tarda guère à présenter un état ressemblant fort à de la consomption, tandis que la toiture et les tours du manoir commençaient à menacer ruine. Michel Arnault avait du bien. Je ne sais si les humeurs malignes de ma mère ou le délabrement des murs emportèrent la décision. J'entends d'ici votre voix. Les espèces sonnantes et trébuchantes emportent le plus souvent la décision des hommes.

Le mariage se fit au château avec toute la discrétion qu'impliquait une telle mésalliance. Le couple fut logé dans un premier temps au fond de l'aile ouest, considérée par ma grand-mère comme la plus mal commode. Le maître-chirurgien partait quotidiennement de bon matin sur sa mule à Carentan pour exercer sa charge. Les talents de Michel Arnault firent le reste. La mule devint cheval-barbe, puis ce fut bientôt un carrosse qui mena notre homme dans les régions parfois lointaines de Normandie que sa réputation avait gagnées, taillant de la pierre, guérissant les hernies par bandage ou emplastre, abattant les cataractes et remédiant à mille maux, les membres rompus ou disloqués constituant le menu fretin de ses soins salvateurs.

Saint Côme devait, en son éternité, veiller sur son disciple. Je le dis cruellement, et non sans honte: sachant par ma mère le mépris dans lequel le Seigneur d'Houdeville et son épouse s'obstinaient à traiter leur gendre, j'épouse la rancœur que dut éprouver mon père et me réjouis malignement de la fin aussi soudaine que surprenante de ceux que je considère aujourd'hui comme deux malheureux.

Je n'étais point née et tiens le récit de Mathilde. Ce fut l'histoire de quelques jours. Monsieur et Madame d'Houdeville, mes grands-parents, montraient quelque fièvre et s'en inquiétaient. Ils se gardèrent, bien sûr, d'en parler au coquin extravagant qui avait

---

* Saint Côme était le patron des chirurgiens.
** Guy Patin dixit.

14

eu l'outrecuidance d'épouser leur fille, mais firent quérir promptement un certain Prud'homme, médecin réputé. Il jugea la fièvre maligne, due à des humeurs corrompues ; prescrivit la thériaque, l'antimoine, le mithridate, l'orviétan et les bézoards. Persistant à ne point requérir les services de leur si proche parent, les pauvres malades continuèrent à confier leur état au seul Prud'homme. Assisté d'un barbier inconnu de mon père, il fit pratiquer à ses patients en quelques jours un nombre impressionnant de saignées et de lavements. Les conséquences en furent promptes. Louise d'Houdeville rendit l'âme au bout d'une semaine. Son époux la suivit le lendemain.

Monsieur Prud'homme avait pris soin de se faire honorer à chaque visite. Il n'omit point de solliciter un complément important pour cette exécution menée si rondement. Mon père le régla sans sourciller. C'était un homme de cœur. Il éprouva une grande douleur et partagea celle de son épouse, non sans conclure secrètement — du moins, il ne nous le laissa jamais entendre — que l'histoire était rude, Saint Côme étant intervenu bien fielleusement.

La vie, désormais, se déroula dans le manoir occupé tout entier par Michel et Mathilde Arnault. Ma mère donna naissance à deux fils, Guillaume et Jean, dont je garde peu le souvenir. Ils furent rapidement placés chez les Jésuites, à Caen. Je vins au monde cinq ans plus tard et n'eus guère le temps, dès lors, de conserver d'autre souvenir que celui de garçons qui me parurent assez méprisants, voire brutaux à mon endroit. Il faut dire qu'une fillette insignifiante avec laquelle il n'était guère possible de jouer sérieusement à colin-maillard ou la main chaude ne présentait guère d'intérêt.

Donc, je demeurais seule avec Michel Arnault. « Mais, votre mère ? », direz-vous. Hélas... la Nature est déconcertante. Mathilde, belle sans doute en son jeune âge, souffrait de l'humidité voisine du Grand Vey et de la mer assez proche. Elle brodait tout le jour, attendant son mari et lisant peu ou pas. Son teint se ternissait ; l'esprit, qu'il faut se garder de laisser en jachère, souffrait de la même façon.

Catherine, je ne veux rien vous celer : quand ma mère m'appelait pour m'accroupir à ses côtés et poursuivre une tapisserie commencée depuis des lustres, je venais quelques instants, non sans impatience :

— Marie, asseyez-vous. Votre œuvre se languit. Les points de croix requièrent grande patience et obstination.

— Je ne possède ni l'une ni l'autre.

— Comment ferez-vous pour tenir plus tard votre maison ?

— Je la lâcherai.

— Vous ne trouverez point de mari.

— Je m'en passerai.

Un bruit d'attelage venait souvent à point me tirer d'affaire. C'était un fournisseur ou — divine surprise — mon père à son retour. Je renversai le tabouret dans mon emportement, courant vers la cour, tandis que la tapisserie oubliée gisait sur le froid carrelage. Le dessin en demeurait à ses balbutiements. Je l'ai retrouvée, bien plus tard, terminée et soupçonne Mathilde, méprisée par sa fille comme je le fus par mes frères, d'avoir humblement, sans espoir, achevé une tâche correspondant à un sens du devoir que je n'avais pas.

La librairie de Michel Arnault était mon refuge privilégié. Mon père cependant ne m'épargnait pas. Il tenait lui aussi les femmes en peu d'estime et les jugeait de faible entendement. L'année de ma naissance lui importait peu ; il attachait infiniment plus d'importance à celle de la mort du philosophe Descartes, intervenue deux ans plus tard et dont il ne se consolait guère. Il m'en entretenait parfois, se récriant avec véhémence que cet illustre génie avait permis de se dégager définitivement de la confusion de la scolastique, construisant la métaphysique en partant d'un doute méthodique. Seuls, selon lui, les craintes de la persécution et le souci de travailler en paix l'avaient exilé en Hollande.

Je m'efforçais de suivre Michel Arnault dont j'embrassais les goûts et les raisonnements. Ses fils étaient souvent absents ; quand ils venaient — peu de temps — ils rappelaient à tout instant qu'ils étaient faits de la même glaise que leur mère. Dois-je vous l'avouer ? Je pris cette place indue et appris au manoir tout ce que l'on peut enseigner à un fils. Michel, jugeant détestable l'ignorance de son épouse, ne voulut point que sa fille resta sotte.

Il exigea qu'un précepteur vienne m'enseigner le latin et le grec. La librairie où il s'enfermait le soir détenait des trésors : les ouvrages savants se serraient autour des murs. Chance ultime, j'eus le droit permanent de les lire, découvrant ainsi ce qu'on s'efforce, le plus souvent, de dissimuler à tous : la vérité, le raisonnement, l'insolence.

On m'apprit, de surcroît, à tirer à l'arc, monter à cheval en amazone ou en cavalier quand me prenait la fantaisie de m'habiller en homme. Je soupçonne mon père de n'avoir point détesté cette vision occasionnelle, trouvant là le troisième fils qu'il désespérait d'avoir.

Mais Michel Arnault ne s'abusait pas. Le Ciel m'avait donné, sans barguigner, tous les attributs d'une fille. Catherine, vous en fûtes témoin lorsque j'arrivai au Québec. Je n'ai jamais eu à me plaindre du Créateur ; peut-être même devrais-je demander des comptes au Diable. Sans doute, délaissant son énorme labeur, a-t-il dilapidé quelques minutes pour me donner tout ce qu'exècrent, si justement, les dévots et les bons apôtres : cheveux blonds ondulés jusqu'aux reins, visage avenant ; taille bien prise et, dès l'âge de quinze ans, une gorge que je restais encore seule à voir le soir en mon miroir, mais destinée à coup sûr à damner même les apôtres. Oui, il y avait du Diable là-dedans.

Privilège ; menace. Je ne tire aucun orgueil de cette beauté destinée — il ne faut jamais l'oublier — à la glaise et aux vers. Pour le temps de ma courte vie, elle ne peut me laisser indifférente. Délices et tourments attendent les créatures du Malin. Mais, Catherine — feignez de ne point me lire — est-il pire enfer que l'ennui et le regard indifférent des hommes ?

Le temps passa, donnant feuilles et branches aux plantes vivaces, y compris les filles du manoir. Hélas, le malheur m'attendait. Un soir, au retour d'une longue promenade à cheval, j'aperçus le domaine et le trouvai fort sombre. Un valet s'occupa de mon alezane, sa mine aussitôt m'alerta :

— Votre père, me dit-il, semble bien fatigué.

Je ressentis aussitôt la plus grande alarme et montai jusqu'à sa chambre. Il n'y était point. Des flambeaux éclairaient la librairie.

Je le vis immédiatement, pâle, les yeux mi-clos, le dos appuyé contre son fauteuil de lecture et les jambes posées sur un tabouret.

— Je n'ose le déplacer, murmura Mathilde qui se trouvait près de lui.

— Avez-vous fait quérir le médecin ?

— Il ne veut point de Monsieur Prud'homme.

— Il n'y a pas d'autre praticien ?

— Ce ne sont que charlatans et assassins, murmura mon père, à peine audible.

Il prit son pouls lui-même avec le peu de force qui lui restait. Je me penchai pour ne rien perdre de ses propos. Il haletait violemment, espaçant ses mots avec effort :

— Notre cœur est un personnage qui n'aime guère qu'on le dérange. Un inconnu... qui s'arrête de marcher... comme une horloge.

Ma mère se baissa vers lui à son tour :

— Dois-je appeler un prêtre ?

— Que nenni. C'est Harvey qu'il me faudrait. Marie... Marie, où es-tu ?

Il cessait déjà de voir. Ma mère donna des ordres pour quérir un prêtre, malgré tout. Ce fut le père Belin qui survint en hâte du hameau, accompagné d'un enfant portant les saintes huiles. Belin n'ignorait pas que Michel Arnault était un impie qu'on ne vit jamais aux offices. Mais l'abbé était un homme de Dieu, humble et généreux. Mon père, lorsqu'il arriva, se trouvait déjà sans connaissance. Il ne pouvait être question de confession. Le père Belin songea peut-être qu'il savait déjà tout. Il délivra l'extrême-onction.

Je demeurai, pour ma part, debout et pétrifiée. Michel Arnault, parti dans ces ombres myrteuses, ne me tendrait plus jamais sa main tiède. Déjà, le froid l'avait pris. Il me prenait aussi. Je mourus à l'instant, en quelque sorte, mais par un étrange enchantement, sentis qu'il s'emparait de ma personne, pour s'assurer la pérennité. Je devins l'ombre de Michel Arnault, et sa suite.

Grâce au père Belin, les obsèques de mon père eurent lieu dans la petite église du bourg. Les dalles glaciales firent écho à cet autre froid redoutable. Mes frères revinrent de Caen, tout de noir habillés. Je composai un visage de circonstance et m'efforçai de leur manifester mon affection. Michel Arnault leur était, après tout, bien étranger. Ils le voyaient rarement et leur esprit faible les séparait de lui lorsqu'ils étaient présents.

Tout ce que Carentan compte de nobliaux ou de bourgeois aisés se pressa à l'église ou dehors, faute de place. Nous vîmes même bien des paysans et quelques manouvriers qui devaient sans doute à mon père une opération salvatrice *« gratis pro Deo »*. Je ne parle pas de ceux-là, mais des autres, à l'évidence, qui accouraient à la messe, faisant assaut de toilettes et de chapeaux empanachés. Les occasions d'éblouir ou de se jalouser ne sont guère fréquentes en ces lieux éloignés des grandes villes. Tout est bon pour briller, échauffer la bile de ses voisins par un luxe intempestif, ou lorgner quelque belle, voire un damoiseau. Les carrosses encombraient le parvis. Les chevaux piaffaient.

Quelques-uns communièrent. C'était là une occasion unique d'étaler sa munificence, ou ce qui en tenait lieu, entre les travées. Certains saluèrent ma mère s'ils en avaient le temps. Peu nous suivirent jusqu'au cimetière, cependant tout proche, où les fossoyeurs attendaient. On entendit assez vite les cris des cochers et le galop des équipages. De rares élus tentèrent de marcher pour nous rejoindre sur la terre meuble. Mais celle-ci se montrait redoutable pour les souliers fins. Il y eut beaucoup d'hésitation. Des demi-tours. Tout ce beau monde peu à peu s'évapora.

Nous restâmes debout seuls avec ma mère, mes frères, le père Belin, ses assistants et les fossoyeurs. Un manouvrier qui boitait parvint cependant jusque-là, s'obstinant dans son désir d'amitié; sa douleur. Demeurée les yeux secs, je pleurai enfin à sa vue qui me disait tant de choses.

II

L'automne survint, les jours raccourcirent. J'évitais — comment l'avouer ? — de rendre visite à mon père ; la vue de cette dalle qui nous séparait désormais me terrifiait et je préférais demeurer dans la certitude que Michel Arnault, à jamais, vivait en moi.

On alluma les feux ; il me sembla que les bûches elles-mêmes brûlaient mal. Ma mère se languissait ; les visites se faisaient rares. Michel Arnault avait de l'esprit comme dix et attirait les cœurs. En son absence, le manoir devenait désert. Un jour, dans la cour, il se fit un tintamarre insolite. Un carrosse tiré par six chevaux entrait bruyamment. Loriot, l'un de nos valets, vint prévenir ma mère :

— Madame, la visite est d'importance. Il s'agit d'Hippolyte Renoncour...

— Je ne le connais point.

— D'après ses laquais, il serait juge à Saint-Lô.

— Aurais-je déjà quelque procès ? Les biens de mon époux...

Le front contre la fenêtre, j'avais déjà deviné le caractère galant de la visite. Les laquais de Monsieur Renoncour s'efforçaient, pour l'heure, d'extraire leur maître par la portière, ce qui n'était pas une mince affaire. Peu à peu, la chose apparut dans son entier : un important, du moins par les mesures. Le ventre rebondi ; le séant qui lui faisait réplique ; des jambes courtes ; la taille suivait le reste. Apparemment, ce visiteur s'imposait, dans un premier temps, par son embonpoint.

Sitôt à terre, il s'épousseta ; manteau de couleur amarante, hauts-de-chausses assortis, pourpoint de satin blanc et, au côté, une épée à la Miramante, Monsieur Renoncour, s'il était juge, se présentait en petit maître. Il marcha lentement, en levant la tête, examinant tourelles et fenêtres à meneaux, si bien que pendant quelques instants, je songeai qu'il venait peut-être aux fins d'acquérir notre domaine. Je n'étais pas loin de compte.

Ma mère m'avait rejointe ; affectant le détachement, elle regardait aussi. Sa tapisserie avait glissé sur le sol. Mathilde, l'air soudain égaré, appela sa femme de chambre qui la recoiffa en hâte. Elle n'avait guère le temps de mettre une autre robe. À peine celui de se rougir les pommettes. Était-ce utile ? Sous l'embarras, la future Madame Renoncour apparaissait déjà écarlate.

La porte fut frappée avec autorité. Martelant le sol avec sa canne, le visiteur entra. Il plongea autant que l'embonpoint le lui permettait dans une profonde révérence, jeta un regard mécontent vers la servante et moi-même. Nous disparûmes en hâte. L'entretien dura une heure. Je sentis que ma vie, en même temps que celle de Mathilde, se décidait et tremblai de froid. Les cris des laquais, le bruit de la canne et celui, enfin, des roues du carrosse s'éloignant vers le fond du parc, m'apprirent que je pouvais, sans indiscrétion, revenir dans la salle.

Ma mère était songeuse et n'avait pas repris son ouvrage. Elle m'interpella timidement sitôt que j'entrai :

— Marie, mon enfant, je dois prendre une décision d'importance…

— Elle n'appartient qu'à vous.

— Que nenni… Vous serait-il odieux, chère Marie, d'apprendre les secondes noces de votre mère ?

Je restai coite. Le sol se dérobait sous mes pieds.

— Vous ne dites mot, dois-je songer que ma fille en concevrait quelque ennui* ?

Je maîtrisais mon émotion. Cette pauvre Mathilde semblait désemparée. Le visage avait perdu sa rougeur. Je le vis soudain tel

---

* Mot ancien : peine extrême.

qu'il était vraiment : émacié, atteint par les ans. Ma mère — comme je l'avais appris naguère par la vieille nourrice de Jean et Guillaume, mes frères aînés — avait mis au monde sept enfants dont trois survécurent. Je fus qualifiée grossièrement de « *clôt cul* » par la matrone qui me mit au monde.

Il faut dire que Mathilde avait trente ans, ce qui me semblait alors l'âge des renoncements. Je ne sais si mon père l'honorait encore. C'était un fort bel homme, impressionnant chacun et surtout chacune : haute taille bien prise et un visage qui me parut toujours doué de toutes les grâces. Quelques bonnes fortunes l'attendirent sûrement, çà et là, dans les chambres voisines des patients disloqués. Un tempérament sanguin, que je connais trop bien, et le désir d'échapper aux sujétions de son art durent bien le pousser à céder de bonne grâce aux instances des femmes qui le pressaient trop.

Mathilde, les yeux fermés, la tapisserie à portée de main, accomplissait sans doute parfois le devoir conjugal, comme son confesseur l'en priait. La solitude définitive de ses nuits à la suite de la mort de mon père ne la priva guère selon moi, tout en la sauvant de privautés qu'elle tolérait difficilement. Mais ses jours esseulés devaient lui être d'un terrible poids.

La voix grondeuse, le pas de l'autre qu'on attend, les propos futiles, voire aigris, échangés près de la cheminée, bâtissent un univers où il fait bon vivre quand même. Une fillette, des servantes, quelques valets ne sont que les figurants d'un décor où l'on étouffe sans homme, comme dans ces couvents dont on parle à mi-voix. Les enfermées y meurent promptement, ou sont atteintes de troubles qui les amènent aux pires désordres. Le corps réclame un compagnon comme le Seigneur l'a voulu.

Or donc, méditant sur tout cela malgré mon extrême jeunesse, je maîtrisai ma douleur et vins prendre la main de Mathilde :

— Mère, si vous en ressentez furieusement l'envie, il faut y céder. Le parti me semble fort avantageux et le choix est glorieux. Si la peau de Monsieur Renoncour a pour vous quelque attrait...

— Marie, qui vous parle de peau ? Votre jeunesse vous interdit...

— Vous avez raison. Et ce discours est clos.

Je quittai la salle, gagnant ma chambre pour pleurer à mon aise. J'aurais pleuré bien davantage si j'avais tout deviné. Le Sieur Renoncour guignait l'office de Lieutenant du Roi à Coutances. Le coût en était fort élevé bien que leur nombre ne cessât de croître pour le plus grand bien du Trésor Public. De mauvais esprits affirmaient que chaque fois que le Roi créa un office, Dieu fit un sot pour l'acheter. Mais avec le temps, je saisis que le plus sot n'était pas celui que l'on pense. La «savonnette à vilain», comme on appelait alors méchamment l'accès à ces fonctions, permettait peu ou prou à ce juge comme aux autres de se rapprocher de l'épée aristocratique des Seigneurs d'Houdeville. Ainsi, Mathilde, descendue de quelques marches par son union avec un estafier de Saint Côme, reprenait quasiment sa dignité initiale.

Le prix était de taille. Il fallait des écus pour acheter l'office. Le manoir fut vendu en moins de temps qu'il n'en faut pour le dire. Adieu, arbres et prairies ; adieu les brumes voisines du Grand Vey ; adieu, surtout, l'ombre de mon père attachée à ces murs et sa librairie où je passais tous mes loisirs.

Je dois à ma mère une seule bonne fortune en cette aventure. Ses noces furent célébrées presque secrètement dans la chapelle où avaient eu lieu quelques mois plus tôt les obsèques de Michel Arnault qui tressaillit peut-être dans l'autre monde ; il ricana, s'il le pouvait, en voyant le faquin qui lui succédait et peut-être trembla. Ma folie me pousse à cette invention de l'esprit en songeant que la petite Marie était désormais livrée à un pouvoir arrogant aux conséquences funestes.

Je préfère enfermer les mots ; leur laisser peu de place pour conter mon désespoir. Mathilde m'informa que Monsieur Renoncour, désormais Lieutenant du Roi ès Baillage, avait acquis à Coutances, où il régnerait désormais, une demeure à tourelles imposante et neuve, située, me dit-elle, rue des Cohues, lieu où se retrouvait, loin de la canaille, tout ce que la ville comptait en puissants.

Nous partîmes en mai ; ai-je besoin de vous dire que ce fut déchirant ? Nous emmenâmes Dorine, la fille de chambre de ma mère et son époux Blaise, le valet. Je ne vous en ai jamais parlé. L'adolescence demeure l'âge du mépris. Ces gens comptaient alors autant que la tapisserie, qui fit aussi partie du voyage. Dieu merci, j'ai bien changé depuis, comme vous le savez.

Je serrai dans une cassette quelques livres et notes de mon père, ses instruments, ses dessins d'anatomie ainsi que les discours brefs sur quelques interventions d'importance. Les cotillons à rubans s'entassèrent avec ceux de Mathilde. Celle-ci prit de menus meubles : une table de toilette ornée d'un miroir de Naples que son mari lui offrit naguère et deux ployants qui lui étaient chers. Le reste demeura à jamais chez le Fermier Général qui venait d'acquérir le château d'Houdeville pour la plus grande gloire de M. Renoncour et la sienne propre sans doute. La « savonnette à vilains » ne demeurerait pas sans emploi.

Le voyage fut épuisant. Les chemins de Carentan à Coutances sont incertains et tortueux. Ils doivent l'être toujours à cette heure. Deux voitures de louage suivaient notre carrosse. Il fallut changer les chevaux, hormis Zora, mon alezane, qui suivait à quelque distance, montée par Blaise, avec toutes les délicatesses que l'on doit à une favorite. Mes frères n'étaient pas du voyage, Mathilde estimant justement que cela valait mieux.

À une lieue de l'arrivée, nous refîmes quelque peu notre toilette afin de ne pas faire trop mauvaise figure, tout empoussiérées que nous étions. Au loin, déjà, Coutances apparaissait, coiffant un haut promontoire dont le sommet portait une imposante cathédrale. Bientôt, nous gagnâmes les portes de la ville. Des pendus se balançaient sous le vent permanent de la mer proche. Ce n'étaient plus les « nu-pieds » dont mon père m'avait si souvent entretenu : ces fols révoltés, poussés par la misère, pressurés d'impôts et remplissant les prisons pour fuir la gabelle ; ils avaient tenté, naguère, de repousser le joug mais feu le Cardinal de Richelieu ne montra, m'avait-il conté, nulle mansuétude. Ce n'était pas, je crois, son penchant naturel. Il faut dire que ces manants s'étaient montrés bien outrecuidants, brûlant tout ce qui, de près ou de loin, tenait au Pouvoir ou au fisc. Son Éminence lâcha sa meute. Le commun peuple fut désarmé et passé au fil de l'épée. La potence, la roue et les galères achevèrent l'œuvre du glaive.

Ceci se passait près de dix ans avant ma naissance. Michel Arnault avait suivi le combat avec passion. Les larmes aux yeux, déplorant les excès des uns, les atrocités des autres, et marmonnant qu'un faible n'a guère de chance en ce monde. Je savais que Coutances comme Avranches et Rouen furent les décors de ces combats sanglants et inégaux. Mais là, à notre arrivée, les pendus oscillants, évoquant en ma mémoire le récit de mon père, n'étaient point les mêmes. Desséchés, picorés par les corbeaux, ce n'était que des gueux.

Nous entrâmes par la rue du Pilory, connaissant aussitôt mille embarras au milieu des rues étroites, biscornues et dont beaucoup n'étaient guère pavées ; les maisons capricieuses à toits de chaume s'entassaient ; quelques placettes exiguës si l'on excepte une étendue fort belle située près de la poissonnerie. Des monceaux de fumier s'entassaient devant les demeures. Nous fûmes retardés par des charrois de tangue* qui traversaient la ville et réussîmes enfin, grâce au talent de notre cocher, à gagner la rue des Cohues.

Nous pénétrâmes par la porte charretière dont les grilles entrouvertes désignaient la demeure de Monsieur Renoncour. La tourelle qui l'ornait se terminait par un épi de faîtage représentant un cavalier armé. Ainsi dressé sur ses ergots, le lieu semblait dominer encore davantage. À quelques pas, d'autres hôtels d'officiers, de nobles ou de chanoines, faits de belles pierres, les toits couverts de lauzes ou d'ardoises, rivalisaient aussi de fenêtres à meneaux, de tourelles et d'épis de faîtage multiples et dressés. On était entre soi.

Le maître des lieux ne se trouvait point là. Ma mère en ressentit quelque tristesse mais la domina bientôt en songeant qu'elle pourrait faire décharger en paix ses meubles et ses effets. Les attelages, déjà, encombraient la cour. Il apparaissait miraculeux que Monsieur Renoncour ne fût pas présent pour voir l'air chiffonné que nous présentions après ce long voyage, et l'ennui

---

* Sable vaseux précieux pour les engrais.

que lui apporterait toute la place importune que nous occupions malencontreusement.

Nos gens commençaient à vouloir sortir les malles et les effets, tandis qu'une servante échevelée, sans bonnet, arriva promptement :

— René attend Monsieur Renoncour à la porte de l'audience. Je n'ai point reçu d'ordres et me trouve quasiment seule.

Elle ne l'était pas tout à fait mais cela ne valait guère mieux. Deux ahuris, dont la livrée indiquait qu'ils appartenaient à Monsieur le Lieutenant général, vinrent tirer et pousser avec incohérence les objets entassés sur le sol. Contrariant les efforts de nos laquais, ils semblaient s'arracher quelques dépouilles au terme d'un pillage. On annonça bientôt l'arrivée du carrosse de Renoncour. Il fallait libérer la place. Le mouvement désordonné s'accéléra. Le peu de choses se trouvant à terre fut poussé dans une encoignure, tandis que les cochers étaient priés de sortir les voitures en hâte.

Bientôt, on entendit : « Place ! Place ! » Le carrosse du maître arrivait avec fracas. Il pénétra dans la cour, serrant le nôtre dont les chevaux se mirent à hennir. Les roues ne purent éviter les ployants sur le sol. La table de toilette chancela, le pied fendu. Les cotillons devaient se serrer avec terreur dans les malles qui attendaient. Comme vous l'imaginez, je n'avais point lâché la cassette paternelle pour laquelle j'eus volontiers fait l'offre de ma vie.

Le Lieutenant Général descendit, en longue robe de soie noire, comme sa perruque et le chaperon qui annonçait sa qualité.

— Quelle audience ! Mes amis, quelle audience ! J'ai cru mourir après de tels discours.

Ma mère s'avança timidement :

— Monsieur, nous sommes là.

— Je le vois bien ! La rue des Cohues est encombrée de vos effets et on a peine à reconnaître ma cour.

Il jetait dans le même temps un œil désapprobateur sur le désordre qui régnait de façon évidente.

— Eh bien, Nicolas, René ! Qu'attendez-vous donc ? Et vos gens ? Que font vos gens ?

Mathilde s'éventait pour se donner quelque contenance. Je voyais à sa mine qu'elle était épuisée. Je m'approchai résolument de mon parâtre :

— Monsieur, ma mère ressent une grande fatigue. Peut-on lui trouver quelque siège ?

— Ah ! Je vous reconnais ! Vous êtes Marie, la fille de feu le chirurgien Arnault.

Je pris sur moi d'esquisser une révérence.

— Pour vous servir…

— Eh bien, aidez votre mère. Faites-lui gagner sa chambre.

Ce disant, il retira ses gants, baisa distraitement le bout des doigts de la nouvelle Madame Renoncour, lui prit le coude et la poussa vers l'escalier.

— Toinette ! Toinette ! Où est-elle ?

— Je suis là, Monsieur.

C'était l'échevelée qui nous avait accueillies ; elle tentait en cet instant de ramasser au sol quelques rubans épars.

— Au lieu de rester à bâiller, suis Madame Renoncour et mène-la promptement à ses appartements.

Je m'apprêtai à suivre ma mère.

— Pas vous. Votre chambre est dans l'autre aile. Et lâchez cette cassette. Nicolas vous la portera.

— Jamais.

Mon ton, ma mine, l'air décidé, tout à l'instant dénonça au Lieutenant Général le gibier redoutable qu'il devrait soumettre ou abattre sans tarder.

Je rejoignis le galetas que l'on m'avait réservé. Un lit étroit m'attendait. Une chaise ; une table ; une armoire délabrée où je pus serrer mes jupes et mes cotillons. La précieuse cassette fut dissimulée par mes soins derrière la ruelle. Peu importe. Je n'attendais rien d'autre.

Le soir, au souper, je rencontrai pour la première fois ma demi-sœur, Jeanne Renoncour. Son regard m'apprit aussitôt que nous serions amies. Nous avions apparemment le même âge, encore qu'elle eût déjà la taille fort épaisse.

C'est à vous que j'en parle pour la première fois : elle m'apparut disgracieuse, le visage trop rond affligé du nez important que

Monsieur le Lieutenant arborait avec morgue. Mais les yeux de Jeanne exprimaient une douceur et une innocence qu'elle ne pouvait celer. Rien que pour ces yeux-là, je me sentis son amie. J'eus le bonheur d'être assise près d'elle. Elle me témoigna mille attentions. Fort éloignée de ma mère dont l'air contraint ne m'échappait guère, je sentis quelque réconfort sous l'empire de cette compagnie.

Renoncour tonitruait entre chaque plat,

— J'ai vu Chabot tout à l'heure, s'écriait-il.

— Chabot ?

— Oui, ma chère, le Lieutenant Criminel. Il se plaint amèrement du nombre de vagabonds et de mendiants qui mènent une vie licencieuse.

— La peste peut-être ? Ou les guerres ?

— Ma foi, Mathilde, taisez-vous ! Vous n'y connaissez rien. Nul n'est obligé de se livrer au libertinage et à l'oisiveté. La prison de Coutances ne suffit guère. Heureusement, le gibet nous dispense de l'encombrer…

Ce disant, il éclata d'un rire énorme. En fermant les yeux, je revis les pauvres hères desséchés se balançant au vent.

— Je pensais que la pauvreté était une vertu éminente qui fournit aux riches une occasion de sanctification. Elle permet aux chrétiens d'expier et de se racheter… par les soins de l'aumône. Notre Seigneur Jésus-Christ…

— Ma femme, c'en est assez. Si vous vivez céans, je vous dispense de vos sornettes, le silence est la première qualité d'une femme… Votre sottise est grande. Vous ne pouvez tenir que propos dépourvus de sens sur un tel sujet…

Le repas, heureusement, touchait à sa fin. Renoncour, lâchant le sorbet qu'il achevait à peine, conclut avec colère :

— Les pécores que je vois n'ont point lieu de s'attarder ici. Leur esprit, sans doute, est encore plus atteint que le vôtre. Qu'elles regagnent leurs chambres.

Jeanne et moi nous levâmes aussitôt.

— Puis-je les suivre ?

— Non !

Le mot était crié encore. Ma mère demeura pétrifiée sur son siège. Je la quittai sans même lui baiser la main. J'imagine aujourd'hui que le Lieutenant Général voulait, après souper, user des droits que lui donnait la loi. L'âge et le vin aidant, il n'est pas interdit de penser que cet usage fut court et que notre juge regagna promptement sa ruelle pour y ronfler à l'aise.

Dorine demeurait aux cuisines, attendant sa maîtresse. Toinette, que je ne connaissais guère, nous accompagna, Jeanne et moi, jusqu'à nos chambres voisines pour nous aider à nous délacer.

La servante était empressée mais j'enrageais ; je brûlais d'être seule avec Jeanne afin d'en savoir davantage. Je fus contrainte de quitter les lieux avec cette servante non sans avoir baisé le front de ma nouvelle sœur.

Celle-ci eut heureusement l'esprit, un peu plus tard, de me rejoindre, le chandelier à la main. Elle s'assit au bout de mon lit et, avec bien de la timidité, entama son récit :

— Ma mère, me dit-elle, porta sept enfants, dont deux survécurent. Je suis l'aînée de ceux-là. Mon frère puîné, Georges...

— Je ne l'ai point vu.

— Il a douze ans et reste pensionnaire à Rouen. Je ne le vois guère...

— Votre mère...

— Elle n'a point survécu à sa dernière grossesse. Monsieur Bénédictus, notre médecin...

— Lui fit pratiquer quelques saignées ?

— Oui, une trentaine. Mais la pauvre, déjà fort affaiblie, s'est éteinte... le soir.

Jeanne interrompit son récit en pleurant ; je la serrai dans mes bras sans songer que je ne la connaissais que depuis quelques heures.

— La douleur de votre père...

— Elle m'apparut discrète. Il déplora le lendemain que son épouse n'ait jamais eu de santé et commanda l'office. Ce fut là l'occasion de revoir Georges. Mais il demeura peu, hélas.

— Et depuis...

— Mon père a des idées fort strictes sur l'éducation des filles. Il répète à l'envi que les études leur sont pernicieuses. Marie, je

30

connais votre jeune science. Je sais déjà qu'on la déplore ici, l'estimant dangereuse. Quant à moi…

Jeanne parlait d'elle avec douleur et humilité. Je dus lui arracher les mots, saisissant que depuis son enfance, elle n'apprenait qu'à coudre, sachant à peine lire et écrire. Seul le gros livre des Évangiles figurait dans sa chambre. Les colporteurs de calendriers ou de romans se voyaient chassés impitoyablement par son père. Un fille, disait-il, en sait toujours assez pour se marier.

Nous nous quittâmes à regret. Mais il me fut doux de penser qu'en cette demeure de la rue des Cohues, je ne serais pas seule. Désormais, comme vous, ma chère Catherine, plus tard au Québec, cette Jeanne-là fut l'âme secourable dont j'avais tant besoin.

Je ne comptais plus sur cette pauvre Mathilde. La veuve de Michel Arnault demeurait désormais pieds et poings liés dans l'«in pace» où Monsieur le Lieutenant Général la tenait. Bien que mariée l'épée au côté, suivant la coutume normande, ma mère avait consenti, sous la pression ferme du tabellion, une procuration générale sur ses biens en faveur de Monsieur Renoncour, tout à l'avantage, selon lui, de l'intéressée elle-même, peu avertie en ces bois redoutables de la finance.

Au matin, je découvris Coutances, me hasardant à pied suivie par Dorine. Je compris, en croisant tant de robes, de mitres ou de bonnets carrés, que la ville devait être le siège de juridictions et d'églises nombreuses.

Égarée dans la rue Saint-Martin, je fus abordée fort civilement par un passant proche de la vieillesse mais dont le pourpoint et le rhingrave dénonçaient l'homme de qualité; il retira son feutre empanaché, me salua d'une courte révérence, peu commode en cet enchevêtrement.

Il se présenta avec simplicité: le Marquis de Brézin venait de Paris pour ses affaires.

— J'ai accompli la grande distance qui me sépare de mon hôtel à Paris, au prix de mille difficultés, pour un procès extravagant que je subis afin de défendre mes terres. Et ce n'est, hélas, ni le premier ni le dernier. Il ne faut point lâcher ces messieurs.

— Votre procès ne va-t-il pas tout seul, la bride sur le cou?

— On voit que vous êtes bien jeune, donc fort innocente. À Paris, vous ne feriez pas trois pas sans litière. Voilà des siècles que je plaide et il est à craindre que Dieu ne me permette pas de voir la fin de mes maux.

Je voulus être franche :

— Mon beau-père, Hippolyte Renoncour...

— Je le sais. Les beautés sont rares à Coutances et déjà...

— Monsieur, je vous interdis...

— Vous avez raison. Mais mon humeur est grande. Vous voyez un homme accablé par le poids des épices.

Je le regardais sans comprendre.

— Vous ne m'entendez point, pardonnez ma hardiesse mais il est bon que vous sachiez que nos juges brûlent tous d'une soif d'épices* qui les échauffent tellement que plus ils en prennent et plus ils sont altérés. Je me suis appauvri hier encore de tant d'écus qu'il me faudra bientôt mendier pour revenir à la cour.

Dorine attendait patiemment à quelques pas. Les passants nous heurtaient. Ce n'était guère le lieu pour tenir salon.

— Monsieur, je dois prendre congé.

— Vous cherchiez apparemment votre chemin ?

— Je voulais simplement aller faire mes dévotions à la cathédrale...

— L'église Saint-Pierre est plus modeste mais, selon moi, plus belle. N'ayez nulle inquiétude, vous ne manquerez pas ici de bénitiers. Coutances est enserrée par les lieux de méditation : les Bénédictins, les Augustines, les Eudistes...

Je n'entendis pas la suite. Des charrettes de poissons envahirent la chaussée. Craignant pour son bel habit, le Marquis de Brézin disparut. J'avais peu de chance de le revoir. Il eût fallu aller à Paris. J'ignorais alors dans quelle extrémité je devrais m'y rendre.

Mais je crains de vous ennuyer ; aurez-vous la patience de me lire à Québec ? Ce journal parviendra-t-il quelque jour entre vos mains

---

* Autrefois, dons «volontaires» de friandises, confitures, dragées, épices aux gens de justice qui goûtèrent davantage, avec le temps, les espèces sonnantes et trébuchantes.

ou les tempêtes le feront-elles sombrer comme les espoirs du Marquis ?

J'imagine votre esprit ; votre lassitude ; vos questions : « Marie a-t-elle mis des bornes si vite à son humeur aventureuse que ses premiers pas la menèrent vers la dévotion ? »

Eh bien, j'en viens aux faits. La cathédrale était un prétexte et cette rencontre fut l'un de mes premiers pas. J'en fis d'autres, plus hardis, pour ma félicité, et les malheurs qui devaient, hélas, l'accompagner, si j'excepte la chance extrême d'être venue en Nouvelle-France, d'y avoir vécu et de connaître, ma douce Catherine, votre amitié.

III

Monsieur Renoncour s'en allait fort tôt à l'audience, suivi par ses laquais portant des sacs de procédures. Ma mère demeurait près d'une fenêtre pour mieux voir son ouvrage. Jeanne restait souvent assise auprès d'elle, les deux femmes maniant l'aiguille en silence.

Vous me connaissez: le sang de Michel Arnault ne me laissait guère de répit. Dès que j'en eus le loisir, je retrouvai Zora. Elle piaffait aussi, hennissant à chaque visite. Afin de pouvoir monter en cavalier, j'avais mis l'habit d'un de mes frères. Ni Dorine, ni Toinette ne firent la moindre remarque.

Nous quittâmes la rue des Cohues. Dès que nous eûmes gagné le faubourg, je laissai à mon alezane la bride sur le cou. Elle ne se le fit pas dire deux fois et me mena à un train d'enfer, vers la campagne environnante.

Dieu veillait-il sur moi ou m'avait-il oubliée? La rencontre que je fis doit autant à notre Seigneur qu'à Satan.

Zora me conduisit comme à l'accoutumée selon son humeur. Nous allions le long du Bulsard*, dépassâmes l'Écoulandie, la Grandinière; près de la Guérie, soudain, je croisai un cavalier qui ne manqua pas de me saluer. Il fit plus et s'arrêta. Nous restâmes quelques instants à même hauteur, j'eus donc la licence de le dévisager: c'était un jeune garçon paraissant dix-huit ans, la tête nue,

---

* Rivière locale.

35

les cheveux aussi foncés que les miens étaient blonds, longs, et retenus par un ruban comme je les portais en cet instant.

Le costume de Guillaume, mon corps de treize ans, tout porta à la méprise :

— Salut, ami ! Venez-vous de Coutances ?

On dit souvent que les traits de la passion frappent comme la foudre. C'est un propos bien commun que j'aimerais taire pour ne point vous l'infliger. Mais je me vois contrainte : le feu et la douceur des yeux de l'inconnu, la beauté du visage, sa taille qui me parut bien prise, tout, chez lui embrasa ma personne. Les amours humaines m'étaient inconnues, ou du moins leurs usages. La librairie de Monsieur Arnault m'avait livré cent romans, mais, sous l'influence paternelle, je leur avais préféré les traités d'anatomie, de chirurgie ou d'astrologie*. L'innocence se trouva donc surprise. Je vous reconnais le droit de ne pas me croire.

Il dut me trouver bonne figure car nous descendîmes de nos montures pour deviser plus aisément. Je pris soin de conserver le mystère, devenant aussitôt Guillaume, de Coutances, beau-fils du Lieutenant du Roi. Seule vérité : mon âge qu'il eût été sot de dissimuler, l'inconnu me dépassant de deux bonnes têtes.

— Mon nom est Jacob de Préclair, pour vous servir.

Son pourpoint et ses hauts-de-chausses en velours bleu pâle dénonçaient le gentilhomme. Les bottes de chasse grimpant le long de jambes qu'il avait fort longues, une chemise de baptiste aux manches de dentelle étranglées à la saignée et aux poignées par d'autres rubans, largement ouverte autour du cou, aggravaient sa séduction.

Il me fit cent compliments de Zora. C'était plus qu'il n'en fallait. Nous devînmes amis sur l'heure. Je sus ainsi presque aussitôt que le père de Jacob, Abraham de Préclair, était huguenot et prématurément veuf, demeurant en reclus avec son fils dans un château qui menaçait ruine, à deux lieues de Coutances.

Mon alezane, heureusement, me ramena un peu plus tard au galop. Monsieur Renoncour tenait encore audience. Le visage en

_____

* Anciennement : étude des astres.

feu, je me changeai hâtivement, après avoir veillé à ce que l'on prît soin de Zora. Je gagnai la chambre de Jeanne et lui contai ma rencontre, sans lui dire un mot de l'aveu de Jacob. Il me parut préférable de taire qu'Abraham de Préclair ne fréquentait pas notre Église.

Catherine, je vous ai longtemps celé que mon époux était religionnaire. Comme Jeanne, cependant, vous eussiez mérité une confiance entière. Je vous en demande pardon. Voyez, en ce silence, ma seule peur de nuire et la crainte que vous n'éprouviez de l'aversion à mon endroit. Vous m'avez enseigné depuis votre amitié extrême. Le déplaisir de ne vous avoir plus me donne aujourd'hui le prix de cette tendresse. Je souhaite maintenant vous parler sans détour et ne rien vous taire. Le temps écoulé rendrait dérisoire le masque que je serais tentée de donner à la vérité.

Pauvre vérité… Elle fut bien mise à mal les premiers mois de nos rencontres. Jacob devisant avec Guillaume, lui portait son estime et peu à peu ne craignait pas de lui faire mille confidences. Nous avions pris l'habitude de nous retrouver au premier lieu de notre rencontre, mettant pied à terre et devisant une heure ou deux, ouvrant l'un à l'autre notre cœur de garçon. Jacob se fit attentif lorsque je lui parlai de Michel Arnault. Il se gaussa sans vergogne du Lieutenant Général du Baillage, affirmant qu'un office bien acheté devait rembourser son maître en deux ou trois ans.

Il devint plus grave en me parlant du Comte de Préclair. Son aïeul combattait aux côtés d'Henri de Navarre, à une demi-lieue d'Yvetot, avec une armée de cavaliers et de fantassins. Le siège de Rouen, les misères de la guerre, les excès des ligueurs ou de leurs ennemis, il n'en cela rien, m'apprenant au fil des jours un passé que j'ignorais.

Jacob avait le cœur généreux. Il me parla des humbles, comme mon père naguère, évoquant la révolte des nu-pieds, écrasée dans le sang par les troupes du Cardinal, vingt-cinq ans plus tôt. La lutte, selon lui, s'était révélée inutile comme à l'accoutumée: les hommes roués ou pendus; les survivants pliant l'échine et payant la dîme, la gabelle, la taille, craignant la famine ou la maladie; la mort du bétail; la grêle; la saisie du pauvre mobilier ou de la vache; la prison; la mort enfin qui s'empare avec indifférence de l'enfant à peine né, de la mère ou de l'aïeul; des trois quand elle en a l'appétit.

Assombrie par ses récits, je voulus lui chercher querelle:

— Mais votre père n'est-il pas seigneur en son fief?

— Ceci est maintenant un conte de la mère l'Oye. Les seigneurs dont vous parlez partent au Louvre ou à Saint-Germain courtiser le roi.

— Mais le Comte de Préclair…

— Il s'en garderait bien. C'est un gentilhomme méfiant; il témoigne un mépris arrogant envers ses voisins et ne connaît pas d'amis.

— Comme vous?

— Comme moi.

Ce disant, Jacob me prit la main, me faisant trembler plus que je ne l'aurais voulu.

— Mon père ne fréquente que les religionnaires. Il les retrouve pour l'office dans un temple peu éloigné d'ici…

Il regardait au loin, l'œil soudain méfiant.

— Pourquoi tant de craintes?

— Hélas… Henri de Navarre, feu notre roi, a abjuré, trahissant sa mère et ses plus fidèles compagnons. Il est devenu papiste…

Je n'osais point lui avouer que je l'étais, mais pour l'instant, ma religion devenait la passion qui m'était inspirée. Je devinais que le comte se méfiait désormais; son voisin, le Baron de Brisville, comme bien d'autres, le tenait à l'écart, s'emparant peu à peu des droits d'Abraham qui n'osait plus réclamer ni cens ni champart. Quelques réunions clandestines avaient lieu au château, surtout le vingt-quatre août, jour anniversaire de la Saint-Barthélemy que Jacob me conta avec émotion.

— Cette fois, lui dis-je, de telles horreurs ont vécu.

Jacob soupira:

— Nous sommes entre les mains de Dieu, mon cher Guillaume, j'ai peut-être tort de vous faire ces aveux. Les oreilles de chacun sont tendues depuis peu, malgré l'Édit de Nantes. Nous vivons en paix mais pour combien de temps?

Je compris ainsi peu à peu, au fil des jours, que Jacob, lui aussi, n'avait point d'amis. Les fils du Comte de Brisville, alliés naturels, le considéraient avec un mélange de haine et de mépris. Il demeurait à l'écart, suivant les cours de son précepteur, parcourant au galop la campagne environnante et s'arrêtant peu.

Il s'était arrêté ce jour-là. Le destin gardera le secret de cette inspiration. Quand j'eus achevé le récit de notre rencontre, Jeanne conserva le silence ; les jours suivants ma sainte mère ne manqua pas de me faire remarquer ces habitudes singulières que j'avais prises de partir battre la campagne en cavalier. Mais feu son époux l'habitua naguère à tant de campagnes lointaines, imposées prétendument par la chirurgie, qu'elle hésitait à me tancer. J'étais, à ses yeux — et ses yeux ne se trompaient guère — une sorte de réplique de Michel Arnault tout armé, si l'on excepte ces attributs masculins dont l'absence ne m'a jamais contrite.

Parfois, elle m'invitait à la prudence, mais sachant que je souffrais de notre nouvelle condition, fermait les yeux sur des égarements dont elle ne soupçonnait pas l'étendue. Pour éviter de me faire perdre ma belle science, Mathilde prit soin de faire venir chaque jour un précepteur tourangeau fort chenu qui n'inspirait crainte à personne.

Monsieur Petit venait après mâtines, poursuivant la noble tâche de son prédécesseur. Ce fut là de la part de l'épouse du Lieutenant Général un grand mérite et une belle victoire. Renoncour jugeait ce luxe tout à fait superflu :

— La grande affaire, dit-il un jour, que cette pécore apprenne le grec et le latin. Tirer l'aiguille me paraît davantage convenir à son sexe. Voilà bien des écus perdus…

— Je les prendrai de ma bourse…

Mathilde tint bon. Je lui baisai les mains, dévorant Plutarque et Tacite, remettant à plus tard de dévorer le gibier que vous imaginez.

J'entends votre voix :

« Voilà bien une jolie farce. Me ferez-vous croire que Jacob fut dupe si longtemps de votre comédie ? Vous eussiez mérité la fessée, jouant ainsi, aussi jeune, la Sainte Nitouche. »

Catherine, je vous prie de me donner l'absolution. Nous avons payé cher, depuis, les suites de cette bergerie. L'habit de Guillaume me permit de contrefaire assez longtemps le cavalier imberbe. Mais un après-dîner où la chaleur de l'été s'imposait depuis plusieurs jours, nous nous étendîmes au pied d'un arbre, non loin de nos montures. J'avais entrouvert mon pourpoint avec prudence. Jacob avait retiré le sien. Soudain, je ressentis une violente piqûre à la gorge, et criai. Mon compagnon aussitôt acheva de me dégrafer, écartant la chemise. La douleur, sur l'instant, me fit oublier toute prudence :

— C'est là ! dis-je. Je le sens bien ; un frelon sans doute.

— Guillaume !

Jacob découvrait à l'instant la vérité. L'inquiétude, pendant quelques secondes, l'emporta sur son ire. Il porta ses lèvres sur la plaie et les mit en mouvement aux fins de retirer le venin. Je ne sais si le geste est efficace. J'ai ouï dire qu'il se pratiquait contre les vipères. Peu importe. Mon cœur en fut saisi et je ne serais point surprise que le sien ait suivi le même élan.

Mes tétons — disons-le hardiment — demeuraient encore fort modestes mais ils parlaient fort et trahissaient Guillaume. Au bout de quelques instants, Jacob arrêta et se mit debout.

— Levez-vous, Mademoiselle, je n'ai que faire de votre personne.

— Jacob !

— Je ne vous connais plus. Je hais le mensonge ; celui que vous avez commis est un des plus vils.

Il se ravisa un instant :

— Ressentez-vous encore quelque douleur ?

— Non pas.

— Alors, rajustez vos effets et rentrez chez vous.

Sitôt dit, il monta sur son cheval et s'éloigna au galop. Je vous laisse imaginer mon humiliation. Débellée*, je gisais sur l'herbe, le pourpoint défait et, qui pis est, abandonnée si soudainement.

Je ne peux conter ce récit qu'à vous seule qui entrez dans mes extrêmes tendresses. Je me relevai humblement et gagnai la rue des

---

* Vaincue par la guerre.

Cohues; je pleurai abondamment, certaine d'avoir perdu à jamais Monsieur de Préclair, et ne trouvai de réconfort qu'en caressant le col de Zora, ma seule amie ce jour-là.

Je ne dis mot à personne, la honte l'emportant sur le désir de m'épancher. Dorine, seule, vit la rougeur de mon visage et m'apporta un vaisseau* rempli d'eau froide afin d'effacer les traces de mon dépit.

N'ayez nulle crainte : je ne vous infligerai pas le récit de *l'Astrée***. Qu'il vous suffise de savoir que nous demeurâmes une longue semaine sans nous voir. Je pris le parti de retourner au lieu où cette guêpe traîtresse m'avait fait rendre les armes, montant cette fois en amazone, habillée en fille.

J'y retournai deux fois vainement. La troisième, Jacob était là. J'approchai avec crainte.

— Vous êtes cent fois mieux ainsi. Vous déciderez-vous à parler vrai ?

La voix tremblante, je lui avouai mon nom.

— Eh bien, Marie Arnault, pourquoi m'avoir trompé ?

Ce fut tout. Nous poursuivîmes désormais notre pastorale, toujours secrètement. Les premiers temps, mon amant*** se montra fort discret, presque froid. Nous nous bornâmes à lever des collets, cueillir des fruits ou marcher dans les chemins creux en tenant les rênes de nos montures. Les sciences qui m'eussent été nécessaires pour avancer dans ma passion m'étaient inconnues. J'y gagnais en candeur. Jacob n'était guère plus savant sur ce point. Nous finîmes cependant par nous mignoter de cent façons; la pudeur et la chasteté naturelle du Comte furent cependant nos gardiens vigilants.

Las… ce bonheur ingénu ne dura guère. Le temps passa. J'atteignis l'âge de quinze ans à l'époque des cerises et sentis que mes appâts devenaient pires avec les jours. Jeanne m'accompagnait

---

* Anciennement : un vase.
** Roman pastoral d'Honoré d'Urfé, d'influence considérable sur la préciosité au dix-septième siècle.
*** Sens vieilli : celui qui aime une autre personne.

dans cette métamorphose mais la Nature, marâtre comme chacun sait, ne se comportait pas à son endroit de la même façon. Elle ne devenait guère désirable. Je le fus trop et sentis bientôt que mon parâtre portait sur ma personne les regards que j'eusse aimés chez Jacob de Préclair.

Hippolyte Renoncour aimait à recevoir. Il lui fallait flatter, remercier ou simplement faire étalage de ses biens récents. Je ne vous conterai pas tous ses soupers. L'un d'entre eux cependant m'atteint d'une presse et d'un saisissement que vous comprendrez.

Je vous le mande en train de poste ; n'ayant pas réussi à l'oublier, je juge préférable de vous le décrire promptement.

Nous vîmes dans la cour, un certain matin, deux personnages tout en noir descendant de leur mule. Mon beau-père, dans un mélange de courtoisie et de distance, les accueillit au pied de l'escalier. La curiosité n'étant pas mon moindre défaut, je les regardai aussitôt par la croisée.

Le plus grand semblait se tenir sur des échasses et arborait un visage long de plusieurs aunes. Pour l'avoir déjà vu, je reconnus Maître Ledentu, avocat de son état. Il était, d'après ce qu'on m'a dit, fort savant, dispensant mon parâtre de perdre de précieuses minutes dans les livres qu'il ne possédait point et n'aurait pas eu la patience de lire. Maître Ledentu lui tenait lieu de Jurisprudence. Il portait une robe longue serrée à la taille, une sorte de chaperon sur la tête, et des manches amples, quasi énormes, rattachées aux épaules sur des sortes de tuyaux d'orgue*. La queue de la robe pendait derrière lui, balayant la cour**.

Derrière lui, je reconnus aussi pour l'avoir déjà vu, Eguelin, procureur*** de son état, la robe légèrement moins longue et couverte, comme d'autres portaient les passementeries, de sacs multiples. Je me souvins heureusement qu'Eguelin, ainsi que ses

---

* Plis dits « tuyaux d'orgues ».
** Normalement, la queue de la robe est rabattue et attachée en tortillon à ruban accroché à l'échancrure de la manche, mais les avocats vaniteux n'hésitaient pas à se rendre au Palais la queue détachée.
*** Avoué.

comparses, portait de cette façon sur lui les affaires en instance, enfermées dans des toiles comme des gibiers traqués.

Mon beau-père, lui-même, avait pour la circonstance mis sur son bel habit, sa longue toge de lieutenant du Roi, et la perruque noire sous le bonnet de juge. Vous n'étiez pas là pour le voir, ma bonne. Je le déplore. Vous eussiez bien ri ; ou pleuré peut-être. Ce carnaval venait dîner.

À ma surprise, Mathilde, Jeanne et moi-même fûmes conviées à table. Comme je ne peux imaginer que ces messieurs de la Judicature soient ainsi venus avant quelque audience pour parler devant nous d'un autre sujet que leurs procès, il me vint à l'esprit que Renoncour avait peut-être à mon endroit quelque projet matrimonial. Je demeurai dans mon ignorance.

Jeanne, quant à elle, devait apprendre bientôt à ses dépens que Monsieur le Lieutenant Général avait d'autres visées pour elle, souhaitant assurer à sa propre carrière une destinée plus glorieuse.

Le repas commença : ces messieurs, gardant leurs robes, évoquèrent dès l'abord la question des épices pour laquelle le commun leur cherchait toujours querelle.

— Ces manants, s'écria Ledentu, parlent de ce qu'ils ignorent, les complaintes, ajournements, commissions, contredits, requêtes, libelles, exploits…

— Envois, renvois, comparutions, écritures…

Mon parâtre coupa Eguelin :

— Nous-mêmes, nous n'avons pas, hélas, que les audiences. Je me vois contraint par mille autres labeurs : études de dossiers, enquêtes, informations…

— Recevez-vous des visites ?

— Eguelin, je n'écoute personne.

— Un jour, conclut l'avocat, vous porterez le mortier. Le Roi ne peut ignorer vos grands mérites. Le parlement vous attend. Quant à tous ces nobliaux…

— Ils me font rire ; ils tremblent à l'idée de payer l'arrière-ban. Ce sont des gueux. Humbles et impotents, prêts à tout et surtout aux emprunts et je ne parle pas de certains huguenots, si près de notre bonne ville de Coutances et dont sa Majesté n'a que faire.

43

Maître Ledentu, décidément savant en toute chose, au moment où l'on apportait les rôtis annonça ce qu'il avait appris d'un sien ami venant de Paris.

— Monsieur le Lieutenant Général, je sais depuis fort longtemps que vous êtes préoccupé par l'afflux des pauvres et des larcins qu'ils entraînent. À Paris comme à Coutances, le libertinage des mendiants est venu jusqu'à l'excès. Beaucoup d'entre eux habitent ensemble sans mariage et leurs enfants ignorent la religion…

— Mais encore?

— J'y viens. Le Roi est impatient; les villes se voient menacées par une vermine malfaisante. Il faut apporter aux mendiants et à tous ceux qui vivent dans le désordre et le libertinage, voire le crime, les secours de la Religion.

— Nous avons les galères.

— Cela ne suffit pas. L'Hôpital Général, désormais aux portes de Paris, sur la place de notre ancienne Salpêtrière, permettra d'enfermer les pauvres de tous âges et de tous sexes.

— Cela fait presque dix ans qu'il fut institué.

— Oui, mais tout change. Vincent de Paul ne voulait point d'enfermement forcé. Heureusement…

Ici, Ledentu baissa la voix:

— Il se voit écarté peu ou prou. Il y a en ses lieux et place, heureusement, des personnes charitables, mieux averties, et souhaitant contraindre: je parle de la compagnie du Saint-Sacrement qui aime Jésus présent et caché dans l'Eucharistie, et inspirée par Notre Seigneur, entend livrer une guerre effrénée aux libertins, aux juifs, aux compagnons du Devoir, aux bohémiens, aux mauvais pauvres et, comme il se doit, aux protestants.

— Moi, s'exclama Renoncour, je préfère les galères que votre Hôpital Général. Notre marine en a le plus grand besoin et le Lieutenant criminel me disait encore l'autre jour que le gibet la privait bien inutilement.

Le dîner fut bientôt fini. Ces Messieurs se préparaient à gagner leurs audiences. Dans un grand vol de manches noires, les oiseaux de malheur s'envolèrent.

Ni ma mère, ni Jeanne ne se doutèrent de mes angoisses. Mathilde me sembla triste. Mais elle le demeurait, hélas, depuis cette union si malvenue. Peut-être, l'avis de Monsieur de Paul lui semblait plus proche du sien; elle n'en dit rien.

Je demeurai seule avec ma peur, pressentant cette guerre intérieure proche et cruelle, sans toutefois me douter que les fers m'attendaient moi-même à la Salpêtrière. J'oubliai promptement ce méchant dîner en retrouvant Jacob auquel je ne soufflai mot de la chose.

Le temps passa. J'atteignis mes quinze ans. Mathilde m'offrit une nouvelle tapisserie qui n'attendait que mes aiguilles. Elle rejoignit l'autre dans l'Enfer de l'oubli.

Lorsque je fus seule, j'ouvris la cassette paternelle et versai quelques larmes priant que Michel Arnault me vînt en aide.

IV

Jeanne vint me voir quelque temps plus tard, après souper, l'air fort mystérieux. Elle hésitait à me parler et se mit à pleurer ; entre deux sanglots, ma demi-sœur m'annonça que son père lui avait trouvé un parti.

— Maître Ledentu ?

Cette fois, elle rit entre ses larmes

— Non pas, ce sera meilleur ou pire, il s'agit de Félicien Gilles.

Le nom m'était inconnu. J'appris que le garçon, âgé de vingt ans, ne plaisait guère à sa promise qui ne l'avait croisé qu'à la fête de Saint Michel, ayant lieu sur la Croûte, ou celle du Guibray. C'était, selon elle, un gros garçon rouge ayant hérité depuis la mort de ses parents d'un domaine fort important, comprenant terres arables et nombre têtes de bétail. Il ne lui avait jamais dit mot, semblant fort ignorant et mal embouché.

Mais ce Félicien-là représentait un bien considérable. Monsieur Renoncour, avisé de ses intérêts, en ajoutant une telle union à celle qui naguère lui apporta les terres d'Houdeville, se rapprochait du mortier. Les sentiments de Jeanne ne comptaient guère en ce beau calcul. Ignorante comme il l'avait souhaité, elle ajouterait désormais aux têtes de bétail une créature soumise, capable d'enfanter et ne raisonnant guère.

Son époux, aussi ignorant, portait toutefois le haut-de-chausses et serait donc le maître chez lui. Jeanne, tôt ou tard, mettrait bas.

Le Lieutenant Général ferait miroiter à son gendre tout l'éclat qu'il recueillerait d'un proche parent membre du Parlement et se faisait fort, sans doute, d'utiliser les terres de ce rustre pour gagner les écus considérables requis par le nouvel office.

Je veux vous conter les noces de cette pauvre Jeanne ; ce ne fut point une mince affaire. La parentèle* du bruman** était plus proche de la glèbe que des offices. Aussi, Monsieur Renoncour, peu flatté du parfum vulgaire qui dissimulait la fortune de Félicien, fit célébrer discrètement l'union dans une chapelle de Châteauneuf.

Puis la noce gagna Saint-Malo-de-la-Lande où l'on avait prévu la fête. On ne vit guère les fameux oiseaux noirs. Monsieur le Lieutenant Général n'avait eu garde d'inviter quelques personnes de marque. Il fut d'ailleurs le seul à se rendre en carrosse en compagnie de son épouse et de la promise. Les manants firent aller leurs charrettes. Ce fut Zora qui me mena ; ce n'était point mépris : j'avais pris soin de mettre des souliers plats, une jupe de droguet écarlate fort ordinaire avec un tablier à bavette en soie noire, un châle de dentelle et le petit bonnet à « calipette ».

Vous jugerez que je vous mande bien des futilités pour cette noce. Mais hélas, la fête devait tourner à la tragédie et je veux vous la conter par le menu.

Tout se passa sans encombre jusqu'au repas de noce.

Le printemps était chaud, précoce et insolite ; l'équinoxe survenue la semaine précédente. Un soleil inhabituel brûlait les garçons et les filles assis ou allongés dans l'herbe. Il n'y avait plus de place sur les bancs. Le vent de la mer, si proche à Saint-Malo, rafraîchissait heureusement la fête.

Le festin s'achevait un peu plus loin dans la salle du repas où je me rendis un instant. Tous y ripaillaient. Jeanne restait assise au centre, devant un drap blanc sur lequel étaient attachés les bouquets de mariage, enguirlandés de feuillages, de fleurs et de rubans. Près d'elle, son époux, encore plus écarlate qu'à l'accoutumée. En face, Hippolyte Renoncour, serré dans un costume

---

* Parenté.
** Futur marié.

brodé. Il était le seul à porter perruque et toisait ses voisins. Il se savait redouté et sa moue en disait long sur l'ennui qu'il ressentait dans cette compagnie de vilains.

Le repas était plantureux. Les poulardes, rissolées à point, quittaient sans cesse la broche qui les faisait tourner devant une grande flambée de genêts. Des servantes s'affairaient pour les découper et les passer parmi les invités sur de grands plats de compagnie ornés de dessins bleus. La bière était servie à flots dans des godets de cérémonie par de nombreux valets ; parfois, Félicien se levait lui-même, faisant effort pour quitter son siège, et servait les gens de la noce.

En bout de table, les plus humbles dévoraient pour la semaine, le mois, ou davantage. Les voisins de Jeanne s'acharnaient aussi goulûment sur les volailles qu'ils déchiquetaient des doigts. Le beau costume du Lieutenant Général se maculait de sauce. Les faces se congestionnaient. Seule, ma demi-sœur, les cheveux sous une couronne de fleurs, montrait quelque réserve. La pauvre en savait moins que moi mais les propos de Toinette l'avaient alertée : une longue nuit et plus encore, de longs jours l'attendaient aux côtés de Félicien. C'était assez pour lui couper l'appétit. Le promis certes lui déplaisait fort, mais Hippolyte Renoncour, habitué à faire plier le menu gibier du Tiers, n'avait guère l'habitude de voir quiconque résister à son pouvoir.

Face à lui, mangeant fort peu comme sa bru, la pauvre Mathilde ne disait mot et semblait sécher des larmes récentes. Je repartis presque aussitôt ; la musique au loin et les jeunes garçons aperçus plus tôt me donnaient envie de les rejoindre.

— Marie ! Marie ! Viens avec nous !

Ils venaient de me voir ; ils me connaissaient peu ou prou depuis l'enfance, étant presque tous de Saint-Malo ou venant du Hommeel, de Gratot, quelques-uns de Coutances. De toutes façons, la fête paysanne faisait tomber toutes distances et ma vesture s'y prêtait. La ripaille et la compagnie des vieux les avaient poussés à fuir. Sur des tréteaux, à l'ombre d'un grand poirier, trois ménétriers jouaient à perdre souffle : un violoneux, un joueur de flûte, un autre de musette égrenaient une rondance. C'était plus qu'il n'en fallait ; j'avançai hardiment, dansant presque déjà. Le bal ne commençait qu'à la nuit mais la mélodie était irrésistible. Déjà, quelques couples tournaient en se donnant la main. Sur une immense table, attendaient quelques galettes de sarrasin, un tonneau de cervoise et un plus petit rempli de vin de Coutances.

Un garçon couché dans l'herbe se leva brusquement :

— Ne fais pas la fière ! Viens dans la rondance !

Je reconnus Thomas, le fils d'un manouvrier, venu se joindre au groupe, sans être un invité de la noce. Mais la musette ne laisse guère de temps pour le mépris et l'hésitation. Je retirai mes souliers et les jetai dans l'herbe, pris la main de Thomas et tournoyai avec les autres. Quand la musique s'arrêta, ils se mirent tous à boire, réclamant l'hydromel et le vin de Bourgogne demeurés près des vieux, dans la salle.

Soudain, surgit une dizaine de jeunes hommes, à la mine farouche, les cheveux longs et bruns tenus par un bandeau ou un béret usé. Depuis qu'ils étaient visibles, ils marchaient plus lentement. Je compris aussitôt :

— Ce sont des marins basques, j'en suis sûre. Une pinasse est arrivée hier à Regneville.

La musique venait de reprendre ; elle sembla les décider : ils se rapprochèrent encore, timidement. Deux d'entre eux tenaient un tonnelet. Cela décida les garçons qui leur firent signe de venir. Le plus grand des marins marmonna :

— « *Uskadi.* »

Son voisin tendit le tonnelet à Thomas.

— « *Zagardua !* »

Thomas hésitait. Je pris sur moi de le décider :

— Prends-le ! Je pense qu'il s'agit de cidre. Les Basques de Biscaye en apportent bien souvent depuis quelque temps à Regneville.

Une grande fille au visage déjà rougi par le jus de la vigne et la bière confirma mes dires :

— C'est vrai, ils apportent même des pommes et des pommages.

— Adeline a raison. Invitons-les !

Cette fois, la fête repartit : les Basques, en pantalons larges fendus à lacets sur la jambe, se mirent à danser le fandango puis mêlèrent leurs pas à la rondance normande. Les tonneaux se vidèrent, remplissant les godets ; la vraie fête, décidément, avait lieu là, dans cette herbe sauvage, sous les arbres, près de la mer dont le bruit lointain sifflait. Les musiciens ne s'arrêtaient plus. On rapporta du vin et de l'hydromel. Les Basques ne parlaient guère mais dévoraient des yeux les Normandes joufflues. Les esprits s'échauffaient. Le soleil, qui s'était abaissé, devenant encore plus chaud, aggravait l'effet des boissons. La rondance perdait ses danseurs ; l'un après l'autre, ils s'égaraient par couples dans le bocage. Les marins de Biscaye n'étaient pas les derniers en cette aventure. Ils choisissaient leurs proies et bientôt, dans les broussailles, non loin de la mer, basculaient les filles, ensemençant le Cotentin comme la Zagardua*.

L'un d'entre eux — le plus grand — ne s'était pas esquivé. Il me regarda alors que Thomas s'obstinait à me tenir la main. Ce fut comme la foudre. Le Basque sauta sur Thomas, le renversant à terre. Un violent coup de poing sur la mâchoire de l'infortuné régla la querelle. Sans même regarder sa victime, l'autre se redressa, me prit promptement par la taille et entreprit de m'entraîner plus loin.

— Laisse-moi tranquille !

Je me débattis mais le garçon était vigoureux. Je me sentis perdue et, perdant les sens, me mis à crier :

— Jacob ! Jacob ! Au secours !

J'appelai sans espoir. Le Basque se retourna un instant ; il n'eut guère le temps de s'éclipser. Un cavalier survenait à grande allure. En quelques secondes, il glissa de son cheval, passa les rênes sur une branche d'arbre et sauta sur le marin.

C'était Jacob, venant je ne sais d'où :

— Gredin ! Attends un peu !

Les deux garçons, de même taille, roulèrent à terre. Il n'y avait guère de témoins, sinon les musiciens qui s'étaient arrêtés et la pauvre Adeline, demeurée en tapisserie. Tous étaient dispersés, à cet instant, dans les taillis avoisinants.

La lutte semblait rude, tantôt l'un, tantôt l'autre touchait terre. Terrifiée, je regardais la scène, ne sachant que faire et craignant le

---

* Le cidre normand vient du pays basque.

51

pire ; je n'avais, hélas, point tort. Soudain, sentant que Jacob risquait d'être le plus fort, l'autre sortit un petit poignard. Mon amant ne vit rien. Je n'eus que le temps de crier :

— Jacob ! Il tient un couteau !

Mais ce dernier, tout à cette bataille, n'avait d'ouïe pour rien d'autre ; alors, désespérée, je saisis un morceau de branche qui traînait à terre, pris mon élan et frappai le bras du Basque qui lâcha prise. Jacob, se sentant quelque peu libre, donna un grand coup ; l'autre tomba lourdement. Sa tête heurta une souche. Il ne bougea plus. Adeline croisa les mains :

— Vindieu ! Il est mort à c't'heure ! Faut appeler les archers.

La nuit, heureusement, tombait. Les musiciens qui ne tenaient guère à une telle venue, tirèrent le corps vers les buissons. Jacob, épouvanté, hésitait.

— Partons ! lui dis-je. Partons vite !

La scène était restée ignorée des autres. Au loin, Hippolyte Renoncour, le verbe toujours haut, donnait des ordres pour faire revenir ses hôtes. Le souper recommençait. La fraîcheur du crépuscule rendait précaires les ébats sur le pré. Garçons et filles commencèrent à sortir du bois. Adeline, demeurée là, commença son récit :

— Vous savez quoi ? Jacob de Préclair !

— Qui ?

— Le fils du Comte ! L'hérétique ! Il vient de venir à cheval. Il s'est battu avec un Basque !

— Et alors ? Entre sauvages, ils font ce qu'ils veulent !

Adeline baissa encore le ton :

— Je crois bien que le marin est mort...

Garçons et filles haussèrent les épaules. Quand les hommes jouaient à la « soule »*, on ne comptait pas les dents cassées, un œil crevé, parfois une vengeance discrète. Là, c'était un étranger, c'est-à-dire rien ni personne.

Il ne fallait guère perdre de temps. Adeline était bavarde. Nous nous pressâmes vers une grange proche, craignant la découverte du Basque. Jacob poussa la porte et me serra aussitôt contre lui :

---

* Ancêtre du football.

52

— Marie, vous m'avez sauvé la vie.

— Que dites-vous ? J'ai détourné son bras, c'est tout.

Nous tendîmes l'oreille ; il n'y avait aucun cri et personne, semble-t-il, ne songeait à appeler les archers. On n'entendait maintenant au loin que les ménétriers qui recommençaient cette fois dans la salle, et les rires gras des convives ripaillant de nouveau.

— Que faisiez-vous avec cet homme ?

— Rien, bien sûr ; il tentait de m'entraîner.

— Vers quoi ?

— Vous le savez bien.

— Une personne de qualité n'a rien à faire au milieu de ces ribauds. Si je n'étais pas venu ?

— Je l'aurais tué, moi aussi. Je t'aime ; tu ne le sais point ?

Je suis bien convaincue qu'il le savait ; depuis bientôt deux années, il me tenait la main, la taille parfois, m'effleurant timidement la gorge des doigts ou des lèvres. Il sentait bien que je devenais femme. Certes, ce n'était que des baisers presque chastes de plus en plus nombreux au fil des jours. Mais je me méfiais. Ces baisers me rendaient tremblante. Je me sentais devenir d'une extrême faiblesse.

Cent fois, les paysannes et les citadines de Coutances m'avaient narré les combats auxquels on succombe et qui mènent au mariage avec quelque benêt, dont on ne veut pas vraiment. Le ventre rond à l'église, sous le regard malveillant des autres. L'homme héritant encore d'un plus grand pouvoir, puisque la fille a fauté. L'enfermement, et ce corps qui couvre désormais celle qui doit soumission à son bon plaisir, souvent sans le recevoir : une étreinte brutale, rapide sous la chemise à peine soulevée, avant les ronflements salvateurs. Puis, quelques mois plus tard, l'accouchement devant l'âtre, avec la commère : l'enfant enduit de beurre frais, traîné le lendemain à l'église à son tour, pour le baptême, avec ses parrains et marraines. La fosse l'attend souvent, tant le mal sévit. Et le chapelet des suivants qui survivent parfois et demandent plus tard à manger. Celui des travaux ; des jurons ; des coups, parfois.

Bien sûr, la bru d'un Lieutenant Général ne pourrait connaître — qu'à Dieu ne plaise — de telles peurs, mais celle de se retrouver prise ou d'avoir recours à quelque guérisseuse me retenait en sagesse. Cependant cette fois, Jacob avait failli périr sous les coups de ce Basque. Et — Catherine pardonnez-moi — je me sentais enflammée. Nous étions maintenant enfermés dans la grange à l'abri de toute indiscrétion. Alors, devant le regard médusé de Jacob, j'enlevai mon bonnet, libérant mes cheveux et, d'un mouvement vif, perdant le sens et l'honneur, je laissai tomber jupon, cote et chemise. Mon ami me regarda, le cœur pris d'un saisissement; sûr, cette fois le Diable s'était emparé de sa proie. Je me dressai devant lui avec orgueil, relevant les cheveux avec mes bras levés faisant saillir mes appas. Il en sembla pétrifié et tomba à genoux, se cachant le visage. C'était trop. Il sentit tout à coup qu'il me désirait mais comme une sainte: une créature au-dessus du commun qu'il mènerait au temple quelque jour avec l'accord de son père qui accepterait peut-être une telle mésalliance. Papiste et roturière — si j'excepte mes ancêtres d'Houdeville — mes chances étaient minces, mon déshonneur plus sûr.

Nous étions fort proches de la salle de repas. Interdits, conservant le silence, nous entendions les beuveries se poursuivre toujours au bruit de la musette. Soudain, je perçus la voix puissante de mon parâtre:

— Ma foi, s'écria-t-il, j'ai envie de pisser!

Nous eûmes le loisir d'entendre qu'il satisfaisait à ses besoins naturels. Des pas lourds nous apprirent ensuite qu'il se dirigeait vers la grange. Je ne sais s'il perçut des chuchotements mais il poussa la porte.

Jacob eut à peine le temps de se glisser à plat ventre derrière des bottes de paille. Pétrifiée, je ne bougeai guère.

— Tudieu! Mais c'est toi! Complètement nue à c't'heure!

L'ébriété lui faisait retrouver son accent natif. Il écorchait les mots, s'avançant, les chausses encore entrouvertes.

Il était trop tard pour se dissimuler. Je proférai aussitôt la première sottise qui me vint à l'esprit:

— Je cherchais une puce qui me gêne grandement.

— Et tu as eu besoin de retirer ton cotillon?

— Oui-da.

Ce disant, j'avais déjà ramassé jupon et chemise, et m'efforçais de me vêtir en hâte. La grange avait bonne longueur. Renoncour, le pas hésitant. Quand il parvint près de moi, j'achevai de rajuster son corset.

— Ma foi, fillette, je vais t'aider !

La figure cramoisie, l'œil lubrique, les chausses toujours pendantes, il tendait les mains.

— Allez-vous-en ! Allez-vous-en, vous dis-je !

Je tapai du pied avec rage.

— Si vous ne partez à l'instant, ma mère saura tout.

— C'est une sotte. Elle ne vous croira pas.

— Eh bien, j'irai plus haut !

Renoncour sentit que je n'hésiterais pas à colporter des bruits fâcheux sur son compte, auprès de quelque personnalité proche du parlement.

— Tant pis pour toi, déclara-t-il, j'irai moi aussi plus loin, plus tard…

Il fit demi-tour et disparut. Jacob s'esquiva. Ayant remis mes effets, j'entrepris de regagner la salle où l'on festoyait toujours.

Malgré l'obscurité, j'aperçus Renoncour. À l'évidence, son humeur était restée folâtre. Il lui fallait une femme. Les sens allumés par ce qu'il venait de voir, il ne pouvait en rester là. J'aperçus dans l'obscurité un jupon accroupi. C'était sans doute quelque servante épanchant elle aussi un besoin naturel. Il l'emprisonna dans ses bras, la renversant sur l'herbe.

— Lâchez-moi !

Il posa une paume épaisse sur la bouche de la jeune fille :

— Tais-toi ! Sinon je te casse les dents !

Elle se débattit un moment ; la lutte n'était guère facile et je ne pouvais, hélas, intervenir. La malheureuse se retrouvait la cote déjà retroussée par les circonstances, les jambes d'Hippolyte écrasaient les siennes. Quelques instants plus tard il la prenait brutalement. Ce fut très court. Je vis mon beau-père déjà à genoux en train de se rajuster. Il parvint, non sans mal, à se mettre debout et disparut en claudiquant vers la grande salle où la musique des ménétriers et les chants discordants des invités reprenaient de plus belle. Subrepticement, je regagnai mon siège.

Hippolyte revint à sa place, en s'asseyant lourdement; il cria aux serveurs :

— On ne mange rien ici ! Ne puis-je avoir quelque viande ?

Son assiette fut aussitôt garnie. Félicien vint lui servir à boire. Il but derechef; ayant fini son gobelet, il confia au « bruman » :

— Ça fait diablement du bien de pisser ! Nous sommes faits pour pisser ! Mathilde ! N'est-il pas vrai ?

Mathilde somnolait. Le poing de son époux martela la table :

— Mathilde ! Mathilde ! Nom de Dieu, réveillez-vous ! Vous avez l'air d'un crapaud avec votre menton qui pend !

La malheureuse sursauta, tombant tout à coup d'un songe qui la délivrait et ouvrit les yeux. Renoncour entama une nouvelle volaille, les doigts plongés dans la chair jusqu'aux manches. Il ne s'arrêta que pour boire, roter, jurer. Criant pour se faire entendre, il harangua les convives :

— Vous ne savez pas, pauvres diables, ce qu'est un Lieutenant Général du Roi ! Eh bien, moi, Hippolyte Renoncour, je vous le dis : je suis un magistrat du Roi, un magistrat éminent; oui, éminent ! Je vous ferai tous pendre s'il m'en prend l'envie...

— Je pensais, dit son voisin, que l'évêque...

— Il n'y a pas d'évêque; il n'y a plus personne. Il n'y a plus que le Roi et moi...

Pour s'en convaincre, il vida un nouveau gobelet de vin d'Anjou et conclut :

— *Regis atque Renoncour, est imperare orbi universo... De omni re scibili et quibusdam aliis...**

Il n'y avait plus d'esprit clair. Femmes ou vieillards dodelinaient de la tête, en fermant les yeux. Certaines créatures se dépoitraillaient, pour enflammer leurs voisins. Des mains s'égaraient sous la table. Félicien étreignait déjà ma pauvre Jeanne, la baisant à pleine bouche, non sans laisser dégouliner la sauce de ses coins

---

* Au Roi et à Renoncour, il appartient de commander le monde. De toutes les choses qu'on peut savoir et même de plusieurs autres...

de lèvres. Parfois, furtivement, il empoignait sans vergogne les seins de son épousée.

Mathilde somnolait derechef. Renoncour frappa encore la table :

— Qu'y a-t-il ?

— Votre fille ! Savez-vous où elle se trouve ? Ah, elle a repris sa place ! Dommage ! La pauvre enfant avait une puce ! Eh oui, ma chère, elle se cherchait une puce ! Mais nous en avons tous, des puces et bien d'autres choses !

Seuls ses voisins percevaient les propos, tant la musique devenait assourdissante, mais le juge poursuivait son monologue, se mettant à retirer sa perruque pour en chasser les poux. Soudain, il se mit à battre des bras, l'air égaré. Un serveur comprit ; il alla quérir en hâte un barbier qui demeurait non loin, heureusement, et revint avec sa lancette. La musette puis le joueur de flûte, le violoneux enfin arrêtèrent l'un après l'autre. Mon parâtre qui devenait violacé fut étendu sur une table voisine ; Mathilde, cette fois tout à fait réveillée, s'approcha avec inquiétude. Je demeurai à table.

Hippolyte n'était pas attendu ce soir-là par la Camarde. Il reprit ses esprits, dès la fin de la saignée. Après une heure de repos, on le vit claironner de nouveau des maximes et des aphorismes. Félicien Gilles entraîna Jeanne vers le gîte tout proche qui les attendait pour la nuit. Des exclamations grivoises accueillirent aussitôt leur sortie. On prépara pour eux des rôties dans une écuelle d'étain à oreilles*, maintenues au chaud jusqu'alors dans la corbeille d'un des landriers. Des commères accompagnèrent le couple pour porter le plat. Je savais que sur le seuil, enfin, la solitude leur serait accordée.

La tendresse que je portais à ma sœur me fit tout imaginer ; la frayeur, la surprise et les cris de Jeanne. Je savais maintenant que le lendemain, le sang versé sur la chemise attesterait que la bru était vierge. Je sus quelque temps plus tard par la confidence que m'en fit la malheureuse que Félicien prit possession de son bien plus de dix fois durant le peu de nuit qui restait ; meurtrie, les larmes sur les joues, Jeanne me conta qu'elle fermait les yeux pour

---

* L'écuelle « à la mariée », selon la tradition.

ne point voir le membre du bruman, rêvant aux mots d'amour qu'elle n'entendrait jamais.

Je me retirai moi-même pour dormir mais ne fermai point l'œil après mon aventure, craignant que le forfait ne soit découvert. À l'aube, je vis les derniers invités repartir chez eux, le ventre plein, à pied ou dans leurs carrioles. Au loin, un bateau s'éloignait hâtivement de Regneville. Les Basques devaient fuir, leur camarade blessé ou mort étendu dans la cale. La mer me sembla presque lisse en dépit d'un vent matinal léger, poussant les voiles les plus proches.

Zora me réclamait avec impatience. Je vins la détacher et repartit en ville. Cette fois, il n'y avait plus personne, si ce n'est Adeline que j'aperçus dans sa proche maison. Je voulus la saluer mais m'en abstins pour ne pas être indiscrète. Je la vis tenter de remédier à grands coups d'eau à une douleur ou une plaie supposée. Je compris alors tout à coup que c'était elle qu'Hippolyte avait renversée dans l'obscurité.

Je revins plus tard à Coutances où chacun sommeillait ; le juge dormait en ronflant puissamment. Couché dans son grand lit à quenouilles, sous une couette épaisse, coiffé d'un bonnet de nuit, il rêvait sans doute d'une ultime poularde. Mathilde, écartée du lit conjugal depuis longtemps, devait sommeiller dans une autre chambre. Je me gardai de la réveiller. Qu'aurais-je pu lui dire ? Je regagnai ma couche. Catherine, à vous, je l'avouerai. La honte m'envahit. Je cherchai vainement encore une fois le sommeil, les sens allumés par ce qui ne s'était pas accompli, et l'inquiétude au ventre en songeant à Jacob.

Le lendemain, je rencontrai secrètement mon amant. Il n'avait pas dormi non plus. Il s'était glissé en silence dans sa chambre sans éveiller le comte, décidé à ne parler de rien, et attendre le pire. La prévôté pouvait avoir trouvé le corps du marin. Des danseurs avaient vu la scène. Il était parpaillot, donc suspect. De surcroît, ses amours étaient sans espoir. Le comte s'opposerait farouchement au mariage. Jamais son fils ne pourrait franchir le seuil d'une église ou même se lier au temple. Tout demeurerait embrouillé, irréparable. Sans parler de cette répression dont il ne me cacha guère qu'il en sentait l'ombre constamment.

Nous ne parlâmes guère de mes folies de la veille. Je savais que Jacob, chaste par sa foi et ses enseignements, regardait rarement les filles, les jugeant toutes indignes ou vilaines. Vous me jugerez bien outrecuidante : je ne pouvais cependant douter un instant de sa passion, mais mon état de roturière et de papiste me tiendrait éternellement à l'écart de ses feux, à supposer un instant que Jacob veuille rompre de tels serments.

Je revins en hâte, afin de ne rien ignorer des dernières nouvelles. Vers trois heures de l'après-dîner, Renoncour ouvrit les yeux. Toinette lui apporta un bouillon et cala sans doute les oreillers derrière son dos afin qu'il pût boire à petites gorgées. La journée s'annonçait paisible. Il n'y avait point d'audience. Elles recommençaient seulement le surlendemain. Selon Toinette, il devait se borner à regarder quelques dossiers, et recevoir durant l'après-dîner des plaideurs importuns.

Je sus par les valets que le juge les attendait dans la grande salle commune assis sur un large siège faisant office de trône, écoutant les dires de ces geignards.

— Ah, Monsieur, notre affaire vient le prochain lundi. Et depuis bientôt cinq années que cette affaire dure...

— Je verrai ; je consulterai vos pièces...

— Nous avons, si vous les aimez, des pâtés incomparables...

— Je n'accepte jamais de tels cadeaux !

Renoncour donnait ses ordres. Les papiers notariés étaient rangés dans une armoire immense décorée d'oiseaux sculptés. Les victuailles repoussées prétendument, mais les valets levaient les yeux au ciel en faisant ce récit. Cette sorte d'affaire, si l'on peut dire, était menée rondement. D'autres solliciteurs attendaient. Mais le Lieutenant Général se fatiguait bien vite. Il faisait signe que la réception était terminée. Tous partaient tête basse laissant en évidence au-dessus des papiers des cadeaux entassés comme autant d'arguments ou des sacs bien fermés dont le grelot des pièces dénonçait la contenance.

L'air frais lui sembla sans doute nécessaire : j'aperçus mon parâtre s'en aller à pied par la ville. Le souper de la nuit avait dû l'échauffer. Il partit de l'hôtel, suivi de son valet, René. Il tenta de monter jusqu'à la Cathédrale mais sa respiration courte le lui interdisait. Il se bornait en général à marcher à petits pas, s'engageant dans les rues étroites et fangeuses, encombrées de charrettes et de vendeurs ambulants. Je l'avais vu passer, vêtu d'une culotte en velours grenat et d'un habit prune. Il devait, à cette heure, marcher avec mille précautions et s'écarter avec dégoût du ruisseau médian, salué craintivement par les marchands et les bourgeois qui devaient prendre soin de lui laisser le haut du pavé.

Hippolyte évacuait ainsi sa bile. Son médecin, Monsieur Bénédictus, lui avait recommandé de tenter quelque exercice, les fonctions judiciaires ralentissant les autres. Je le vis revenir à petits pas, de méchante humeur: ses souliers étaient fort crottés; toujours suivi d'un René claudiquant dans ses chaussures mouillées, il criait qu'il avait été contraint de serrer le mur d'une maison vétuste pour éviter le chariot de «tangue», ce sable venant de Regneville, précieux mais nauséabond et laissant à son passage un surplus de vase mêlé aux déchets de volaille ou de poisson.

Il atteignit enfin son hôtel. Nous le vîmes gravir lourdement l'escalier qui menait à l'antichambre se mettant à tancer son valet:

— René! Presse-toi! Regarde mes souliers.

René devait mourir d'envie de retirer les siens, trempés jusqu'à la semelle, mais l'urgence du juge s'imposait avant tout.

— Monsieur, voulez-vous vos pantoufles?

— Non pas. J'attends la visite de mon médecin.

Ma mère survint timidement:

— Je pense que Monsieur Bénédictus vous acceptera en pantoufles.

— M'accepter? Vous avez des mots singuliers! Apprenez, femme, que l'on m'accepte comme je suis et qu'un Bénédictus me détroussant journellement ne saurait exiger de moi le moindre effort de toilette.

— J'entends; gardez vos pantoufles. De surcroît, votre médecin, semble-t-il, arrive. Le pas de sa mule retentit près du porche.

Renoncour se mit soudain à crier derechef:

— Qu'est-ce? Mes pantoufles? Non pas. Je veux mes souliers neufs à boucles. Ce Bénédictus est un impertinent. Je ne veux pas que le moindre détail puisse lui faire penser à quelque faiblesse.

Je regardai par la croisée. Déjà, Bénédictus s'avançait, tout de noir vêtu, hormis le rabat blanc. Son visage jauni et sa silhouette grêle lui faisaient une mauvaise enseigne. Mais la réputation du savant restait grande à Coutances et sa bourse aussi remplie que son ventre apparemment l'était peu. Le barbier le suivait à petits pas.

Hippolyte et son médecin gagnèrent la chambre. Ma mère suivit en tremblant ; je jugeai à propos de la rejoindre. Nous restâmes toutes deux debout, devant la porte demeurée ouverte. Renoncour était assis sur son lit :

— Couchez-vous ! Il me sera plus loisible de vous tâter les entrailles.

Il s'exécuta. Le barbier se tenait à l'écart. Bénédictus palpa le ventre auguste :

— Ma foi, je sens une enflure insolite. Que mangeâtes-vous hier ?

— Peu de choses.

— Je pense qu'un lavement s'impose pour nettoyer quelque peu votre bas-ventre, plus une bonne médecine purgative que Monsieur Pariset…

— L'apothicaire ?

— Lui-même ; c'est un homme fort habile. Il préparera ma potion à votre intention et fera pratiquer les purges que je vous prescris. Pour l'instant, une saignée…

— On m'en fit une, hier soir.

— Tant mieux. La saignée apporte le salut. Plus on saigne, mieux l'homme se porte.

Renoncour sonna René qui apporta une cuvette et retira les beaux souliers à boucles afin que son maître se sentit plus à l'aise. Résigné, celui-ci enleva son habit et dénuda son bras. Le barbier s'approcha ; un coup de lancette fit jaillir un sang épais que René alla jeter dehors. La chose faite, Monsieur Bénédictus griffonna l'ordonnance pour l'apothicaire, conclut l'entretien par quelques mots de latin et partit, lesté des écus que Mathilde, suivant les ordres de son époux, avait préparé à son attention sur la table de chevet.

En descendant l'escalier, accompagné par Mathilde et René, Bénédictus me croisa et fit mine de balayer le sol avec son chapeau qu'il avait conservé à la main.

— Que Dieu me garde, c'est votre fille, Madame ?

Je répondis par une courte révérence en équilibre sur une marche.

— Je pensais que vous connaissiez Marie...

— Je l'ai vue plus... Comment dire ? Plus maigre ; plus petite ; moins...

— Elle a seize ans depuis peu.

— La fillette en paraît davantage. Je pense qu'il est temps que le bon Bénédictus s'occupe d'elle. Les purges et les saignées auraient dû être pratiquées depuis longtemps...

— N'est-elle pas bien jeune ?

— À la mamelle ! Madame ! C'est à la mamelle que le nourrisson doit commencer à prendre médecine...

— Je n'en ai garde !

Je m'étais mise, à mon tour, à crier brusquement ; bousculant l'auguste praticien, je courus aussitôt m'enfermer dans ma chambre.

Le soir Hippolyte retrouva son souper, ses volailles et son vin. L'appétit ne l'avait guère quitté. Mathilde et moi grignotâmes à peine, fatiguées par les agapes de la veille.

— Hola, mes femmes ! Quelle tristesse... Vous ne mangez rien. Vous aurez le sang comme de l'eau claire. Allez Marie, buvez un peu de ce vin d'Anjou...

Il me tendit un verre dont je pris quelques gouttes, le rendant aussitôt à mon parâtre. Mais presque ostensiblement, me regardant fixement dans les yeux, il but à son tour dans le même verre avec une componction qui ressemblait à de la piété. J'affectai de ne rien voir. Mathilde détourna la tête.

Nicolas et Toinette desservirent la table. Chacun prit son bougeoir et gagna sa chambre. Je me déshabillai frileusement. L'hôtel était fort humide et, sitôt quittée la cheminée, on frissonnait jusqu'au coucher. Renoncour tenait à ses écus et ne les distribuait qu'à son cocher, au cuisinier ou à son médecin.

Je savais par René qu'il se rendait secrètement au bordeau* lorsqu'il ne trouvait pas l'occasion comme la veille au soir de trousser quelque paysanne ; là bas, il se régalait gratis, en sa qualité de juge. La tenancière lui fournissait ses ribaudes en guise d'épices, pour les procès présents ou à venir.

Dorine, lorsqu'elle avait achevé sa tâche aux cuisines, venait aider ma mère à se dévêtir. Elle perdait souvent une heure de sommeil en me rendant visite. Jeanne avait disparu à jamais. Demeurant seule, j'appréciais que Dorine vînt m'entretenir quelques instants avec une discrétion dont je lui savais gré.

Je ne lui faisais pas la moindre confidence mais lui manifestais une douceur compensant quelque peu l'indifférence fatiguée de Mathilde et l'arrogance de mon parâtre.

Ici, Catherine, il faut que vous sachiez tout. Chaque épisode devient un acte de tragédie. Ce soir-là, je renvoyai Dorine assez vite afin de la ménager et m'étendis glacée attendant le sommeil, vêtue de ma longue chemise en baptiste resserrée au cou par un ruban et le bonnet de nuit sur la tête. Je m'inquiétais. L'affaire du Basque viendrait peut-être aux oreilles du prévôt. Tout était à craindre et mes amours fort menacées, bien que je fusse certaine que Jacob souhaitait m'amener au temple et me sentais prête à me convertir, décidée à vaincre mille périls pour devenir son épouse.

Je ne fermais point les yeux, jalousant nos couples de valets qui sommeillaient dans la soupente, enlacés sur une paillasse. Dans le silence, on n'entendait que le bruit de l'horloge à poids, située dans la grande salle, martelant le temps et découpant les heures qui nous restaient.

Hélas, je n'étais pas la seule à rester éveillée. J'aurais dû le soupçonner. Mon parâtre avait le sang vif et les sens rapidement échauffés ; il goûtait fort les jeunesses à peine ébauchées, ayant leurs mois depuis peu, la gorge à peine naissante et leur pucelage à l'abri sous la jupe de droguet. Depuis quelques années, pour le même motif, il se faisait plus mielleux à mon endroit, épiant la venue de ma féminité, m'effleurant parfois le buste ou la taille, comme par

---

* Nom ancien du bordel.

mégarde. Il ignorait heureusement les privautés réservées à Jacob mais la vision dans la grange de ma nudité lui avait à coup sûr troublé le corps et l'esprit.

Le récit que je vous mande maintenant ne va pas manquer, ma douce, de vous horrifier : on frappa à ma porte. Persuadée que ma mère ou Dorine venait me rendre visite pour quelque motif de santé. Je n'hésitai guère ; je me levai et ouvris le verrou.

Ce fut Renoncour qui entra. Je n'eus guère le temps d'esquisser le moindre geste. Il me prit à bras-le-corps, m'entraînant vers le lit, défit le cordon de ma chemise pour la faire glisser et tomba, ahanant sur moi, m'écrasant de tout son poids. Le Seigneur me protégeait sans doute, j'eus un terrible sursaut :

— Allez-vous-en ! Ou je hurle au secours !

— Tu ne le feras pas.

Ce disant, il m'écrasa la bouche de sa main comme j'ai pu voir qu'il en avait coutume. Désespérée, je mordis celle-ci avec violence. Le Lieutenant ne put s'empêcher de crier et lâcha prise.

— Putain ! marmonna-t-il. Fille de putain ! Tu te mets nue quand tu cherches prétendument tes puces...

— C'est mon droit.

— Je suis bien certain qu'il y avait là quelque ribaud qui te guettait. On me l'a dit. Tu as le feu où je pense...

— Ce sont des mensonges.

— Je vais le faire vérifier. Écoute, Marie, tu as le choix. Ou tu écartes les jambes, comme je te le demande, ou le couvent t'attend. Ou pire...

Il était maintenant debout, me contemplant haineusement. Je me cachai derechef hâtivement sous ma courtepointe.

— Faites ce que vous voulez. Je crierai si vous avancez encore et ma mère...

— Ta mère est une dinde qui ne dira rien.

— Et Dorine ?

— Je la chasserai. Je vous chasserai tous...

Il était fou de rage, n'ayant guère coutume de rencontrer un refus. L'idée qu'il convoitait la fille de son épouse ne dérangeait apparemment guère son esprit embrumé. Je songeai qu'il ne se confesserait même pas pour Pâques de ses désirs malsains et de ces unions charnelles dont il ne pouvait se passer. Sentant cependant que mes cris provoqueraient un scandale dont Coutances se gausserait, il se calma et devint doucereux :

— Alors, dit-il, tu ne veux vraiment pas ? C'est peu de chose, vois-tu. Une besogne vite faite qui ferait de toi une reine…

— Merci non. Non ! Je vous en prie. Retirez-vous.

Je me sentais épuisée et craintive. Si Renoncour apprenait ma passion — pire encore, la mort du marin basque — rien ne l'arrêterait dans sa volonté de vengeance.

— Tant pis. Tu auras le temps de pleurer. Tu peux te raviser et frapper mon huis… Réfléchis !

Il repartit. Quelques instants plus tard, Mathilde vint me voir :

— Il m'a semblé entendre des bruits de voix : j'ai eu peur que vous ne souffriez de quelque malaise.

— Tout va bien, ma chère mère. Retournez sommeiller.

Le visage gris, les yeux battus, la malheureuse repartit dans sa chambre, à peine réveillée. L'hébétude de ses nuits la protégeait de l'angoisse et de la solitude. Demeurée seule, je cherchai vainement à me rendormir et vis poindre l'aube, tandis que l'horloge, implacablement, poursuivait sa besogne.

Au matin, le valet de l'apothicaire vint donner médecine à Hippolyte. La porte ouverte permettait à tous de ne rien perdre du spectacle. Mon cher père avait coutume de dire que c'était une radoterie, ayant pour seule utilité d'enrichir les barbiers. À plat ventre, le séant offert en sa nudité, Renoncour subit le clystère, puis réclama la chaise percée que René lui porta. Nous le vîmes plus tard vêtu d'un habit neuf en soie puce. Je croisai son regard qu'il avait fort méchant. Il s'abstint de me saluer, songeant sans doute à sa défaite de la veille et aux moyens de parvenir à ses fins ou de se venger.

À l'encontre de mon naturel, je pris soin, davantage par méfiance, de l'air que je pouvais donner. Ma mère s'en réjouit. L'âge atteint en justifiait depuis longtemps la nécessité. Évitant les tenues de sauvageonne ou de cavalier, je portais désormais une modeste de satin sur une friponne assortie, tandis que ma gorge, cabrée par le busc, demeurait encadrée par les dentelles rejoignant les manches. Le lendemain, lorsque je décidai de sortir dans la ville, je demandai à Dorine de retrousser mes boucles avec un bel effet et choisis gants et bijoux, sans oublier le masque. Zora elle-même faillit ne pas me reconnaître.

Dorine m'accompagna pour faire quelques pas dans la ville. Je rencontrai Adeline, ce qui ne manqua pas de me surprendre. Elle vivait avec sa mère et trois jeunes frères à une lieue de Saint-Malo-de-la-Lande. On ne la voyait guère à Coutances. Elle m'aborda sans hésiter; l'air défait, la mine décomposée.

— Je voulais vous parler. Puis-je le faire un instant?

Dorine s'éloigna par discrétion.

— Que se passe-t-il?

— Pâques approche. Je suis allée me confesser chez le père Denis.

— Le curé de Saint-Malo?

Elle fit un signe affirmatif, rempli de crainte.

— Je lui ai dit...

— Quoi donc?

Elle me prit la main et se mit à pleurer. Nous nous cachâmes dans une encoignure.

— Je lui ai avoué qu'un homme dans la nuit, pendant la noce de votre sœur, m'avait renversée et prise... Je dois dire trois chapelets chaque jour jusqu'au Dimanche de Pâques. Mademoiselle, j'ai peur...

— Peur?

— Le père Denis s'est montré sévère: «Dieu, m'a-t-il dit, te punira lui-même s'il lui plaît.»

Elle se remit à pleurer et chuchota:

— Je n'ai pas eu mes derniers mois.

Je ne pouvais, hélas, lui donner le moindre conseil. Je connaissais par ouï-dire une matrone à Perrier. Mon père m'avait désigné les plantes efficaces. Mais en de telles circonstances, le silence s'imposait.

— Ma pauvre Adeline...

— Je voulais vous conter autre chose... Je crois avoir eu la langue trop pendue...

— Mais encore ?

— J'ai parlé au père Denis de la mort d'homme pendant la noce ; du Basque et du huguenot... Le père Denis s'est étonné de ce que les archers ne soient point venus.

Adeline, ce disant, me regarda d'un air étrange qui me fit trembler sans raison. Elle ne pleurait presque plus, comme si cette mort terrifiante effaçait le crime qu'elle avait subi. Je me montrai soudain désinvolte et méfiante :

— Dieu pourvoira à tout cela.

— Je n'ai soufflé mot de la chose à quiconque.

— Peu me chaut. Ce ne sont point nos affaires.

— Mais cet étranger est mort sans les sacrements ! J'en ai grand tourment.

— Priez pour lui, ma fille, et n'y pensez plus.

Elle prit congé en esquissant une révérence. J'eus soudain la certitude que le salut du Basque ne lui importait nullement. Je me sentis le cœur saisi. Le glas sonnait quelque part sourdement.

Le lendemain, Jacob me fit tenir un billet par un de ses valets ; celui-ci, prudent, le confia à Dorine qu'il connaissait de vue. Je l'ouvris à onze heures, dînai en hâte, fis seller Zora et rejoignis Jacob, comme il m'en priait, au lieu-dit Croix-de-Saint-Michel, sur le chemin menant à Saint-Jean-de-Daye. Comme j'arrivai masquée, en amazone, mon amant hésita :

— Marie, vous êtes méconnaissable. Plus belle que jamais...

— Je vous en prie, ce n'est point l'instant. Je n'en puis plus...

— Mais encore ?

Je lui contai aussitôt ma nuit et la visite de mon parâtre. Il en fut horrifié.

— Craignez cet homme ; il est capable de tout... Marie, j'ai parlé à mon père ; en ces temps troublés, il faut agir. La fête de Pâques est toute proche.

— Vous la célébrez ?

— Bien sûr ; le Christ est notre Seigneur. Je crois qu'il faut laisser passer Pâques mais dès le mardi, nous devrons partir tous deux.

67

— Où cela?

— Aussi loin que possible. Loin des fous; des méchants...

Je lui contai la confession d'Adeline. Son inquiétude ne fit que s'aggraver.

— C'est une bavarde et le curé doit avoir un vicaire peu avare de cancaneries. Je vous le dis : il faut fuir...

— Ma mère...

— Pour l'amour de moi, oubliez-la. Si vous allez au couvent...

— Je sais ; ce sera pire...

Nous nous embrassâmes avec toute la tendresse que vous imaginez. Échauffée par la beauté de mon amant, j'aurais souhaité bien plus. La concupiscence de Renoncour, obscurément, me faisait éprouver une chaleur condamnable. Mais le fils d'Abraham se montra inflexible. Il posa sur mes lèvres un dernier baiser et disparut dans le chemin. Je fis demi-tour, marchant tristement, tenant Zora par la bride. Je baissai les yeux et les levai soudain pour éviter une branche d'arbuste. Le frère d'Adeline, alors, m'apparut soudain, bien que dissimulé derrière des taillis. Il demeurait là sans doute depuis le début de nos retrouvailles et n'avait rien perdu de la scène.

V

Ma bonne, vous devinez la suite. Adeline et son frère ne manquèrent pas de faire courir la rumeur. La première devint grosse.
Personne ne soupçonna le véritable père. L'enfant naquit mort-né.
On ne sut jamais s'il avait le museau d'un Lieutenant du Roi. Le
pauvre innocent n'eut pas, Dieu merci, le temps de souffrir. Quant
au coupable, il poursuivit, entre les saignées, les purges et les
audiences, l'exercice de son priapisme, au hasard des occasions ou
en les faisant naître.

Mon refus obstiné et la peur de mes bavardages devaient à l'évidence provoquer son ire redoutable. La dénonciation du frère
d'Adeline fit le reste. Renoncour se sentit assez vite l'humeur
homicide. L'orage éclata au souper, peu de temps plus tard.

— Connaissez-vous, Mathilde, un coquin du nom de Jacob de
Préclair ?

— Non pas.

— Vous ne perdez rien. C'est un parpaillot. Le Roi ferait bien
de se débarrasser au plus vite de cette racaille. Mais il y a pire...

Mon parâtre me regarda. Je détournai la tête.

— Dimanche, rue du Broc, ce suppôt de Satan a cru devoir ne
pas saluer la Procession.

— Il ne vient jamais à Coutances...

— Qu'en savez-vous, Marie ? Trop, j'en suis sûr. Ma pauvre
Mathilde, quand vous ne dormez pas la bouche ouverte, vous

fermez les yeux ; votre garce rôtit le balai* ! Avec le Diable, en plus !

Renoncour frappa lourdement la table de son poing, comme à l'accoutumée et se leva, ivre de rage :

— Vous apprendrez à me connaître, ma belle. Votre amant, à l'instant où je vous parle, a les chaînes aux pieds. Vous savez ce qui attend l'impur qui refuse de saluer notre Seigneur ?

Mathilde et moi observions un silence atterré. Je me sentais prête de perdre les sens.

— Le bûcher ! conclut Renoncour. Le bûcher ! Et vous, petite bécasse, le couvent et vite… Très vite…

Il quitta la table sans attendre la fin du repas et sortit, continuant ses clameurs dans les pièces voisines. Dorine demeurait pétrifiée, elle aussi, le dos contre le mur. Un peu plus tard, une lettre cachetée me fut glissée subrepticement par ses soins. Un valet de Jacob venait, selon elle, de me l'apporter. Je l'ouvris.

«Marie,
À l'instant, les archers viennent me quérir. Je ne sais de quelle affaire il s'agit mais depuis de longs mois, comme vous le savez, je redoute le pire.

Je m'en vais prier le Seigneur. Je voudrais que mon cœur fût pour Dieu comme il est pour vous.»

Jacob

Je courus dans ma chambre pour pleurer à loisir. Jeanne, hélas, n'était plus là. Ma mère vint me retrouver pendant la nuit. Son visage semblait encore plus pâle qu'à l'accoutumée ; j'étais assise, tout habillée, l'air égaré ; elle me prit la main.

— Marie, est-ce que tout cela est vrai ?

— Mère, j'aime le Vicomte de Préclair comme moi-même. Je ne sais rien d'autre.

— Est-il huguenot ?

— Sa foi n'est pas la nôtre mais son cœur est pur.

— Ma fille, je ne veux pas que vous alliez au couvent.

---

* Avoir un comportement déshonnête.

70

Cette fois, je ne reconnaissais plus Mathilde. Elle se tenait soudain ferme et décidée.

— Je vous remettrai, s'il le faut, les biens que votre père laissa pour vous…

On entendit soudain une voix tonner dans l'escalier :

— Mathilde ! Mathilde ! Où êtes-vous ? Nom de Dieu ! Venez céans !

Elle m'embrassa tendrement et partit.

Le lendemain, je rendis visite à Jeanne. Ce fut la première fois depuis ses noces. Elle était grosse comme Adeline le fut. Peut-on en éprouver quelque surprise ? Elle pleura sitôt qu'elle me vit. Gilles était à la foire. Le visage, la mine défaite et la cote négligée m'en dirent plus long que cent discours. Je lui confiai les terribles excès de son père. Elle réagit à peine. J'eus alors le sentiment que l'épouse de Félicien survivait difficilement à Jeanne Renoncour. La vie menée par elle auprès de ce rustre ressemblait déjà davantage à un tombeau qu'à une jeunesse matinale.

Les assauts de Félicien et sa goujaterie devaient, avec les jours, achever cette guerre destructrice. Ma demi-sœur me regarda, l'air absent. Les souffrances émoussaient son esprit. Dieu avait pitié d'elle : Jeanne ne voyait plus ni sa condition, ni ses proches. Je pris congé en l'embrassant ardemment.

Les événements prirent soudain un train d'enfer. À mon retour, Mathilde m'avertit que son époux s'était entretenu avec le Lieutenant-Criminel, le matin même, du cas pendable de Jacob. Il en rendit compte, comme à l'accoutumée, en criant haut et fort. La Marine avait besoin de bras. Le jeune Comte de Préclair devait mettre les siens au service de Sa Majesté. Il comparaîtrait sans délai devant le Parlement de Rouen où Renoncour comptait deux proches parents. J'avais coutume d'entendre dire que les affaires y traînaient plusieurs lustres et que l'on avait vingt fois le temps de retrouver la vallée de Josaphat* avant que le sort ne soit tranché.

_____

* La vallée des morts.

Le cousinage est une arme puissante. Sa Majesté et Colbert ne souhaitaient guère ni encombrer les prisons surchargées, ni dépeupler la chiourme qui réclamait son dû. Le greffier, instruit comme il fallait, fit le nécessaire pour qu'on ne tardât point.

Le Parlement courut la bague. J'appris quelques semaines plus tard que Jacob venait d'être condamné pour son impiété à dix ans de galères. Une bonne âme m'avertit qu'il serait, sans délai, traîné à Paris, à la Tour Saint-Bernard, où l'on regroupait les forçats.

Je pris le risque d'aller rendre visite au Comte Abraham de Préclair. Le vieil homme, averti, était accablé. Ses mains se cramponnaient à une grosse bible noire :

— Que ne m'ont-ils pris, disait-il en pleurant. Je n'aurais pas longtemps encombré les bancs.

— Ne peut-on rien faire ?

— Vous êtes Marie Arnault ? Jacob m'a parlé de vous lorsque l'on vint l'arrêter. Il m'a prié de vous donner la bénédiction.

— Ne puis-je lui porter secours ?

— Ma pauvre enfant... Les aristocrates voient souvent de telles peines commuées en bannissement. Les affaires sont parfois étouffées grâce à de puissantes relations... Mais un gentilhomme réformé...

Il se reprit à pleurer.

— Ni vous, ni moi, ne le reverrons jamais.

Je m'agenouillai, joignant mes larmes aux siennes. Il me bénit, comme il l'avait promis. Je pris congé avec douleur, perdant presque les sens.

Mais il me revint à l'esprit les mots de Michel Arnault quand il se rendait au chevet d'un blessé : « Il faut lutter, lutter sans baisser la garde ; lutter avec force ; toujours... » Père, je vous entendis, où que vous fûtes. Vous me redonnâtes courage, tandis que je retournai en hâte rue des Cohues, préparer la bataille qui s'engageait.

*
* *

J'allai trouver Mathilde pour lui mander ce que je venais d'apprendre. Elle ne manqua pas d'être affectée et je crus la voir tomber en pâmoison. S'ajoutait à ces terribles événements, un incident domestique qui ne manqua pas de l'atteindre grandement : Toinette, honnête fille et nous servant avec un parfait dévouement, venait d'être soupçonnée d'avoir dérobé deux bobèches en argent qui manquaient, paraît-il, au chandelier éclairant Monsieur Renoncour en son cabinet.

Le lieutenant général ne balança guère et le procès, là encore, fut mené tambour battant. Il la fit quérir en présence dudit chandelier qui aurait peut-être avoué, s'il avait eu la parole, son glissement sous un meuble.

Mon beau-père laissa éclater sa rage comme à l'accoutumée :

— Gueuse ! Qu'as-tu fait des bobèches de ce chandelier ? Il en manque deux. Tu entends : deux !

— Ma foi, Monsieur, je n'y suis pour rien.

— Ne mens pas en plus ! Je vous connais, vous et vos pareils. Tu sais ce qui attend les domestiques qui volent leurs maîtres ?

— Non pas… et je n'ai rien volé.

— La mort, ma fille et c'est justice.

Elle se mit à genoux :

— Je vous jure que je n'ai rien fait ! Appelez Nicolas et René…

— Tes amants ! Tu te ris de moi. Je n'attends rien de la canaille. Va chercher tes effets. Tu pars sur l'heure.

Ma mère et moi la vîmes sortir, échevelée, en larmes. Je n'osai lui prendre la main. Elle monta dans sa soupente sans un mot. Je pensai un instant que Toinette avait peut-être été, comme moi-même, l'objet des désirs de son maître. Je me tordis les doigts à cette pensée. Ne convient-il pas de savoir se soumettre pour éviter le pire ? Et si le ventre s'enfle par mégarde, les masures environnantes ne manquent pas de matrones sachant mettre un terme à ces événements fâcheux. Sans parler des herbes et élixirs que je connaissais déjà par ouï-dire, permettant de tout oser sans risque. Restait l'instant horrible subi par Adeline, où la femme se livre au crapaud. Mais en cet instant, je songeai qu'en disant « oui », Toinette comme moi-même eussions évité le pire.

Au coucher du soleil, avant même le souper, la servante, tenant son baluchon, se trouvait devant la porte. Renoncour ouvrit le sac et versa le tout sur les marches pour en vérifier le contenu. Il n'y avait à l'intérieur que quelques hardes. Les autres serviteurs, apparemment, se terraient. Ils contemplaient la scène sans doute en tremblant derrière une lucarne. Toinette ramassa ses effets éparpillés et gagna le porche.

Ma mère me murmura :

— Votre beau-père a prévenu les archers. Il me l'a dit ; ils viennent la quérir.

J'entendis effectivement des cris quelques instants plus tard. Dans la soirée, Mathilde me rejoignit dans ma chambre avec Dorine.

— Marie, ne balancez pas. Vous savez comme je vous aime. Il faut que vous partiez d'ici.

— Vous quitter ?

— Hélas…

Elle pleurait et j'en avais le cœur déchiré. À ma grande surprise, elle sécha ses larmes et se redressa transfigurée.

— Je pense à votre père ; je veux qu'il ne vous arrive rien de fâcheux.

— Mais je ne suis point Toinette…

— En ce monde, les femmes ont le même destin.

Je regardai Dorine et compris à son regard que Mathilde en savait bien davantage que je n'osais l'imaginer.

— Vous partirez demain à l'aube pour Paris où j'ai un mien cousin, Honoré d'Houdeville, qui vous accueillera paternellement.

— Partir ?

— Oui. Dorine vous accompagnera. Je vous ai préparé une bourse que voici. Vous prendrez votre haquenée*. Il vous faut de surcroît un cheval de bât. Jonas fera l'affaire. Nous le prendrons tout bonnement à l'écurie et Blaise le mènera.

Il fut convenu que nous passerions par Carentan dont je connaissais un peu le chemin et, de là, que nous retrouverions la route de Poste menant de Caen à Paris.

Ma mère me baisa le front et je lui pris les mains que j'embrassai en pleurant :

---

* Jument qui va ordinairement l'amble et sert de monture aux dames.

— Quand vous reverrai-je?

— Lorsque Dieu le voudra. Bientôt, s'il lui plaît.

Nous partîmes dès matines, en prenant soin de ne faire aucun bruit ou presque. Le cheval de trait fut chargé modérément afin de supporter le poids de Dorine. J'emmenai Zora et ma chère cassette. Blaise suivait à pied en tenant Jonas. Nous ne réveillâmes quiconque.

Le chemin jusqu'à Carentan était fort malaisé. Les rochers et les fossés nombreux rendaient la marche périlleuse. Nous arrivâmes le soir assez tard et je pris le parti de chercher refuge chez l'abbé Bernin. Il montra, comme je l'espérais, une hospitalité biblique. Je me confessai à lui. Sans balancer, il me donna l'absolution et me bénit, comme le fit le Comte Abraham.

Nous repartîmes encore plus tôt que la veille, devant affronter la baie des Veys, envahie par la mer à la marée montante. Le «Grand Vey» est un endroit dangereux où l'on risque de s'enliser, s'égarer dans les brumes, voire se noyer. On ne peut le franchir qu'à marée basse. Il fallut donc attendre l'heure fixée par les passeurs. Nous rejoignîmes d'autres voyageurs. Des guides nous précédèrent à cheval, prenant les piétons en croupe. Ces guides semblaient connaître chaque pierre, chaque parcelle de sable, chaque flaque, nous invitant à ne pas dévier du chemin emprunté, ce que nous eussions fait au péril de notre vie.

Le Grand Vey franchi, il nous restait encore une bien longue route jusqu'à Bayeux, Caen et Paris. C'était cependant, pour cette grande distance, une voie plus large, empierrée et bordée, çà et là, de relais. Pour ménager nos montures et ce malheureux Blaise qui nous suivait à pied, je m'abstins de forcer l'allure. Ce fut un voyage harassant; parfois, le mauvais temps transperçait nos manteaux. Les auberges médiocres. Les écuries douteuses. Vous imaginez de quels soins j'entourais ma chère Zora, allant jusqu'à médiciner ses jarrets soumis à rude épreuve. Je ne parle pas des pieds de l'infortuné Blaise qui avait retiré ses souliers pour marcher plus commodément; il eût marché moins vite s'il avait su que le paradis l'attendait au détour de Poissy.

Nous n'étions plus qu'à quelques lieues de Paris et je voyais déjà la fin de nos épreuves. C'est mal connaître les périls qui menacent ceux qui cheminent. Au détour d'un bois, trois cavaliers surgirent soudain, l'arme au poing. Tout eut lieu en moins de temps que je ne puis l'écrire. Plusieurs pistolets tirèrent en direction de Blaise qui tomba à terre, tandis que Jonas se cabrait. Dorine glissa au sol, restant inanimée. La nuit commençait de tomber. On ne pouvait distinguer sous leur feutre les visages de nos assaillants. De nouveaux coups de feu sur Dorine m'apprirent le sort de ma servante. Zora n'eut guère besoin d'encouragements. Je quittai les lieux, à bride abattue. Éperdue. Anéantie. Je commençai par gagner les bois pour égarer les poursuivants. La nuit, cette fois, était totale. Je m'endormis sur le sol, près de ma haquenée. À l'aube, trempée par la pluie et la rosée, la cote déchirée, je parvins à retrouver la route de Poste et arrivai, fourbue, au village de Saint-Cloud. Du haut de la colline où se dressait le bourg, je découvris une multitude d'églises et de chapelles, où les clochers de Notre-Dame, que l'on m'avait cent fois décrits, dominaient au milieu de la Seine.

Il me fallut encore quelques heures pour gagner la ville. Je découvris Chaillot au milieu des vignes et des champs labourés, près d'un castel italien. Là, je me risquai à demander mon chemin. Certains me conseillèrent de rejoindre la Porte Saint-Honoré, d'autres de longer la Seine. Craignant de m'égarer encore, je suivis ce dernier conseil qui n'était pas le plus facile. Au début, je parvins à côtoyer le fleuve, fort encombré de bateaux qui montaient et descendaient lentement : les uns, longs et hauts, étaient halés par des chevaux et transportaient des voyageurs ; d'autres, plats et protégés par du foin, se chargeaient de blé ou de légumes qu'on apercevait, çà et là, sous d'immenses bâches.

Zora me mena à travers prés et cultures maraîchères à un espace fort dégagé dont un passant voulut bien m'indiquer qu'il s'agissait du Cours la Reine, prolongé par le Jardin des Tuileries. Je longeai celui-ci sur une grève sablonneuse qui bordait une forte muraille et pénétrai, enfin, dans la ville par la Porte Neuve dont on m'avait parlé. Je m'arrêtai un instant pour regarder l'autre rive. Ce n'étaient que champs, marais et potagers près desquels s'élevait un monastère fortifié, orné de trois tours carrées surmontées de clochers pointus. J'imaginai qu'il s'agissait de l'Abbaye de Saint-

Germain-des-Prés dont mon père m'avait si souvent entretenue, précédant le Palais et l'Université à laquelle Michel Arnault vouait une admiration sans borne.

J'avais tout perdu, et surtout la cassette de mon père ; il ne me restait plus qu'à tenter d'atteindre la Place Royale où demeurait Honoré d'Houdeville, auquel ma mère m'avait si instamment conseillé de demander aide et secours. Hélas, la pauvre femme ignorait en quelle détresse je me trouvais alors et le destin qui me guettait. Il n'était plus question de chevaucher sur la rive. Les maisons s'avançaient jusqu'au bord, trempant dans le fleuve leurs piliers de bois, tandis que les chargeurs de bûches, maîtres de pont, chableurs de pertuis, bateliers, débardeurs et gaigne-deniers se bousculaient en criant.

Je demandai une fois de plus mon chemin à une commère. Elle me suggéra de poursuivre plus avant, désignant une masse terrifiante et sombre.

— Qu'est cela ? demandai-je avec inquiétude.

La femme s'esclaffa :

— Vous devez venir de bien loin ! C'est le Châtelet. On y met la canaille quand on ne l'a pas encore pendue. On y trouve tout ce qu'il faut pour jouir : la Boucherie, la grièche, les oubliettes, les fosses...

— Et la Tour Saint-Bernard ?

— Celle-là, je ne la connais point. Je crois qu'elle se trouve de l'autre côté du pont. Ça ne doit pas être beaucoup mieux que cette auberge !

Elle éclata encore d'un rire énorme. Je repartis plus loin, tenant cette fois Zora par la bride. Nous étions entourées par une foule qui se pressait au milieu des rues étroites aux pavés glissants, comme à Coutances. Mais là, le jour filtrait faiblement entre les toits à pignons et les encorbellements s'avançant à la rencontre les uns des autres. De lourdes enseignes se balançaient au-dessus des têtes. L'air était rempli de clameurs et de disputes au milieu desquelles, comme la flûte dans un branle, éclataient les cris des marchands ambulants : « Eau de vie pour réjouir le cœur »... « La mort aux rats et aux souris »... « Vinaigre, bon vinaigre »... Imaginez enfin, chère Catherine, par-dessus ce tumulte, les cloches des innombrables églises sonnant tour à tour, ainsi qu'à Québec. Mais, en ces lieux fangeux où régnaient la populace et le désordre, les oreilles étaient assourdies et Dieu ne pouvait guère se faire entendre.

Je crus enfin parvenir au paradis en passant sous une ultime arcade qui me fit découvrir cet endroit enchanteur qui a nom «Place Royale». Je cherchai aussitôt, avec l'impatience que vous imaginez, l'hôtel d'Honoré d'Houdeville et frappai à l'huis. Un laquais m'ouvrit et ne me laissa même pas franchir le seuil:

— Le Comte d'Houdeville a quitté son hôtel, hier, à l'heure des matines. Comme chaque année, il se rend à Bourbon-l'Archambault pour y prendre les eaux.

— Revient-il bientôt?

L'autre me sourit avec insolence:

— Madame, l'endroit est fort éloigné.

Il ne me proposa guère d'entrer. Mon absence d'équipage et l'état dans lequel je me trouvais ne devaient guère plaider en ma faveur. Il me ferma la porte au nez.

Je crus tomber en pâmoison, sentant tout à coup que j'avais tout perdu. Épuisée, j'attachai Zora à un arbre et me laissai choir sur un banc de pierre, ne pouvant, cette fois, réfréner mes larmes.

— Mademoiselle Arnault! Vous ici!

Je levai la tête: un gentilhomme se tenait devant moi. Son visage ne m'était pas inconnu. Il retira son feutre et s'inclina profondément.

— Vous m'avez oublié… Je n'en suis pas surpris. Marquis de Brézin. Nous nous croisâmes à Coutances. J'eus l'outrecuidance de vous aborder.

Mes larmes s'arrêtèrent aussitôt. Je me levai, saisie d'étonnement et de bonheur. J'avais donc un ami dans cette Babylone!

— Ma chère enfant, que faites-vous ici, sans équipage, sans valet?

Je lui racontai ma détresse sans rien omettre. Il ne se montra guère surpris.

— Ces temps ne sont guère favorables aux réformés. Monsieur Renoncour — pardonnez ma franchise — détient autant de pouvoir qu'il a peu de scrupules. Je ne serais guère étonné que l'horrible drame que vous subîtes à Poissy ne lui soit pas étranger. Encore que nos routes ne soient guère sûres à cette heure...

— Je voudrais tenter de délivrer Monsieur de Préclair.

— Ma pauvre enfant, vous n'y parviendrez pas. Seul le Roi...

— Je le verrai !

Il sortit sa tabatière et se mit à priser avec un visible embarras.

— Ce sera bien difficile...

— Et la Tour Saint-Bernard ? Le Vicomte de Préclair, m'a-t-on dit, y est présentement enfermé.

— Alors, Mademoiselle Arnault, vous devez prier. Beaucoup prier.

Je voulais tenter de rencontrer Jacob ne serait-ce que quelques instants. Le Marquis ne me dissimula guère qu'il me faudrait bien des pistoles. Il sembla voir tout à coup ma monture attendant patiemment.

— Je ne pense pas, dit-il, qu'elle vous soit d'un grand secours ; votre haquenée risque un mauvais sort, surtout si votre beau-père vous recherche de quelque façon.

Je compris sur l'instant et lui confiai aussitôt Zora. Je n'ose écrire «vendre» car le mot m'est cruel. Il me remit un sac de pistoles et me griffonna le lieu de sa résidence à Paris. Il partit aussitôt avec son valet qui prit les rênes de Zora. Je ne saurais vous dire vers quelle ruelle il s'engagea. J'ai préféré ne pas me retourner.

*
* *

Cette fois, j'étais encore plus seule. Je demandai le chemin du château de la Tournelle où, selon le marquis, s'élevait la Tour Saint-Bernard. Quittant ce noble lieu de la Place Royale, je retrouvai les ruelles grasses et nauséabondes, attributs naturels de cette cité qui suscite cependant les rêves des Coutançaises. Une harengère charitable m'indiqua la route la plus courte. Je traversai le fleuve au Pont Notre-Dame et rejoignis enfin le quai Saint-Bernard. C'était, en fait, une berge fangeuse où l'on déchargeait des tonneaux de vin dont l'odeur régnait en maîtresse. Entre les barges, se faufilaient des coches d'eau où les voyageurs s'entassaient. Des échoppes et des bureaux d'octroi occupaient les abords du quai de la Tournelle encombré de chalands et de portefaix.

J'aperçus au milieu de ces embarras, arrivant à pied, enchaînés, escortés par un sergent de guet, des fantômes tondus qui marchaient avec peine. Là, je n'eus point besoin d'harengère. Ces infortunés me montrèrent le chemin. Ils se dirigeaient vers le « château de la Tournelle ».

Devant eux, m'apparut une petite cour carrée et pavée où s'élevait et s'élève hélas encore, un bâtiment massif dont l'entrée est encadrée de deux tours. Je ne pus, à l'évidence, les suivre plus avant et attendis, à l'écart, assise sur une borne en pierre.

Un portefaix s'approcha de moi. Je craignis qu'il ne me prît pour une drôlesse. Mais l'homme dut voir à mon visage que le désarroi l'emportait sur tout autre sentiment.

— Vous avez un ami là-dedans ?

Je fis un signe de tête et me remis à pleurer.

— Il n'y a rien d'impossible. Lamothe...

— Qui est-ce ?

— Le concierge. C'est lui qui fait la loi. Il cogne ; il boit... Il y a même des fois qu'il tue quand ça lui prend. Mais si vous avez des pistoles...

— Je n'en ai guère.

— Alors, tant pis.

— Quand peut-on le voir ?

— Il prend le frais après souper quelquefois ; mais s'il pleut...

Je lui remis une pièce que je sortis de mon corsage. L'homme se montra chrétien :

— Je ne vous ai rien demandé.

— Justement. Merci.

— Pour Lamothe, ma petite, il faudra en sortir bien davantage.

Je priai Notre Dame. La nuit tomba tout à fait. Et Dieu retint la pluie. Une porte grinça. Un homme massif apparut, titubant quelque peu. Je m'approchai en priant encore et pris le parti de le solliciter. Le portefaix, que je croyais envolé, réapparut et vint vers nous. Lamothe se tourna dans sa direction.

— Jean-Baptiste, je ne te voyais pas. Tu connais cette molue*?
— Un peu.

Le prénommé Jean-Baptiste s'entremit habilement. Lamothe me demanda force pistoles. Je lui donnai ce que je pouvais, conservant par devers moi ce que je destinais à mon amant. Le concierge me fit entrer. Je crus reculer tant l'odeur qui régnait était insoutenable. C'était un grand cachot garni d'énormes poutres en bois séparées entre elles par une distance de trois pieds**. Au premier regard, je les pris pour des bancs mais il m'apparut ensuite qu'elles avaient un usage beaucoup plus incommode. Sur ces poutres étaient attachées de grosses chaînes de fer, de la longueur d'un pied et demi. Au bout de ces chaînes, un collier de même métal. Les poutres ayant, semble-t-il, près de quarante pieds de longueur, une vingtaine d'hommes à la file y étaient enchaînés. À l'heure où je vous écris, ma bonne, je ne pense pas que le moindre détail en soit changé.

Le cerbère tint parole. Au milieu des rumeurs, des cris, du bruit des chaînes et des corps entassés, je n'aurais guère pu trouver celui dont j'eusse aimé prendre la place. Lamothe tenait une lanterne et dévisageait les condamnés.

— Préclair!

Il l'avait trouvé.

— C'est bien de l'honneur qu'on te fait. Il y a une gueuse pour toi.

La joie et la terreur se mêlèrent à l'instant dans mon esprit. J'hésitai à le reconnaître: Jacob avait le crâne rasé et le visage blafard. Je me penchai pour tenter de l'étreindre. C'était impossible. Les autres se mirent à jurer.

Mais j'avais payé cher. Lamothe détacha Jacob et me fit signe. Tandis que les voisins pestaient avec force blasphèmes, il nous mena dans un cabinet étroit, vide de tout meuble, où l'on eut peine à s'asseoir.

— Une moitié d'heure, grogna-t-il. Vous entendez? Une moitié d'heure! Pas plus.

---

* Forme ancienne de «morue».
** Un pied = 0,324 m.

Et il nous enferma.

Ma douce, que vous dire de plus? Je pense que votre âme chrétienne me pardonnera cet égarement; le premier, sans doute, d'une longue liste de mécréances.

Jacob m'exposa d'un mot que chez ces malheureux, par la position douloureuse imposée contre la poutre qui les contraignait à rester assis, le col et la tête courbés, les nerfs des cuisses et des jambes se resserraient par la longueur du temps, rendant la marche difficile.

Il était sur le sol, presque méconnaissable. Les privations et les souffrances, déjà, l'atteignaient dans sa chair. Alors, soyez mon confesseur. Vous me connaissez trop pour être surprise de l'aveu: je soulevai ma cote et l'étreignis, l'épousant devant Dieu. Étant disciple de Saint-Côme comme vous êtes herboriste, les humeurs cardinales* nous sont familières. Jacob, à mon toucher, retrouva son ardeur et nous devînmes fous de passion pendant cet instant d'éternité. J'en garde le souvenir brûlant. Déjà, nous entendions le pas de Lamothe.

Mon tendre ami disposa à peine de quelques instants pour me parler des gardiens prélevant leur dîme dès l'entrée de la Tour, après une fouille honteuse, tandis que les anciens achevaient de les dépouiller. La brutalité en ces lieux régnait sans partage. Jacob, dans un murmure, ajouta, tandis que le concierge entrait: «On n'entend pas ici une parole honnête; tout y retentit de saletés et de blasphèmes exécrables.» J'eus à peine le temps de lui remettre le sac de pistoles qu'il dissimula promptement. Il me baisa la main avec fougue. Lamothe le fit lever comme vous imaginez. Et nous nous séparâmes.

Je n'eus point le droit de l'accompagner jusqu'au cachot. Dois-je le regretter? Un assistant de Lamothe m'entraîna dehors par une porte dérobée. Je crus suffoquer en retrouvant l'air, tant ce lieu de tortures était irrespirable.

L'homme qui me fit sortir marmonna que «Préclair serait de la chaîne pour Marseille avant les pluies. Peut-être même très bientôt». Je n'en pus tirer davantage et m'éloignai en hâte. Il me fallait prier et surtout voir le Roi. Aux fins de cette démarche, je devais

---

* Les humeurs qui influent d'une manière notable sur la santé et dont l'une ou l'autre prédomine avant le tempérament, le sexe, l'âge, etc.

retrouver le Marquis de Brézin. C'était désormais le seul appui que la Providence m'ait envoyé.

Je sortis de mon corsage le billet sur lequel Brézin m'avait indiqué son adresse et le dépliai. L'hôtel d'icelui s'élevait rue de Buci sur la rive droite. J'en cherchais le chemin lorsque, soudain, la cohue se fit plus dense. Les mendiants, estropiés, ribauds, jusqu'à présent invisibles et fondus dans le menu peuple, se mirent à courir en tous sens; quelques maraîchers crièrent, leur étal se trouvant menacé. Je compris en voyant les archers du Roi. Certains menaient des tombereaux où s'entassaient en guenilles vieillards, femmes, enfants. D'autres — le plus grand nombre — pourchassaient pêle-mêle marauds, innocents, mendiants, dénoncés par leur triste mine et les haillons qu'ils portaient.

Je me souvins alors de ce dîner à Coutances où mon parâtre et ses acolytes avaient parlé des décisions du Roi contre les pauvres qui pullulaient, hélas, comme des insectes misérables. On les menait sans doute à cet Hôpital Général que Ledentu évoquait, enfermant dans ses murs toute la lèpre de la ville.

Je craignis que mes effets déchirés et douteux ne me donnassent un air équivoque et me mis à courir comme les autres.

Je me retrouvai à l'entrée du Pont Neuf et y pénétrai hardiment. Là, point d'archers, point de tombereaux, mais un spectacle qui me donna bien de l'étonnement et n'aurait pas manqué de me divertir si je n'avais eu le cœur aussi lourd. À chaque pas, ce n'étaient que fleuristes, diseurs de bonne aventure, marchands d'orviétan, arracheurs de dents.

Je m'arrêtai un instant devant une estrade où des comédiens affublés de nez en carton se bastonnaient devant les badauds riant aux éclats. C'est alors qu'une voix m'interpella:

— Ma foi, c'est notre petite Normande !

Je me retournai sans comprendre. Le garçon était jeune, d'allure paysanne, la taille courte et le pourpoint usé; son accent me rassura:

— Thomas ! Tu ne te souviens pas ? La noce à Jeanne ! Les Basques ! Le cidre !

Je le regardai plus attentivement et me souvins de lui. Nous avions dansé la rondance et bu à la même table.

— Je suis un petit cousin de Félicien ! Tu sais que ta sœur est grosse ?

— Je n'en ai point d'étonnement.

— Dis donc, tu t'es sauvée à ce qu'on dit. Ton parâtre en a dit de belles sur toi… Méfie-toi du Prévôt… Où loges-tu ?

— Nulle part.

— Dans ce cas prends garde mais n'aie pas peur. Je ne fricote pas avec cette engeance. Tu sais où aller ?

— Oui. Non…

— Eh bien, suis-moi. Tu décideras après.

Le Marquis de Brézin pouvait, lui aussi, être parti dans ses terres normandes ou visiter quelque parlementaire utile. Je choisis de suivre Thomas. Chemin faisant, il m'expliqua être venu tenter sa chance à Paris ; il l'avait trouvée, selon lui, en la personne d'un certain Gros René, comédien attitré de la troupe de Molière et jouissant peut-être de plus de pouvoirs pour des misérables comme nous que tous les parlementaires avec leurs affûtiaux.

— Il me faut cependant, lui dis-je, parvenir à rencontrer le Roi.

— Justement. Duparc — c'est Gros René — m'engage pour une féerie qui se donne à Versailles dans quelques jours, devant Sa Majesté.

Ce disant, il arrondit le ventre et fit mine de plonger dans une révérence excessive.

— Et tu crois…

— Je ne crois rien. Je sais ce qu'on dit à Coutances. Tu t'es entichée d'un parpaillot. M'est avis que tu as eu tort.

— Il est maintenant condamné aux galères et je…

Il me fut impossible de poursuivre ma phrase. Je me mis à pleurer. Mon pays entreprit de me sécher les joues avec un pan de sa chemise et me serra comme une sœur, contre lui.

— Ne te mets pas la rate au bouillon, ma fille. Tu t'es amourachée d'un mécréant. Il est à cette heure dans la main de Notre Seigneur. Quant au Roi, j'en parlerai à Gros René. Mais je connais les idées de Duparc. Il pense comme moi et comme tous les gaignedeniers qu'on ne peut espérer des grands que misère et mépris.

Je pensai un instant, avec un reste de fierté, que Marie Arnault demeurait la descendante des Comtes d'Houdeville. Mais la perfidie de Renoncour et sa bassesse m'avaient précipitée du modeste Capitole qui était le mien vers une roche Tarpeienne dont le fond ne manquait pas de m'inspirer, à raison, quelque terreur.

Thomas dirigea nos pas vers le Palais Cardinal.

— Mes amis jouaient jusqu'à présent au Petit Bourbon mais l'abominable Ratabon...

— Qui est-ce ?

— Le Surintendant des Bâtiments. Il a fait démolir notre théâtre. Nous avons beaucoup d'ennemis.

J'admirais ce «nous» qui faisait désormais de Thomas un élément essentiel de la troupe.

— Mais à la demande de Monsieur...

— Monsieur ?

— Le frère du Roi. Tu l'ignores ?

— Non pas.

Je mentis ; je l'avais oublié mais je ne voulais point trop avoir l'air de venir de ma province.

— Et c'est là que tu joues ?

Ce fut lui, à son tour, qui sembla fort embarrassé.

— Assez souvent ; mais on ne me confie guère jusqu'à présent la tirade. Gros René m'a promis que si j'apprenais bien...

Mon chagrin, un instant, se dissipa. L'ami sentait le foin malgré qu'il en eût et je le voyais difficilement tenir le masque de Valère* ou même de Mascarile.

— Molière et sa troupe sont invités à tous propos chez les Grands pour y jouer. Je ne suis pas de trop pour leur prêter main forte pour monter ou descendre les décors, les costumes, les malles...

J'eusse aimé visiter le théâtre mais mon mentor m'indiqua que nous allions chez les comédiens afin de les voir plus aisément.

— Celle qui mène la barque...

— Ce n'est point Molière ?

_____

* Héros du *Dépit amoureux*.

— Non. Pas pour tout. Mademoiselle Béjart, sa vieille amie, a loué des communs entre les rues Fromenteaux et Saint-Thomas du Louvre. Quant à Duparc — c'est Gros René comme je te l'ai dit — il se loge rue Saint-Honoré.

J'étais sans espérance; ma beauté avait pris la fuite. Le bel air l'accompagnait. Il me sembla que j'inspirai davantage la pitié que tout autre sentiment et, en ce monde cruel, le quémandeur ne doit point en avoir l'allure. Heureusement, Marquise du Parc dont j'avais entendu parler jusqu'à Coutances, était absente du logis. Souveraine de la troupe, disait-on, par sa taille avantageuse et son talent incomparable, la Gorla* m'aurait fait fuir. Le mari, heureusement, se trouvait là. Sa rondeur justifiait le surnom mais il me sembla, sur l'instant, manifester de la bonté. Mon triste aspect, apparemment, ne le rebuta point. Il me pria de m'asseoir. Thomas exposa mes malheurs.

— Il faut en parler à Molière, conclut Gros René. Je sais que sous peu le Roi exige une grande fête à Versailles.

— Une grande fête?

— Oui, des divertissements, de la danse, des tournois, des festins, de la comédie, de la musique, que sais-je encore? Il y aura, m'a-t-on dit, plus de six cents invités qui doivent être traités magnifiquement et nous autres, comme à l'accoutumée, travaillerons au four et au moulin...

— Alors, vous serez peut-être dans la nécessité...

— De faire appel à des manants comme toi? Certes...

Duparc se mit à rire puis se tourna vers moi.

— Et ton amie? Que sait-elle faire?

— Danser.

— Eh bien, Armande jugera. Et Molière, bien sûr. Donne à ta protégée une vêture convenable. Elle a l'air de sortir d'un tombereau de ribaudes...

J'embrassai Duparc qui ne sembla guère s'en étonner et suivis Thomas qui choisit dans la réserve une modeste en taffetas ainsi

---

* La Marquise du Parc était la fille d'un sieur Giacomo de Gorla, arracheur de dents et «Canadien». Elle épousa Du Parc, de son vrai nom René Berthelot, dit «Gros René».

qu'une friponne assortie, un busc et des dentelles ; je me dissimulai pour enlever mes nippes et mettre celles-là. Thomas, sans geste déplacé, prêta main forte pour me lacer et me regarda, à la fin, d'un œil rond qui me fit comprendre que plus chanceuse que Nessus, j'avais gagné une nouvelle tunique.

Nous traversâmes la rue et frappâmes à la porte de Mademoiselle Béjart ; elle me sembla, dès l'abord, de fort méchante humeur.

— Mais c'est la tenue de Lucile ! Thomas, qui nous amènes-tu ?

Mon mentor sembla fort déconfit :

— Madeleine, la robe était à l'écart, toute décousue.

— Tu trouves que nous avons trop de costumes ?

Attiré par le bruit, un homme apparut. Un homme ou — Dieu me pardonne — le Seigneur lui-même. Il avait la taille plus grande que petite, le port noble, la jambe belle. Il marchait gravement, l'air sérieux, le nez gros, les lèvres épaisses, les sourcils noirs et forts, mais, surtout, dans toute sa physionomie, un air de bonté, d'intelligence qui lui donnait, selon moi, une beauté extrême. Il s'exclama avec humeur :

— Si seulement on me laissait le temps. Je n'ai même pas celui de respirer. Le temps ! Le temps !... Il faut que je sois constamment dérangé alors que le Roi s'impatiente ! Le Roi exige...

— Thomas nous amène une inconnue qui a pris la robe de Lucile...

— Et alors ? Qu'importe. Elle a bon air cette petite. Sait-elle danser ?

— Oui-da.

— Il nous faudra des centaines de robes, de danseuses, de chevaux... C'est un drame, Madeleine. Il faut que tout soit prêt pour le 30e avril. La Cour arrive le 5e mai. Et en plus, je finis le deuxième acte d'une petite chose dont j'espère beaucoup. L'histoire d'un faux dévôt...

— Cela te fera encore des ennemis.

— Eh bien, nous verrons. Thomas, c'est ta promise ?

— Hélas non. Ma payse, simplement.

— Eh bien, occupe-toi d'elle. Jusqu'à la fin des « Plaisirs », nous la gardons. Après, ma foi, après, nous verrons.

Molière — car c'était lui — repartit. Madeleine Béjart ajouta simplement :

— Je te donnerai une autre robe. Celle-là est réservée au *Dépit amoureux*. Thomas, retourne d'où tu viens et mets-lui autre chose !

Je n'eus pas trop à souffrir de ce nouveau changement. Mon ami trouva dans la réserve de la troupe de Monsieur une tenue de servante qui, pour être moins fastueuse que l'autre, me donna cependant l'air fort honnête. Les couleurs me revinrent tout à fait le soir lorsqu'il me montra la paillasse qui m'était destinée dans un réduit de la maison du logement de Gros René. À l'heure du souper, il me fit quérir, se doutant que la faim me tenaillait. Je ne sais où se trouve maintenant Thomas. Il est à la droite du Père, s'il n'est plus de ce monde.

Rouge de honte et perdue d'émotion, je retrouvai toute la troupe dans une auberge, à une immense table, où régnaient ripaille et gaieté. Assise entre mon nouveau protecteur et un certain Lagrange qui me sembla fort bel homme, j'avoue que je me laissai aller à une douce quiétude qui me soulageait enfin quelque peu de la presse et du saisissement qui m'avaient accablée.

Les poulardes arrivaient du feu comme lors des noces de Jeanne et chacun, retroussant les manches, mâchait à belles dents. Thomas me désigna la Du Parc qui ne me jeta qu'un petit regard, Mademoiselle Molière, fort affairée par l'enfant qu'elle tenait à la mamelle, Mademoiselle de Brie, Mademoiselle du Croisy, Mademoiselle Hervé, et bien d'autres dont j'oublie aujourd'hui le nom et qui me laissaient ébahie par leur bel air.

On n'entendait que cris, lazzis, jurons. Les servantes apportaient le vin dont les taches se répandaient à table, près des gouttes de cire. J'eus soudain l'image de Jacob à la Tournelle, menotté, croupissant sur la poutre, près des autres forçats, et ressentis la honte de ce festin qui m'était accordé. Je me penchai vers Lagrange et, sans donner trop de précisions, lui demandai comment rencontrer le Roi.

— Ma foi, tu vas le voir. Molière m'a dit que, d'après Thomas, tu savais danser ?

— Un peu.

— Le Roi entend donner prochainement à Versailles des fêtes extraordinaires pour sa dernière… amie. Mademoiselle de Lavallière. On prévoit des divertissements sans repos: «les Plaisirs de l'Île Enchantée». Une folie comme Sa Majesté les aime...

— Pour sa maîtresse?

— À mon sens, pour lui-même. C'est un moyen d'affirmer sa puissance. Lulli, Molière, tous travaillent comme des fous pour que cela soit prêt. Il faudra bien des gens nécessaires à la comédie, à la danse, à la musique, à la cuisine...

— Et vous pensez que moi...

Je l'interrogeai d'un regard suppliant.

— À la cuisine, ma fille, je ne vois que là pour votre emploi.

J'avais déjà les yeux pleins de larmes. Il me prit un baiser, jeta un œil inquisiteur sur mon corsage et conclut:

— N'aie crainte, petite. On t'a vue danser. Eh bien, on te fera danser.

— Et le Roi?

— Ma foi, Sa Majesté goûte les Jeanneton autant que le pouvoir. Ce sera à toi de le prendre par le bout du nez ou quelque autre extrémité...

Lagrange se mit à rire aux éclats de sa farce tandis que je me mettais à rougir. Ses voisins lui demandèrent les raisons de sa joie. Il ne se fit pas prier pour répéter son propos et l'«extrémité» du Roi amena la tablée à s'esclaffer en commun, les propos grivois se trouvant relayés, amplifiés, exaltés.

Molière réussit à prendre la parole au milieu du tumulte:

— Vous souvenez-vous de Visée? Ce fessu de l'enfer qui m'a poursuivi de sa hargne?

— Un de plus, murmura Mademoiselle Béjart.

Gros René la coupa:

— J'y suis. «Ne vous a-t-il pris, Agnès, autre chose?

— Eh oui, il m'a...

— Quoi?

— Pris... Euh... Le...»*

— C'est bien cela, Molière, c'est bien de lui dont il s'agit?

---

* Les comédiens s'amusent à reprendre quelques mots du dialogue de *L'École des Femmes* censurés par les ennemis de Molière.

— Cette face de Carême a dénoncé ces répliques comme une obscénité…

Une nouvelle tournée de vin fit repartir les rires. Seul Poquelin demeurait sombre.

Je le regrettai. Il me parut, en tous temps, fort aimable. Ses manières étaient bien engageantes. En dépit de ses soucis, dont le Roi et les jaloux n'étaient pas les moindres, il témoignait d'honnêteté et bonté. Dès qu'il sut par Thomas ma condition d'orpheline égarée, il devint paternel. On dit que le meilleur est las, au bout d'un mois, de donner à manger à son frère ; mais celui-ci, comme les autres comédiens qui l'imitaient en cela, ne se fatigua pas, jusqu'aux fêtes, de me voir à sa table. Je ne vis jamais tant de bonté, de franchise, que parmi ces gens-là, peut-être libertins, mais qui me parurent bien dignes de représenter les personnages des princes sur le théâtre, leur prêtant des vertus qui n'étaient que les leurs.

Catherine, je vous le mande. Gardez-en la mémoire. Ils m'ont, eux aussi, donné la main au pire moment. Je n'aurai garde de l'oublier.

*
* *

Nous fûmes à Versailles le 30ᵉ avril. Un Versailles bien différent de celui dont l'image se répand en Nouvelle-France. Au moment de ces fêtes, le futur palais n'était alors qu'une modeste résidence de campagne ; un pavillon de briques, de pierres, d'ardoises agrandi, par le père du Roi, de deux ailes et où des ouvriers s'affairaient pour des agrandissements plus importants. Le jardin, au contraire, me parut immense et promis à la splendeur.

Armande, enfin attendrie, consentit à m'attifer, me redonnant bel air. Lagrange se mit à me serrer de près. Les autres comédiennes montraient une mine plus contrainte.

Gros René, fort paternel, me manda que le Roi attendait plus de six cents invités qu'il entendait traiter magnifiquement dans des collations et festins, les laissant cependant se loger comme ils pourraient. Je vous laisse à penser, ma bonne, que toute la valetaille nécessaire à la comédie, à la danse, à la musique, à la cuisine, s'entassa comme elle put. Je dus à la bonté de Mademoiselle de Brie un peu de paille dans l'écurie où je réussis à faire mon nid non loin d'elle. Il me paraissait en tous points préférable de voisiner avec une personne du sexe que de courir le hasard de quelque assaut non désiré.

Le temps, heureusement, fut très beau; il n'y eut qu'un soir un vent inopportun qui éteignit plus de mille bougies. On tendit aussitôt des hautes toiles et des parois de bois qui mirent quantité de flambeaux à l'abri de la bourrasque.

Les fêtes commencèrent le 7e Mai. Je sus, toujours par Gros René, que le dessin de ces Plaisirs avait été conçu par le Duc de Saint-Aignan, inspiré par l'Arioste. Le conte me parut cependant loin du bel esprit. Je ne sais si je dois vous contraindre à perdre de précieuses minutes en vous mandant que l'intrigue, mince à l'extrême, se menait autour d'une «Alcine», magicienne, retenant auprès d'elle par sa beauté et ses sortilèges l'infortuné «Roger» et ses compagnons. Elle ajoutait à ses enchantements, pour mieux les captiver, des divertissements, des promenades, de la danse, des tournois, des festins, de la musique et même de la comédie.

Tout cela dura plusieurs jours, déployant un luxe que vous ne pouvez imaginer. Lulli avait organisé les divertissements; quelques grands avaient composé madrigaux ou sonnets. Nous-mêmes commençâmes notre tâche par un cortège fastueux: trompettes, pages, hérauts annonçaient le Roi suivi de toute la jeune noblesse. Ensuite, le «char d'Apollon» entouré des Heures du jour et des douze signes du Zodiaque. Le beau Lagrange jouait Apollon, Mademoiselle Molière, le siècle d'or, Hubert, celui d'argent, Mademoiselle de Brie, d'airain, du Croisy, de fer. Puis ce furent le Printemps monté par Mademoiselle du Parc sur un cheval d'Espagne. Gros René représentait l'Été, sur un éléphant; la Thorillière, l'Automne, sur un chameau. Louis Béjart, en «Hiver», chevauchait un ours.

Le soir, nous dansâmes tout en portant les collations. Le lendemain, nous fîmes de même. Molière eut le temps de donner une comédie, *La Princesse d'Élide*, entrecoupée d'intermèdes chantés et dansés. Pris de court, il avait écrit le premier acte en vers et les autres en prose. Je ne suis point devineresse mais songe que ce marivaudage, sans le sel de l'amertume et l'esprit de notre cher Poquelin, ne comptera guère dans les mémoires.

La pièce eut grand succès. Comment s'en étonner? Les yeux furent captifs; les regards éblouis; tout ce beau monde se sentit flatté que l'or fût ainsi versé à flots pour quelques heures et je ne pense pas que quiconque ait songé aux misérables qu'une pincée de cet or eût sauvés de la famine.

Je dansai, quant à moi, comme on me l'avait dit, alternant les mouvements de bras et les entrechas* que le maître de ballet m'avait expliqués en hâte. Cette fois, pour l'agrément à la Cour, on m'avait attribué diverses robes enchanteresses et légères, parfois fort courtes. Nous étions toutes coiffées à merveille. J'étais bien loin de la simple Marie de Coutances. Mon cœur, cependant, se serrait en pensant à Jacob. L'ombre de Michel Arnault devait aussi souffrir de la basse condition où je me trouvais.

Thomas eut le temps de me chuchoter que le rôle du héros ensorcelé par la fameuse Alcine — prénommé Roger dans cette historiette — se trouvait tenu par le Roi lui-même, jouant et dansant parmi les autres. Je le regardai avec application. Il portait le buste serré dans une cuirasse d'argent, les cuisses dissimulées sous des broderies d'or et un casque aux longues plumes auréolant son visage.

J'en éprouvai une forte surprise, persuadée jusqu'alors que Sa Majesté se bornait à porter un regard lointain aux baladins qu'il avait fait venir pour ses favorites, les courtisans et surtout la joie de faire montre d'une munificence supérieure à celle de cet impertinent Fouquet dont j'ouïs dire qu'il n'était pas près, lui non plus, de retrouver la liberté. Mais le Roi ne donnait pas de limites à ses plaisirs. Il goûtait fort de danser lui-même et multiplier les jeux de jambes qu'il avait, en ce temps-là, assez bien tournées. Tout au plus pouvait-on déceler ses hauts talons qui l'aidaient puissamment, à n'en pas douter, à se grandir la taille.

---

* «Entrechats» est à l'époque une orthographe erronée.

Je ne pensais sur l'heure qu'à Jacob et pris sur moi de lui sourire. Il m'adressa maintes fois un regard appuyé. Lagrange, à l'instant d'un changement de costume, me fit compliment de mon rôle, ajoutant à voix basse que Sa Majesté avait remarqué ma « beauté ». Je n'en avais cure, pour toutes les raisons que vous imaginez. Mais peut-on intercéder en faveur d'un forçat sans se mettre à genoux ? Je savais que l'épouse du Surintendant suppliait à cette heure « Roger » en vain pour apaiser son ire. Mais l'écureuil*, comme Armande me l'apprit, avait osé tenir imprudemment de tendres propos à celle qui gouvernait alors le cœur du Souverain. C'était bien pire que d'utiliser à des fins abusives les deniers du royaume, péché véniel auquel, selon moi, tous les financiers s'employaient. Comme dans le conte oriental que vous connaissez bien, les poches alourdies des ducats entassés, ils auraient dansé bien lourdement les « Plaisirs ».

Il n'importe. Je devais à tout prix tenter d'amollir le cœur du Roi, bien que Thomas, mon confident, se montrât fort sceptique.

Lagrange, cependant, n'avait point tort. À la fin des ballets, un laquais me glissa un billet m'invitant à rejoindre « qui vous savez » au Château de Saint-Germain, après le médianoche**. Un carrosse, était-il précisé, me conduirait en lieu sûr. Thomas alla porter la nouvelle, non sans indiscrétion, à Madeleine Béjart. Celle-ci, cette fois pleine d'aménité, me mena rondement dans le brandebourg*** où l'on serrait les costumes.

— Ma fille, tu dois jouer ce soir ton nouveau rôle.

— Quel est-il ?

Elle se mit à rire puis leva les yeux au ciel. Aidée par une servante, elle entreprit de m'habiller, sortant cette fois de la réserve une modeste en tabis bleu mourant sur une friponne assortie. Les deux femmes entreprirent de cabrer ma gorge par le busc, celle-ci s'étalant soudain sans vergogne, encadrée de dentelles d'Alençon qui rejoignaient les manches. Madeleine mit autour de mon cou un

---

* Les armes de Fouquet représentaient un écureuil.
** Repas servi après minuit.
*** Pavillon.

collier de faux saphirs et glissa quelques bagues à mes doigts. La servante me jeta de l'ambre sur le cou et les bras, retroussant ensuite mes boucles avec un bel effet. Souliers de satin à la Choisy, bas de soie puce. Un masque, un éventail et voilà la perdrix lâchée vers le chasseur. On me fit mille recommandations que je n'écoutai guère. Un écuyer vint m'avertir que l'on m'attendait. Je le suivis et montai dans un carrosse dont les armes, singulièrement, étaient celles de Monsieur. Je ne m'en inquiétai guère : les mœurs du frère de Sa Majesté éloignaient toute inquiétude.

Nous nous arrêtâmes devant une entrée dérobée du château. On me donna la main pour m'aider à descendre. Un gentilhomme inconnu me guettait. Je le suivis, remplie de doutes et de crainte. De couloir en couloir, il m'entraîna jusqu'aux lieux d'une antichambre. Là, il prit congé sur un ton badin, presque méprisant, non sans m'inviter à me dévêtir en attendant le «visiteur». Une fille de chambre vint un instant me prêter main forte. À regret, je défis paniers et robe. Je ne gardai plus qu'un jupon de fine dentelle, mon corset, mes bas et souliers ; un miroir me renvoya l'image présente de Marie. J'y vis une effrontée et crus reconnaître la créature chère à ces estampes vendues sous le manteau, et où la vertu bascule.

La servante, dans un dernier geste, défit ma culbute*, laissant la chevelure descendre sur les épaules nues. Tel le paon présenté pour l'entremets, je n'attendais plus que l'appétit du Roi.

Comme tous les «importants», il me fit grandement attendre. Je grelottais, prête à remettre mes effets ; les chandeliers, nombreux, ne parvenaient pas à me réchauffer. Il se passa bien une bonne heure lorsque des bruits dans les pièces voisines coupèrent enfin le silence oppressant. Des coups de canne. Des murmures. À n'en pas douter, c'était le Roi.

— Sire, la fille est là.

J'entendis un valet proférer ces mots en poussant la porte. Affectant de ne pas me voir, il éteignit promptement les chandeliers et s'esquiva. Le Roi s'avança. Il n'avait plus le costume attrayant de

---

* Chignon rond au-dessus de la tête.

Roger. N'eût été le lieu, la ressemblance prêtait au doute: il tenait lui-même un bougeoir, apparaissant tête nue, le corps revêtu d'une longue chemise et les pieds juchés, comme le bruit me le laissa deviner, de pantoufles à hauts talons.

La taille courte du souverain, en cet appareil, m'apparut sans fard. Je découvris aussi sur le crâne royal une loupe dont j'ignorais l'existence; elle se trouvait sans doute dissimulée par les perruques hautes qui chevauchaient devant les courtisans le chef de Sa Majesté, tout en ayant le mérite de le rehausser encore.

Mais le pire restait à venir. Habitué à ne rencontrer qu'hommages et servilité, le Roi posa le bougeoir, souleva sa chemise, entrouvrit ses chausses et brandit en le tenant ce qui était alors — du moins je l'imaginais — à l'usage exclusif de la Reine ou plus fréquemment de Mademoiselle de Lavallière. Le spectacle souleva mon dégoût. Je fus convaincue sur l'instant que la consommation prévue de « l'entremets » dépassait mes forces. J'en sentis toute l'horreur.

Ma bonne, je vous entends d'ici, malgré l'immensité qui nous sépare. « Comment avez-vous pu envisager de sang-froid un tel sacrifice? Votre imaginative* ne vous permit point de soupçonner l'abaissement qui vous guettait, la gueuserie des gestes, l'écœurement d'une étreinte immonde? La qualité de souverain ne pouvait rien changer au naturel rebelle que je vous connais.»

Ma chère Catherine, vous avez l'œil aigu et la mémoire sûre. Tout se passa comme vous l'imaginez: un «non» m'échappa des lèvres, bruyant, injurieux, définitif, tandis que je reculai brusquement. Ce fut ma perte. Le Roi lâcha ce qu'il tenait et reprit le bougeoir en alertant ses valets. La fuite restait mon seul salut.

Sans prendre mes effets, je partis en jupon. L'heure tardive me permit de gagner en hâte les issues. Je pensais en être quitte mais les gardes alertés m'arrêtèrent presque aussitôt et je fus enfermée dans un cabinet sans fenêtre. Mon sort me paraissait plus qu'incertain. Je songeais, non sans remords, que j'avais égaré les précieux costumes de Madeleine et perdu toute chance pour les suppliques en faveur de Jacob.

---

* Puissance d'imaginer.

Enfin, à l'aube, on vint me chercher. Les gardes me firent sortir, sans me lâcher. J'en compris les raisons. On entendait de loin un tombereau arriver à grand bruit. Des vociférations de femmes arrivaient jusqu'à nous.

En le voyant approcher, je compris, reconnaissant la charrette que j'avais vue près de la Tournelle, menant des malheureuses de toutes sortes. Les archers des gueux entouraient le convoi. Les gardes du Roi les firent arrêter, expliquant que j'étais une fille de joie venant de Paris et introduite en fraude dans la résidence royale.

On me hissa avec brutalité. Je me retrouvai ainsi sur la route de Nanterre puis le long de la Seine dans un parcours abominable, entourée de mendiants et de personnes galantes insultés par les passants dont certains même jetaient des pierres. Peu de monde au début du jour. La foule ne fit que croître avec l'heure et l'avancée dans Paris. Une des filles m'expliqua que toutes avaient tenté de s'échapper ; convaincues d'appartenir à la région de la capitale, elles revenaient de force, mendiantes ou prostituées, pour être renfermées à l'Hôpital Général, et plus exactement à la Salpêtrière, ancienne fabrique de poudre, où les indésirables disparaissaient à jamais, cessant ainsi d'incommoder les passants, peu désireux de contempler la misère.

Je vous laisse imaginer ma honte et mon état. La tenue légère que j'arborais, les seins presque dénudés et les dentelles pendantes ne plaidaient guère en ma faveur. Je tentais de me laisser glisser à terre pour échapper du moins aux regards et aux coups. Mais ce n'était point tenable, au milieu de ces pauvres pieds et de bas déchirés laissant parfois entrevoir des plaies vives. Je dus tout subir : les crachats, les lazzis et — Catherine, pardonnez-moi cette comparaison blasphématoire — le chemin de croix s'accomplit à travers rues et ponts. J'aperçus au loin la Tournelle. Nous poursuivîmes la route et parvînmes, près de quelques moulins, à l'entrée de ce fameux Hôpital Général.

Immédiatement après la porte d'entrée où veillaient les archers de la compagnie des pauvres, nous pénétrâmes dans une vaste cour, au milieu de marchands qui semblaient avoir établi de petites baraques et des tentes pour vendre des produits aux miséreux dans une sorte de foire. On entendait le bruit des charrons forgeant, paraît-il, les fers des folles et des prisonnières.

Catherine, ma mie, vous ne pouvez imaginer dans notre prétendu pays de sauvages, cet enfer conçu par ces bons apôtres, désireux de renfermer tout ce qu'ils ne veulent point voir. Une ville dans la ville; un vaisseau gigantesque de la misère humaine, où les rues, les venelles, les bâtisses s'entrecroisent, grouillant de mendiants, de folles, de filles de mauvaise vie, de voleuses, criminelles, indésirables de tous poils. Des enfants trouvés, des vieux entassés en hospices.

Je n'eus guère le temps de détailler ce peuple en haillons. On me sépara des autres femmes et me mena rudement dans un cachot où je passai la journée et la nuit suivante. Un gardien me passa, le soir, une maigre soupe et un croûton de pain. Jacob et moi nous retrouvions liés par la solitude. Entravée comme lui par des chaînes, je grelottais dans mon jupon et mes dentelles en lambeaux. Les souliers à la Choisy s'étaient perdus en route.

Au matin, une religieuse, ou du moins ce que je pris pour telle, vint me voir. Elle était vêtue d'une longue robe sombre et d'un bonnet à bavolets tuyautés noué sous le cou.

— Ma sœur, commençai-je...

— Taisez-vous. Une lettre de cachet vient de nous parvenir. Nous savons qui vous êtes et ce que vous avez fait.

— Je vais demeurer là?

— Nous aviserons.

Elle me remit une jupe et une jaquette de bure, un bonnet de laine, des bas et des sabots.

— Je ne peux retirer mes chaînes.

— Je suis là pour le faire.

Un espoir fou vint à mon esprit. Si l'on me retirait les chaînes, je pourrais, du moins, revoir le ciel et l'air.

— Vous êtes religieuse?

— Non pas. Nous sommes toutes des sœurs officières.

Celle-ci m'avait paru, au premier aspect, fort revêche: une matrone redoutable comme doivent en sécréter les prisons. Mais en voyant ma nudité et mes appas, elle eut, en me touchant, des attentions presque tendres qui ne manquèrent pas de m'inquiéter. En m'aidant à revêtir la tiretaine (ce fut le mot qu'elle employa), elle ne put s'empêcher de me toucher la gorge et la taille, pratiquant bien des attouchements inutiles dont je ne manquai pas de m'alarmer.

— Pourquoi, me dis-je, ai-je échappé au Roi pour tomber dans les rets de ces araignées ?

Je pris le risque de repousser de telles avances avec précaution.

— Pardonnez-moi ; je vous sais mille fois gré de vos façons mais les chaînes et le froid m'ont retiré toute vigueur ; la soupe que l'on me passa…

— Quelle horreur ! On ne peut laisser dans un tel état une créature telle que vous. Nous n'ignorons pas, hélas, vos forfaits, mais vous trouverez ici l'occasion de vous faire pardonner par le Seigneur. Suivez-moi.

Je vous fais perdre votre temps précieux, ma très chère Catherine, mais il est des mots redoutables dont il faut garder mémoire. Je me retrouvai bientôt devant une certaine Madame Aurélie, qui semblait occuper quelque fonction puissante et manifesta aussitôt des sentiments bien proches de ceux qui avaient provoqué mon départ du cachot.

La sœur officière ayant, en quelques mots, exposé ce qu'elle venait d'accomplir, Madame Aurélie la rassura promptement :

— Vous avez eu cent fois raison, Monique ; mais ce n'est pas suffisant. Elle travaillera près de nous.

— Un bijou ?

— Oui. Naturellement. Un bijou…

J'hésitai à comprendre mais mon sort me fut confirmé en hâte. Je me retrouvai habillée plus élégamment mais contrainte à travailler tout le jour à la dentelle et aux broderies. D'autres, moins bien traitées, se retrouvaient cardeuses, fileuses ou peigneuses. La vie s'écoulait de façon conventuelle dans une discipline très stricte, interrompue par des prières, des office, ou des lectures pieuses.

Mais je n'étais point aveugle et compris que mon état relevait du privilège. Les mendiantes, les femmes vieilles ou infirmes, les écrouellées, les malades du sein, les aveugles et faibles d'esprit vivaient dans une promiscuité intenable, dormant à plusieurs sur une paillasse étroite, tête bêche, la place étant insuffisante.

Je m'aperçus assez vite qu'il y avait de surcroît des folles, enfermées dans des loges étroites réparties sur deux rangs. Elles y croupissaient et croupissent encore dans leur saleté et leurs immondices. Au moment des crues du fleuve, les rats envahissent les basses loges, mordant ces infortunées jusqu'à la mort.

Enfin, le Commun accueillait et accueille encore les indésirables, prostituées ou voleuses. La discipline y est plus sévère; à la moindre «faute», les punitions pleuvent: le pain sec, le fouet, la cellule ou le carcan; si le forfait semble suffisamment grave aux sœurs officières, on envoie l'incorrigible à la «malaise*» où, paraît-il, certaines fois, elles sont oubliées définitivement.

Je ne pouvais ignorer tout cela: les filles détenues dans mon atelier m'informaient du moindre détail. Quand je ne l'aurais point su, mon oreille m'eût avertie. Constamment, au milieu du silence de la nuit, nous entendions s'élever une clameur, une sorte de gémissement sauvage se répétant à intervalles réguliers. C'était la plainte de l'hôpital. Les habitants du quartier Saint-Marcel et Saint-Victor l'entendent toujours, à ce que l'on m'a dit, et s'en plaignent en vain. Comprimé, refoulé, ce flot de rancunes et de haine qui inonde le cœur de ces malheureuses, monte lentement et soudain déborde. Toutes, en même temps, poussent des hurlements épouvantables. Ce cri d'alarme se propage à près d'une lieue, produisant un saisissement horrible.

J'ai eu le privilège de dormir dans un cabinet étroit près de la chambre de Madame Aurélie. Ma bonne, vous avez un esprit tellement aiguisé que la réalité de ce que je subis vous atteint déjà.

Ce haut personnage détenait, comme je le pensais, tous pouvoirs en cet enfer. Elle vint me voir dès le premier soir et exigea de me déshabiller, me tenant des propos relevant d'un double langage qui m'embarrassèrent vivement. Moins cependant que les caresses qu'elle me prodigua, difficiles à repousser en dépit du dégoût qu'elles m'inspiraient. Je prétextai ma fatigue; elle prit congé et je m'endormis. Hélas, je ne fus point quitte.

_____

* Oubliette; salle de tortures.

Dès le lendemain, cette dame reprit le manège, s'asseyant sur mon lit, me faisant mille amitiés et me posant mille questions sur les raisons qui m'amenaient en ces lieux. Je lui racontai mes épreuves sans rien omettre, hormis l'existence de Jacob à l'évidence. Une lettre de cachet émanant du Roi confirma que j'avais eu maille à partir avec Sa Majesté. Je lui contai que je m'étais refusée au souverain comme à mon parâtre. Ceci ne fit que l'exalter davantage. Rebelle à de tels hommages, elle se persuada que les siens seraient les bienvenus. Dès lors, nos entretiens devinrent autant de duels feutrés.

Elle entreprit de revenir chaque soir, s'asseyant d'autorité sur ma couche, posant sur moi ses mains de plus en plus hardiment, et jour après jour, insistant pour s'étendre à mes côtés. Je multipliais les prétextes, refusant sans cesse ces privautés que je ne goûtais guère, mais sentais que mon crédit diminuait avec le temps. Je voyais l'instant où je devrais me soumettre ou connaître la «malaise». Et les mois passaient, ne me laissant pas entrevoir de fin à ma triste condition.

Il survint un incident que je ne dois qu'au ciel. On m'annonça une visite, ce qui était inattendu et bien rare en ces lieux oubliés par l'humanité. On vint m'informer qu'un mien parent demandait à me voir; je fus soustraite aux travaux d'aiguille avec le bonheur que vous imaginez et menée au parloir. Là, je crus tomber de saisissement: le Marquis de Brézin se tenait devant moi. Je faillis perdre les sens et plongeai dans une révérence dont j'avais presque oublié la recette. Le gentilhomme me releva et m'embrassa sur le front:

— Je ne suis que l'ambassadeur de Madame votre mère, me dit-il.

— Comment se porte-t-elle?

— Madame Renoncour est fort affectée par votre aventure qu'elle a fini par connaître. Sans manifester outre mesure son ire auprès de son époux, elle a employé ses efforts à vous porter assistance. On soupçonne fort les faquins qui vous ont attaquée d'avoir été soudoyés par votre beau-père.

— Ce sont des assassins...

— Hélas, sur nos routes, c'est chose commune et fort répandue. Même à Paris, le soir...

— Je pensais que le Roi avait fait procéder à l'enfermement en ces lieux de tous les larrons…

Le Marquis ne répondit rien et se borna à sourire de façon fort éloquente.

— Ne perdons pas un temps précieux. Il m'est compté en cette entrevue. Je vous remets déjà ceci qui est votre bien, d'après votre mère…

Je crus être au ciel. Mon visiteur me tendait la cassette de Michel Arnault.

— Des archers l'ont retrouvée sur les lieux où vous fûtes ignoblement attaquée. Les voleurs l'ont sans doute jugée sans intérêt. Le nom de votre père était gravé sous le couvercle. Je ne vous conterai pas comment cet objet précieux fit le voyage à Carentan. Sachez que le père Belin n'est pas étranger à tout cela. Grâce à lui…

— Je n'en doute pas. Comment vous remercier ?

— À cette heure, vous le ferez difficilement. Je suis impie, hélas, mais il m'arrive d'espérer contre vents et marées qu'un Être supérieur, quelque part, dresse l'état de nos bonnes actions…

— Je suis bien votre débitrice… Savez-vous si le vicomte Jacob de Préclair…

— Hélas, mon enfant, j'ai tout appris aussi sur ce sujet. Les galères laissent rarement échapper leur gibier. Je crains le pire. Vous devez oublier.

— Jamais.

Une sœur officière vint nous avertir qu'il nous restait peu de temps. Le Marquis se mit à parler plus vite, heureux sans doute d'échapper à son dernier propos qui me perçait le cœur.

— Un mot encore, conclut Brézin, et non des moindres. Apprenez que Jean Talon, Intendant de l'armée de Turenne, puis de la Province de Hainaut, vient d'être envoyé au Canada par Colbert.

— Je ne connais point tous ces gens.

— Eh bien, ils ont besoin de vous. La Nouvelle-France, au-delà des mers, est peuplée d'hommes en bonne santé dépourvus d'épouses…

— Je n'en ai que faire.

— Eh bien, restez ici. Vous y êtes bien.

Il fit mine de partir. Je le retins en hâte.

— Finissez votre discours. Pardonnez-moi…

— Jean Talon a imaginé d'envoyer en ce noble pays des filles de familles, des veuves, des orphelines triées avec soin, qui seraient dotées par sa Majesté et envoyées à Québec. On les appelle déjà les «Filles du Roi»…

— Les «Filles du Roi»?

Je répétai le mot sans en comprendre le sens, entrevoyant cependant à la fois la douleur de perdre à jamais les miens, mon amant que d'aucuns considéraient comme défunt, et l'espoir insensé d'échapper à cette prison monstrueuse.

La sœur officière, cette fois, revenait avec autorité:

— Le temps est passé. Vous devez prendre congé…

Le Marquis me glissa subrepticement une bourse:

— Votre mère m'a confié cette mission. Sachez que nous nous employons auprès de la Cour et de l'Intendant pour que vous soyez l'une de ces élues.

Il me fit à son tour une révérence qui devait plus, selon moi, à la pitié qu'aux usages tant mon aspect devait inspirer la compassion, et disparut.

Le soir, à la veillée, Madame Aurélie revint me voir, mue par une curiosité qui ne me surprit guère. Elle commença par me demander si le Marquis était un mien parent. Je lui répondis par la vérité. Elle hésita à la croire:

— N'est-ce pas plutôt un protecteur? Un homme avec lequel vous commîtes le péché de chair?

— Je n'en aurais garde.

— Nous nous méfions, dans cette maison placée sous la protection de Notre Seigneur, des libertés et des paillardes qui les prennent. L'Église a déjà toutes les peines du monde à lutter contre les ribaudes, les comédiens…

À ce mot, je l'interrogeai plus avant. Elle m'apprit alors, en quelques phrases, ce qui avait eu lieu à la Cour, après ma fuite inopinée. L'avant-dernier jour des fêtes de l'Île Enchantée, la troupe avait donné une nouvelle comédie: *Tartuffe ou l'hypocrite*. Il y eut, paraît-il, de nombreux mécontents, particulièrement chez les personnes pieuses. Selon la Supérieure, le Roi aurait manifesté sa colère à Molière, lui enjoignant de faire pénitence publique durant toute sa vie et d'arrêter la vue ainsi que le débit de sa production impure, irreligieuse et de sa poésie licencieuse autant que libertine.

— En un mot, conclut Madame Aurélie, ce Molière est un démon vêtu de chair; c'est le supplice du feu qui lui convient, avant-coureur de celui de l'enfer.

Me souvenant, hélas, de mon dernier entretien avec sa Majesté, je ne pus que méditer aigrement sur cette ire royale, songeant que Molière, doué de mille vertus, souffrait à l'instant même de cette guerre qu'on lui faisait. Je devais apprendre plus tard que l'interdiction n'était due qu'à la pression des faux dévots, dont celui qui fut mon bienfaiteur en des temps difficiles avait imprudemment fait le procès.

La conclusion de l'entretien se montra conforme au propos que l'on prêtait à Poquelin. Changeant abruptement de thème, et pressée d'en finir, Madame Aurélie poursuivit promptement ses pernicieuses entreprises. Après avoir jeté au ciel un regard qui se voulait chargé de foi, elle avança ses mains hardiment sur ma personne. Tentant de soulever le drap et la couverture, la Supérieure se montra immodeste, licencieuse, sournoise. Je la repoussai, une fois de plus, avec douceur.

— Madame, lui dis-je, je ne comprends guère où vous voulez en venir. J'ai, pour ma part, remis mon corps au Christ et ne pourrais, pour la moindre complaisance équivoque, lui retirer une once de ce qui n'appartient qu'à lui.

— Vous êtes une sotte et une hypocrite. Je sais qu'avant d'arriver parmi nous, vos aventures…

— Je n'en connus aucune et mon refus, bien au contraire, m'a menée ici. Mon parâtre…

— Je sais. Marie, pardonnez mon humeur. Mais Dieu me porte vers vous. Je souhaite vous prouver toute ma tendresse. Ne puis-je m'étendre au moins quelques instants auprès de vous?

Ses yeux étaient mouillés de pleurs. Le visage exprimait la passion. Elle m'inspirait à la fois le dégoût et la pitié. Sa face ingrate, le bonnet blanc tuyauté symbole de son autorité, la robe de bure annonçant faussement des vœux qu'elle n'avait point prononcés, tout soulevait en moi une répulsion contre laquelle je n'aurais pu lutter. Je dois ajouter que, si je suis convaincue d'être une pécheresse, le commerce des femmes n'a jamais été mon propos.

— Pardonnez-moi mais je ressens ce soir de vives douleurs à la tête. L'entretien que j'eus tout à l'heure en est peut-être la cause. Mes yeux me brûlent…

Elle n'insista guère et devant ce mensonge qu'elle ne crut pas sans doute, se retira :

— Marie, réfléchissez bien. Je peux tout sur votre personne. L'amitié que je vous porte vous serait d'un précieux secours en ces lieux où tout peut arriver. Je prie le Seigneur de vous inspirer la sagesse.

Elle me baisa le front, glissa la main une dernière fois sur mon drap et disparut. Décidément, la tentation de la chair incite les tyrans de toutes sortes à abuser de leur pouvoir. Je ne voyais guère de distance entre cette femme et Renoncour. J'eus bien du mal à trouver le sommeil, n'ignorant pas, hélas, le sort terrifiant des malheureuses qui m'entouraient. La proposition du Marquis de Brézin me parut soudain lumineuse, en dépit des obstacles que ce voyage lointain ne manquerait pas de présenter. J'avais ouï dire que la Nouvelle-France était une province fort lointaine, atteinte après des mois de mer et que l'hiver y était fort rigoureux. Plus que tout cela, je songeai à Jacob, perdu à jamais dès lors qu'un océan nous séparerait, en supposant qu'il ne fût point mort déjà sous le poids de la chiourme.

La clameur sauvage que j'étais accoutumée d'entendre, en cet enfer, commençait déjà, m'interdisant le sommeil qui me fuyait. Mais soudain, au milieu de cette plainte qui s'exhalait de l'hôpital tout entier, j'entendis des cris aigus de femme. Des voix implacables lui répondaient. Je devinai qu'il s'agissait d'une de ces punitions corporelles fréquentes, laissées à la guise de nos tortionnaires déguisées en religieuses.

C'était trop près de moi. Je me levai et, contre toute raison, m'habillai promptement. Les cris venaient du bâtiment voisin où l'on avait coutume d'enfermer les malheureuses convaincues de quelque méfait. Le spectacle m'apparut par la grille d'une ouverture : une fille, la tête rasée, était attachée à un poteau par un collier de fer qui lui tenait le cou et l'obligeait à se tenir droite. Deux gardiennes la fouettaient en se relayant. La pauvre hurlait à chaque coup, me faisant frémir. Les deux chiennes, sans doute fatiguées, arrêtèrent enfin ; on ne délia point l'infortunée qui demeura debout à greloter.

Mon imprudence m'interdit le silence. Je les interpellai. Elles me regardèrent d'abord avec furie puis reconnurent le « bijou » de Mme Aurélie. L'une d'entre elles me cria :

— C'est une voleuse. Elle a juré pendant son travail. Demain, on la mettra dans la « malaise »…

La fille s'étant évanouie, l'une des gardiennes approcha une lanterne de son visage. Et je criai sur l'instant :

— Toinette ! Toinette !

Elle était difficilement reconnaissable. Le visage émacié, marqué de coups et de souffrance, évoquait assez peu la chambrière accorte que je connus naguère. De grands seaux d'eau, impitoyables, la ramenèrent à la vie. Toinette entendait ma voix mais ne pouvait m'apercevoir.

Je lui criai :

— C'est Marie ! Marie Arnault ! De Coutances !

Je ne pus en dire plus. Des sœurs officières, alertées par tout ce tintamarre, survinrent rapidement, me saisissant par les bras, et me ramenèrent à mon lit. Je vous laisse deviner que je ne pensais plus dès lors qu'aux moyens de venir en aide à ma payse. Le lendemain, je me retrouvai avec les autres dans l'atelier de travail. La salle en était fort humide et il y régnait, surtout le matin, une odeur infecte à laquelle, singulièrement, je finissais par ne plus prêter attention. Parfois, Mme Aurélie m'appelait afin que je vienne travailler auprès d'elle. Elle ne se manifesta guère ce matin-là, souhaitant, à l'évidence, m'amener à la raison. À voix basse, j'interrogeai ma voisine pendant la lecture du catéchisme. Elle avait ouï parler de la nouvelle domestique convaincue de larcin, promise à la corde et dont la peine s'était trouvée commuée en emprisonnement perpétuel en ces lieux. Elle avait laissé échapper dans l'atelier quelques menaces. Le cachot, dès lors, l'attendait. On l'avait même, paraît-il, la première nuit, couchée entre deux filles. Les sœurs officières avaient effectivement parlé de «malaises»; le pire l'attendait.

Alors, tandis que la nuit tombait, je cherchai les moyens de venir en aide à Toinette. Parler de ma chambrière à Mme Aurélie, c'était aller encore plus avant vers ce commerce honteux qu'elle souhaitait sans le formuler. Je n'en avais guère la force. J'en eus une autre, plus conforme à ma nature.

Avant de rejoindre la chambre que j'avais le privilège d'occuper, je devais sortir de l'atelier et longer quelques bâtiments. Des torches éclairaient çà et là les ruelles de l'Hôpital Général. Des portes entrouvertes montraient des paillasses. Quand je sentis qu'aucun regard ne m'épiait et tandis que la nuit se faisait complète, je pris l'une de ces torches, enflamant les paillasses qui prirent feu aussitôt. Enhardie par la solitude ou l'absence d'attention que l'on me portait, je renouvelai mon geste. Quelques instants plus tard, la fumée s'élevait de plusieurs endroits. Quelqu'un cria: *Au feu!* L'appel se répandit aussitôt. Les sœurs officières se mirent à courir, ouvrant les portes cadenassées pour que les prisonnières ne fussent point rôties.

Vous imaginez le désordre qui se mit à régner en ces lieux. Les détenues se retrouvaient dans les ruelles. Il n'y avait que les folles qu'on n'osait détacher et pour lesquelles la mort était à redouter.

Dès lors, je joignis mes cris à ceux des autres, appelant moi aussi au feu dans la cohue générale. Il y eut des sœurs officières assez avisées pour faire une chaîne de seaux d'eau. Je joignis mes efforts avec ferveur et hypocrisie. Peut-être me jugez-vous sévèrement? Je vous avoue que je ne supporte pas la vue d'un ami battu ou souffrant. Toinette, certes, n'était qu'une servante et nous n'appartenions pas au même rang. Mais, Dieu merci, déjà mon cœur l'emportait sur tout autre sentiment. Je soupçonnai de surcroît que Renoncour l'avait injustement châtiée. Voilà de quoi emporter ma passion et ma violence.

Les archers survinrent pour remettre de l'ordre ; les flammes peu à peu se lassaient. Quelques murs calcinés témoignaient du drame et déjà le Prévôt, dont je devinai la qualité, s'avançait pour connaître la cause de ce surprenant incendie. J'aperçus dehors, errante, désemparée, Toinette, déliée et tournant en rond, me cherchant sans doute. Je la rejoignis et, lui parlant à voix basse :

— Ne perds point courage, je suis aussi en ce lieu préparant ma fuite.

— Vous n'allez pas m'abandonner ?

— Que nenni. Affecte, pour l'instant, de ne rien trouver à redire...

— On m'a menacée de la « malaise ».

— Les lieux en sont fort atteints à cette heure et je vais hâter mon intervention, si je le peux...

J'aperçus près de moi, dans la brume de la fumée, Madame Aurélie qui m'observait, et m'éloignai en hâte. Le lendemain matin, elle me fit venir ; son visage me parut sévère :

— On m'a dit, mais je me refuse à le croire, que certaines personnes vous avaient vue mettre le feu vous-même à des paillasses.

Je m'efforçai de rester impassible :

— Tout peut être dit et il est plus facile de calomnier que de prouver le mensonge.

— J'entends. Je vous avoue que j'ai bien du mal à croire que vous vous soyez livrée à de telles extrémités.

— Des personnes jalouses de l'amitié que vous me portez se sont peut-être trouvées heureuses de me jeter l'opprobre.

— C'est possible. Marie...

Elle me prit la main et remonta ma manche pour me caresser le bras plus aisément.

— Marie, si vous vouliez, nous pourrions être bienheureuses ensemble avec la bénédiction du ciel.

Je me sentais enserrée dans ce piège, voyant bien que je n'avais guère le choix entre le sort de Toinette et les privautés de cette femme que j'exécrais. Je me confessais régulièrement avant chaque office du dimanche mais, dans cette vie claustrée où les jours de douleur se succédaient sans véritable péché, je me bornais à une énumération bénigne. Cette fois, j'avais à dire bien des choses et même à demander du secours, si le prêtre avait l'âme assez haute pour m'entendre.

Le dimanche suivant, poursuivant ce dessein, je me rendis comme à l'accoutumée à la Chapelle St-Denis, face à l'entrée du Banquier*, avec la cohorte des prisonnières encadrées par les maîtresses. Lorsque, avec discrétion, j'accédai au confessionnal, je murmurai aussitôt que mon récit ne serait point ordinaire et risquait d'être long. La voix de l'abbé m'invita à revenir après la messe, tout en me priant de ne point communier :

— Si je ne le fais point, murmurai-je, je me dénonce et redoute le pire.

— Qu'avez-vous donc fait ?

— Le feu, c'est moi. Mais j'ai bien d'autres choses à vous dire qui touchent encore bien davantage à la volonté divine.

— Revenez tout à l'heure…

D'autres filles attendaient. Je ne pouvais retenir l'abbé davantage. À l'instant de la communion, je m'avançai, pris l'hostie et… [Catherine, qu'allez-vous penser ?] la gardai secrètement, craignant de me mettre en état de péché mortel. Aussitôt l'office terminé et mettant à profit le désordre des pénitentes, je rejoignis le confessionnal. L'abbé m'attendait :

— Alors, dit-il, qu'avez-vous à avouer de pire que votre dernier forfait ?

— Mon père, une sœur tourière qui veille sur ma personne plus particulièrement, se livre à des gestes dont je ne comprends guère le sens mais redoute la portée.

— Donnez-moi son nom !

— Je ne le peux.

— A-t-elle quelque pouvoir important à l'Hôpital ?

Mon silence tint lieu de réponse. Il poursuivit :

— Je sais ou plutôt je devine. Je dois en conférer depuis quelque temps avec certaines personnes. Pour l'heure, il s'agit de vous. Le salut de votre âme est menacé.

---

* Rue du Banquier, jouxtant la rue du Chevaleret.

Il me pria de dire mon chapelet chaque jour pendant plusieurs heures, ajoutant qu'il serait souhaitable de me voir quitter les lieux ou m'éloigner, autant que faire se peut, de «femmes indécentes autant que condamnables». Je lui glissai quelques mots sur le projet dont le Marquis de Brézin m'avait entretenue. J'eus le sentiment qu'il recueillait son approbation et attendis mon destin.

Ce destin bascula précisément le lendemain, comme si le Seigneur, prenant son temps et se hâtant tout à coup, précipitait l'action de cette dramaturgie. Des gentilshommes apparurent dans le parloir où, quittant notre ouvrage, nous fûmes soudain invitées à nous présenter. Je sus plus tard que l'un d'entre eux était l'intendant Jean Talon. Ce fut ce dernier, paraît-il, qui prit la parole :

— Sa Majesté, réjouie de la gloire et de la santé de la belle Province commençant à naître autour de Québec, redoute d'en voir tarir la progression. Les colons sont nombreux ; courageux ; résolus. Ils vont être rejoints par les hommes du régiment de Carignan Salières. Il faut peupler ce pays qui le mérite et se hâter. C'est pourquoi sa Majesté…

Il répéta peu ou prou ce que Monsieur de Brézin m'avait annoncé. Le Roi avait décidé d'envoyer par vaisseaux entiers des filles de familles, des ouvrières pauvres, des veuves ou des orphelines auxquelles une dot serait allouée.

— Nous souhaitons, conclut l'intendant, des personnes de bonne complexion et dont la morale ne prête pas à redire.

Il sortit un longue liste. Je compris que ces messieurs n'allaient point à l'aventure, prenant soin de s'enquérir quelque peu, s'ils le pouvaient, sur le passé de celles qu'il appela déjà, non sans emphase, les «Filles du Roi». Le titre avait de quoi flatter plus d'une cervelle. Les malheureuses, présentes en ces lieux, vivaient chichement de mauvaise soupe et de pain rance, sous la férule que je vous ai décrite.

Vous ne serez point surprise d'apprendre que beaucoup de bras se levèrent. Elles auraient peut-être hésité si l'intendant avait précisé que le voyage en mer durerait plusieurs mois dans des conditions hasardeuses et que la colonie naissante exigeait une force peu commune en raison du froid intense régnant l'hiver, l'absence de confort et le voisinage redouté des sauvages.

Semblable à mes comparses, je ne savais rien non plus de tout cela. Mais les propos chuchotés pendant mes travaux de broderie m'avaient retiré tout espoir de revoir Jacob. Mes voisines avaient vu de leurs yeux les forçats à Paris ou dans des villes voisines. Ces hommes se rendaient de la Tour Saint-Bernard jusqu'à Marseille en portant des chaînes pesant jusqu'à plusieurs vingtaines de livres*.

Leur état semait l'épouvante sur leur passage. Ils étaient couverts de poux et de gale et se traînaient dans la boue jusqu'à mi-jambe, étant soumis sans recours aux intempéries. L'escorte ne craignait pas de les frapper avec cruauté à coups de cordes ou de crosses de fusils. Mes compagnes m'avaient décrit ces horreurs avec consternation, ajoutant, pour ma plus grande douleur, qu'on peut se demander si ces hommes survivaient après une telle marche.

Vous jugez de mon état. La prison où je me trouvais ne présentait d'agrément que sous la condition d'accepter les privautés de Madame Aurélie et je risquais, à tout instant, de me retrouver dans l'état de Toinette, ou pire encore, après le forfait que j'avais accompli. Les filles, déjà, s'avançaient vers la table où siégeaient l'Intendant et ses conseillers. Il me sembla que les noms donnés par chacune ne lui étaient pas inconnus. Déjà, des indications sur nos origines avaient dû lui être données par quelque autorité inconnue de moi.

Quand ce fut mon tour, j'annonçai mes titres et ma qualité ; l'Intendant consulta ses écrits :

— Votre nom m'est déjà connu. Monsieur de Brézin m'a entretenu de votre cas. Vous serez du premier voyage.

J'appris, assez vite, que ce premier voyage était fort proche. Le port de Québec étant, comme vous le savez, inaccessible du 15e novembre au 1er mai à cause des glaces qui recouvrent le fleuve ou dérivent plus loin, il importait donc de partir de France avant le 1er mai. Je fus priée par ces messieurs de prendre mes disposi-

---

* Ancienne mesure de poids, correspondait à 490 grammes.

tions pour le voyage sans tarder. Je montrais sans doute une mine fort déconfite, pour ne point dire inquiète.

L'intendant, à ma grande surprise, se montra paternel :

— N'ayez nulle inquiétude. Vous partirez sans doute en ma compagnie sur le *Saint Sébastien*. La traversée est parfois rude, mais les contrées que vous allez rejoindre ne souffrent, dans leur beauté, aucune comparaison.

C'était la première fois depuis longtemps (si j'excepte les douceurs suspectes de la Supérieure) que l'on me parlait avec une telle aménité. Je ne pus m'empêcher de m'abandonner aux larmes. L'Intendant, absorbé par la meute des filles, ne s'en aperçut guère mais un de ses assistants, avec une bonté qui me surprit une fois de plus, m'interrogea sur les raisons de mon émotion.

— J'ai peur de bien des choses.

— Il n'y a guère de motif à vous émouvoir. Sa Majesté attache beaucoup de prix au bonheur des filles du Roi, condition de réussite de notre grand projet.

Je repensai soudain à Toinette et ressentis la honte de mon égoïsme. Elle était enfermée à cette heure et bien incapable de se joindre aux autres, en supposant qu'elle ait eu la moindre chance. Je tentai l'impossible :

— Monsieur, si je pleure, c'est que ce voyage risque de me séparer de ma sœur de lait, enfermée ce jour pour une peccadille…

Il glissa quelques mots à Monsieur l'Intendant. Le nom de Toinette fut accolé au mien. Je souris enfin pour la première fois. Si je n'échappais guère au malheur par ce voyage — c'est ce que je pensais à cet instant — du moins, je sauvais Toinette. Main dans la main, nous partirions sur le *Saint Sébastien*, terre de Coutances sur nos souliers, vers ce pays inconnu qui, peut-être, nous tendait les bras.

VI

Le lendemain, la réflexion me vint. Je songeai à l'entretien que j'eus avec Sa Majesté se retrouvant en ma pensée dans le même casier que les gestes de Madame Aurélie. Je vous imagine sans peine partageant la même surprise : « Comment ce roi que vous exécrâtes, il y a peu, est-il aujourd'hui ce bienfaiteur dont vous baisez les mains ? » Tout beau, chère Catherine, je ne suis point un oison volant vers le premier chasseur. Je compris vite que tout à coup l'on nous rasait gratis pour mieux nous asservir. Ces messieurs songeaient à peupler les terres lointaines dont ils espéraient sans doute grand profit et, de gré ou de force, cherchaient à mettre leurs filets sur le piètre gibier que nous étions. Bécasses engluées grâce à leurs belles paroles, nous étions bonnes à rôtir.

J'avais été flattée, il est vrai, de voir l'Intendant Talon se rendre en personne en ces lieux mal famés où nous étions enfermées. Je compris plus tard qu'il n'était venu que par un prompt hasard, voulant, de ses propres yeux, juger de la qualité de ses prises. Sa Majesté l'avait sans doute enjoint de ne pas envoyer en ces terres lointaines une marchandise douteuse. Nous n'étions nourries depuis de longs mois que de pain, de fromage, de pois et de fèves. Parfois, une chopine de bouillon gras ou maigre. Couchées le plus souvent à plusieurs sur un pauvre lit. Je gage que nous n'avions guère la fière allure de ces demoiselles de la Cour qu'il devait croiser plus souvent. Mais le temps, sans doute, lui était compté. Les personnes comblées par leur état n'avaient nulle envie de traverser les océans et les malheureuses, réduites à la nécessité, apparaissaient une proie plus facile. De surcroît, les visages étaient demeurés jeunes et avenants en dépit de nos souffrances. Certaines d'entre nous apparaissaient chétives. Les plus fortes avaient leurs appas bien réduits et la tiretaine ne flattait guère ce qui en demeurait.

Il dut songer cependant que nous étions jeunes. Notre passé, divulgué par le directeur, prêchant plutôt en notre faveur : beaucoup d'orphelines ou d'infortunées chassées par une famille que leur présence encombrait, nous étions à la fois désarmées et vertueuses, ou presque.

Ce « presque » vous intrigue, ou vous irrite, peut-être. Mais l'exigence de l'absolu nous interdit de juger sans restriction de la vertu de quiconque. Il n'est point dans mes desseins de vous faire une longue oraison sur cette fameuse vertu ; celle-ci est parfois due aux circonstances ou à un bon naturel. Il n'importe. Il n'y avait parmi ces filles — je crois pouvoir vous en donner ma parole — nulle ribaude. Certes, ce n'étaient point des Ursulines mais de braves personnes maltraitées par leur condition. Le reste appartient à Dieu. C'est bien le seul auquel elles aient eu à rendre compte.

Je reviens un instant au Roi. C'est vrai que je ne lui fais nul crédit, ayant toujours en mémoire que les puissants sont redoutables, généreux quand leur prestige les y pousse, exécrables lorsque le goût du pouvoir les commande. Et je n'en connais pas qui en méprisent l'exercice. Peu me chaut. Ce jour-là, j'avais à portée de main, par la grâce des circonstances, l'occasion de sortir de ma geôle. Je redoutais le pire mais la joie d'échapper à ce monde pervers et de sauver Toinette l'emportait sur tout.

Je crois sincèrement à un mystère : il faut se soumettre à la Providence ; elle fait assez voir en mille rencontres, si l'on se donne le loisir de la regarder, qu'elle est la maîtresse de tout.

Ici, soudain, les événements accélérèrent leur cours. Toinette fut déliée de ses chaînes et vint attendre parmi les autres. Ce fut désormais une sorte de récréation des filles sentant bien que le départ était proche. La discipline se relâcha à notre endroit. Nous disposâmes d'un peu de temps pour nous préparer et le comportement des sœurs officières se modifia. Madame Aurélie ne vint plus me voir qu'une fois. Elle pleurait :

— Marie, je vous aimais. Vous avez feint de ne pas le comprendre. Votre beauté m'a brisé le cœur et je ne saurai vous oublier à moins de perdre la vie.

Je lui pris la main par charité. Elle la retira promptement :

— N'allons pas plus avant. Vous ne serez jamais mon amie comme mon âme vous en suppliait. Je resterai obsédée par votre personne et prierai Dieu pour ne point perdre l'esprit après votre départ.

— Dieu, Madame, vous viendra en aide. Je pense et j'espère que vous vous abusez sur votre passion et qu'elle s'éteindra bien vite lorsque nous serons séparées.

— Comme le feu criminel qui fut allumé il y a peu ?

Elle me regarda intensément. Elle savait et n'avait rien dit. Voilà bien de quoi méditer sur l'âme généreuse des insensées.

Nous préparâmes nos effets. Le temps n'en dura guère. Nous n'avions plus rien, hormis la tenue malseyante et peu ragoûtante que nous portions constamment. Je ne revis plus jamais l'Intendant Talon dont j'ai de bonnes raisons de supposer que sa venue à la Salpêtrière était fort inhabituelle, et ses propos de circonstance.

Deux de ses secrétaires vinrent nous faire dire que nous partirions le dimanche suivant, 15e d'avril, à Dieppe, après matines. Sa Majesté assurait la traversée sur un de ses vaisseaux et chacune recevrait, selon eux, « une cassette, une coiffe, un mouchoir de taffetas, un ruban à souliers, cent aiguilles, un peigne, un fil blanc, une paire de bas, une paire de gants, une paire de ciseaux, deux couteaux, un millier d'épingles, un bonnet, quatre lacets et deux livres en argent ». Sa Majesté devait, en outre, nous assurer une dot de cent livres, et le logis ainsi que la nourriture lors de notre arrivée. Là, conclurent ces messieurs, vous serez attendues par mille prétendants impatients de trouver une épouse et vous n'aurez que l'embarras du choix.

Beaucoup d'entre nous montrèrent quelque joie en apprenant cette nouvelle. Jugez comme elle me laissait sans voix ! La perspective de parcourir tant de lieues avec cent aiguilles et un millier d'épingles me laissa débellée. J'avais accompli si longtemps tant de broderies sur des dentelles, la rage au cœur, sous la férule des sœurs officières, que ce don royal me faisait enrager. Je me jurai de jeter ces picotages par-dessus bord, souhaitant qu'aucun poisson ne me les rapportât comme à Crésus.

Nous partîmes donc ce fameux dimanche, afin de pouvoir gagner le vaisseau sans tarder. Des chariots couverts de toiles nous attendaient. Des archers à cheval les encadraient ; nous comprîmes bien vite que nous allions gagner le port, non comme des héroïnes que nous étions sans doute, mais comme des prisonnières que l'on ménageait à peine. Je ne vous conterai pas les cahots du chemin, modérés sur la route de Poste, bien inconfortables jusqu'à Dieppe d'où l'on avait décidé de faire partir les vaisseaux des «Filles du Roi», encore que La Rochelle soit aussi un des lieux privilégiés de départ. Il n'importe. Les gagner l'une ou l'autre présentait aussi peu d'agrément. Nous eûmes droit à quelques arrêts dans des granges où la paille nous accueillit, accompagnées par des marraines aussi plaisantes que nos sœurs officières et chargées, nous dirent-elles, de nous surveiller là ainsi que pendant la traversée, veillant sur notre conduite.

Nous savourâmes une soupe chaude et grasse, accompagnée de biscuits. L'ordinaire de la Salpêtrière nous avait fait perdre l'habitude de festoyer, si l'on ose employer ce terme en parlant des malheureuses qui m'entouraient.

Je serrais, quant à moi, sans vouloir la quitter, la cassette paternelle. Catherine, vous devez me juger bien sévèrement puisque, enfreignant les lois de la religion et de l'humanité, je privilégiais des attributs virils qui m'étaient interdits. Mais vous savez maintenant que j'ai la tête folle. Je me sentais, comme je vous l'ai dit, mille fois pénétrée par l'âme de Michel Arnault et le désir de le faire survivre. Je souhaite que cela justifie mon outrecuidance. Peut-être aussi pensais-je, et là revient notre sainte Providence, qu'en ces lieux sauvages et déshérités, des outils et recettes de chirurgien seraient aussi nécessaires que les haches des charpentiers et la charrue du laboureur. Je vous entends d'ici : «Dieu ne vous

avait pas mise au monde pour une telle tâche, réservée à d'autres.»
Eh bien, tant pis. J'accepte d'être damnée. J'ai de tels comptes à
rendre qu'il faudra au Ciel un temps infini pour en prendre
mesure.

Nous arrivâmes enfin, exténuées. Toinette, contre laquelle je
dormais la nuit, commençait à reprendre figure humaine. Ses cheveux bruns repoussaient un peu et déjà atteignaient les oreilles. Ce
départ l'enchantait. Peut-on s'en étonner? Elle quittait, comme la
plupart d'entre nous, un enfer sans remède.

La traversée de Dieppe ne se fit pas sans tapage: le menu
peuple accourait, mû par la curiosité, pour contempler notre
pauvre équipage. Les archers qui nous accompagnaient firent
croire à beaucoup de ces honnêtes gens que les chariots transportaient quelque gibier de potence. Au milieu de la cohue, me
rappelant douloureusement celle de Paris jusqu'à la Salpêtrière,
j'entendis des commères jaboter qu'il s'agissait de ribaudes
envoyées à la colonie. Toinette, placée près de la seule issue, cria
du plus fort qu'elle put que nous étions les «Filles du Roi». Les
plus proches passants entendirent et se mirent à ricaner, les
autres se trouvaient trop loin, la protestation se perdit. J'eus soudain l'impression que je n'avais guère changé d'état depuis que
l'on m'avait conduite à l'Hôpital Général, et pleurai tout mon
saoul.

Nous nous éloignâmes heureusement de ces gens. Le port, bientôt, nous protégea. Non point que nous fûmes exemptes de lazzis,
mais le petit monde qui s'agitait là avait fort à faire et ne prêtait
guère attention à la marchandise humaine survenant en ces lieux.
Nous fûmes déposées sur le quai, pouvant ainsi déplier nos
pauvres jambes et contempler le monde extérieur. Nous eûmes la
vision d'un très grand bassin gardé par une tour fortifiée; un
immense pont, dont une partie me parut destinée à se lever, reliait
ce bassin à une ville fortifiée, celle-là même que nous avions peut-
être traversée, aveuglées par les toiles du chariot.

Le quai était couvert de filets que des pêcheurs s'employaient
à réparer. Des barques nombreuses apparurent retournées,
tandis que l'on s'affairait à les radouber. Au milieu du bassin,

j'observai plusieurs vaisseaux affourchés*, trop importants sans doute pour s'approcher davantage. On nous bousculait cependant afin que nous montions en bon ordre dans des gabares à fond plat, dont je compris qu'elles devaient nous mener à l'un de ces navires. Nous étions une cinquantaine. Quelques-unes m'étaient familières : Nicole, une blonde fort pâle, venant de Touraine ; Sophie, une accorte Parisienne, riant, malgré tout, sous le moindre prétexte ; Simone, normande comme moi, et dont l'embonpoint naturel semblait ne jamais devoir souffrir des privations endurées. Nous avions ensemble subi mille tourments. Je connaissais leurs secrets. Elles ignoraient une partie des miens. Je ne pouvais avouer à quiconque ma passion coupable. Toinette, seule, savait tout, mais je me sentais assurée de sa discrétion.

Je compris en voyant le nom du vaisseau que l'Intendant m'avait menti ou rassurée par des promesses qu'il ne pouvait tenir. C'est un défaut bien répandu chez les Grands. Il ne s'agissait nullement du *Saint Sébastien*. Un marin qui m'avait aidée à monter avec mes effets se mit à rire quand je lui parlai de Jean Talon :

— Il est parti à cette heure, depuis belle lurette. Le *Saint Sébastien* a quitté La Rochelle voilà bien une semaine. Il sera là-bas bien avant nous, sûr** !

— Et quel est notre bateau ?

— Celui que vous voyez là : le *Neptune.* Un trois-mâts de 200 tonneaux. Il a deux tillacs***, vingt pièces de canons, une longueur de l'étrave à l'étambot de 140 pieds... mais ce qui compte c'est la quête tant d'avant que d'arrière...

Je vous parle de mémoire. Ce qui est sûr, c'est que je n'entendais rien de son discours. Il conclut heureusement par la seule parole que j'entendis**** :

---

* Au mouillage.
** Le marin commet une erreur de date bien excusable. Le voyage de Talon durera 117 jours.
*** Ponts.
**** Comprendre.

— Il est très portant pour étaler les tempêtes mais on ne peut pas dire qu'il soit fringant… Il prend son temps.

— Combien de jours de traversée ?

— Ma foi, ça dépend du vent, des marées et, quelquefois, des rencontres.

Il n'en dit pas plus. Toinette me chuchota que nous embarquions pour deux ou trois mois, d'après ce qu'elle avait entendu dire. Heureusement, le soleil brillait et les cieux étaient bleus. Le printemps éclatait sur Dieppe. Le marin qui m'avait informée s'était tu, regrettant peut-être d'en avoir trop dit. Mais il me dévisageait maintenant avec une âpre gourmandise qui me flatta. Persuadée d'avoir perdu tous mes attraits en cette sinistre aventure, je me sentis soudain revivre sous ce regard d'homme qui me ramenait, après les gestes impudiques de Madame Aurélie, en un territoire qui était le mien et où je dansais à l'aise. Je sus assez vite qu'il s'appelait Matthieu. Normand lui aussi, étant natif de Granville, donc un pays. Âgé d'une vingtaine d'années, vêtu d'une blouse bleue, les cheveux blonds flottant au vent, le visage rieur, avenant, il m'apparut soudain comme un signe heureux de la Providence qui me faisait ainsi un clin d'œil.

Une des marraines qui se trouvaient dans l'embarcation me fit signe de me taire. Apparemment, mon entretien innocent avec Matthieu lui déplaisait. Je me jurai de n'en avoir cure. Sortant de prison, la discipline de ce gendarme en jupons ne me convenait guère.

La gabare cependant se rapprochait du vaisseau. Je distinguais la beauté surprenante de la poupe du *Neptune*. Le dieu païen qui lui donna son nom apparaissait, entouré de naïades. Partout, ce n'étaient que galeries, entrelacs de tritons, de sirènes. Neptune et Thétis offraient eux-mêmes les richesses de la terre et de la mer au roi qui les dominait, assis sur son trône de justice. La Victoire le ceignait de lauriers, tandis que la Paix lui tendait un rameau d'oliviers. Je sus plus tard que ces superbes sculptures et ces figures portaient les signatures d'un peintre et d'un statuaire également célèbres* unissant leur génie pour la gloire du souverain ; mais les officiers assurant la

---

* Le Brun et Girardon.

navigation n'appréciaient, paraît-il, que très modérément ce monde, glorieux certes, mais déséquilibrant le vaisseau par son poids.

J'appris qu'à l'intérieur, les chambres destinées à l'élite se trouvaient, elles aussi, comblées de parquets marquetés d'olivier et d'ivoire, aux ciels d'azur semés de fleurs de lis et de couronnes d'or. À l'évidence, nous ne vîmes rien de tout cela. On nous fit monter en hâte sur le tillac et descendre tout aussitôt dans l'entrepont dont on avait retiré les canons pour nous laisser la place. Celle-ci était fort grande mais ne le resta guère. Nous étions, en fait, reléguées non loin de la «Sainte Barbe*», n'ayant pour dormir que des cadres lacés avec du bitord et possédant chacune un matelas, ces cadres étant serrés en deux ou trois rangées. Nous nous retrouvâmes pressées en ce lieu obscur comme des sardines dans une barrique, ne pouvant nous rendre à nos lits sans nous heurter vingt fois la tête et les jambes. La bienséance nous interdisait de nous déshabiller. Nous étions condamnées à garder nos habits, sans possibilité de se rafraîchir le corps un instant.

Nous étions séparées de l'équipage, qui dormait non loin de là, par une cloison en planches qui nous protégeait de leur tapage. La barre du gouvernail, passant par la Sainte Barbe voisine, occasionnait un bruit de grincement assez fort auquel, cependant, je m'habituai assez bien. Le voisinage de toutes les filles m'était en revanche assez pénible. Nous nous arrangeâmes pour choisir avec une compagne des cadres contigus; nos coffres nous avaient été retirés et placés à fond de cale pour éviter l'effet désastreux du roulis qui les eût fait glisser comme nous le fîmes quelques jours plus tard.

Il faut ajouter à cela que de pauvres animaux étaient embarqués, vivants ou morts, destinés à la nourriture du voyage ou au peuplement de la colonie. Certains avaient été exécutés sur le quai même avant qu'on ne montât leurs dépouilles à bord. Je vous laisse imaginer les odeurs *sui generis* régnant en ces lieux, qui, pour l'instant, ne bougeaient pas.

Nous eûmes le droit de monter sur le pont pour assister au départ. Je dois à la vérité d'avouer que ce fut merveilleux. Il faisait

---

* Lieu où l'on met les ustensiles d'artillerie, la poudre, etc. (marine).

chaud et beau. Beaucoup d'entre nous défirent leur fichu pour se mettre à l'aise. On tira le canon. Le commandant fit hisser un pavillon au petit mât de hune. Les marins, aussitôt, levèrent l'ancre. Nous pensâmes que l'on entendait ainsi nous signifier le départ. Ce n'était point le cas. Nous quittâmes simplement le port pour gagner la rade et là, nous attendîmes.

Matthieu, que je retrouvai heureusement, m'indiqua que le capitaine guettait les vents favorables, lesquels ne lui semblaient sans doute pas suffisants. Ils affourchèrent de nouveau puis tirèrent un nouveau coup de canon. Cette fois, on nous donna l'ordre de gagner l'entrepont. Matthieu me fit signe de le suivre. Ma «marraine» tournait le dos. Je m'empressai d'obéir, en prenant la main de Toinette. Nous nous retrouvâmes sur l'une des galeries ornant la poupe et là, nous vîmes au loin le château d'Arques, la falaise du Portet, le bassin de Dieppe qui s'éloignaient inéxorablement, comme la France. Un grand remous d'eau dans le sillage du vaisseau nous éclaboussa. Nous nous assîmes un instant sur le sol pour humer cet air chargé d'embruns qui chassa quelque peu les vapeurs méphitiques dont nous souffrions depuis si longtemps. Toinette, alors, m'embrassa sur les deux joues :

— Je vous dois, Mademoiselle Marie, bien de la gratitude.

— Ne m'appelle pas ainsi. Nous sommes sœurs de lait, tu le sais bien puisque je l'ai dit... Le voyage ne fait que commencer. Il n'est pas sûr que nous n'en tirerons que de l'agrément.

Des officiers nous chassèrent bientôt de la galerie. Nous dûmes rejoindre les autres. Une cloche annonçait le dîner. On nous servit une soupe faite de semoule de seigle où se mêlait un peu d'huile d'olive. Une des «marraines» nous indiqua que nous aurions la possibilité d'avoir trois ou quatre fois par semaine du lard et un peu de morue ou de hareng. Nous eûmes à boire du cidre mêlé d'eau à partager entre nous ainsi que de l'eau douce. Avec le temps, il ne fut plus question de lard. Quant à l'eau douce, elle devint peu à peu brunâtre, prenant un goût amer. Beaucoup d'entre nous la burent en se bouchant le nez, quand elles ne tombèrent pas malades.

Au commencement, la mer étant clémente, le balancement du vaisseau demeurait discret, mais beaucoup furent incommodées.

Dès lors, elles quittèrent la table et regagnèrent leur paillasse pour ne plus la quitter. Nombre d'entre elles — pardonnez-moi cette licence peu poétique — firent goûter aux poissons le potage à l'huile. L'odeur devint assez vite insoutenable et je compris que demeurer là ne pouvait être que fort pernicieux. Je me mis à guetter les instants où la galerie de la poupe demeurait libre pour m'y rendre, et finis par croiser un officier qui venait, muni d'une longue-vue, examiner le chemin parcouru. Je commençai par me cacher et tenter de m'enfuir. Mais l'officier, comme Matthieu, ne fut pas insensible à ma personne. Il me sourit et me posa quelques questions. Son air était fort aimable.

— Ces pauvres filles entassées là-dessous ne sont guère mieux traitées que notre bétail. Vous en faites partie ?

— Hélas oui.

— On dit qu'elles ne valent pas la corde pour les pendre et que Sa Majesté les a tirées de l'Hôpital Général.

Je m'emportai aussitôt :

— Sa Majesté a été fort heureuse avec Monsieur Talon de tirer quelques pauvres orphelines d'un endroit où le malheur ou la pauvreté les avait fait enfermer.

— C'est un acte de grande générosité. On prétend qu'il les a dotées.

— Oui-da. J'ai cent aiguilles et mille épingles dans ma cassette. Je suis bien riche, en effet. Je pense que le pouvoir s'est trouvé fort heureux de trouver quelques génisses…

— Vous êtes insolente.

— J'ai coutume de l'être.

— Indomptable peut-être aussi ?

— Je le souhaite.

— Vous me plaisez. La vie sur ce vaisseau n'est guère attrayante. Il est bien dommage que nous n'ayons pas le loisir de deviser davantage… Vous venez souvent sur cette galerie ?

— C'est interdit.

— Il n'y a personne après 7 heures, le matin. Et après dîner, nous ne venons que vers 4 heures… Si bon vous semble… Mais ne vous faites pas prendre. Quel est votre nom ?

J'insistai avec bien de l'hypocrisie sur mes origines maternelles. Lui-même se présenta comme le Comte de Brissac, officier du *Neptune*. Il était assez avenant. Je me retrouvais ainsi déjà liée avec deux amis en ce vaisseau. Ce n'était pas de trop pour ce long voyage. Je l'aurais peut-être jugé insuffisant si j'avais su ce qui nous attendait. Mais la Providence me réservait de bonnes surprises.

La mer se montra assez amène jusqu'aux abords d'une île dont Matthieu m'apprit qu'elle s'appelait Silly. Nous faisions route vers l'Irlande pour gagner Terre-Neuve. La traversée s'annonçait sous d'heureux auspices. Soudain, j'entendis un grand branlebas. Des pas précipités. Des cris. Des ordres. Matthieu prit le temps de venir jusqu'à moi en hâte :

— Mettez vos effets sur tribord. Un pirate se dirige vers nous. Il va tirer...

Cette fois, il n'était point question d'apparaître sur le tillac. Des marins vinrent même ouvrir les sabords, ce qui nous donnait au moins l'occasion de respirer, tandis que d'autres s'affairaient aux canons situés dans le second entrepont.

Celles qui étaient incommodées l'oublièrent sur-le-champ. Nous avions des oreilles mais point d'yeux : il était difficile d'apercevoir ces fameux pirates ; nous perçûmes simplement le bruit violent des canons qui faisaient feu. La réponse fut aussi brutale : des boulets entrèrent avec fracas. J'aperçus deux marins gisant au sol dans une mare de sang.

Ce fut, comme vous l'imaginez, un grand désordre. Chacun courait de toutes parts. Nos canons répondirent, je tremblais de peur. Soudain, j'aperçus un autre officier qui se hâtait vers les blessés et s'agenouillait vers eux. Il était accompagné d'un aide tenant une sorte de trousse. Un troisième boulet pénétra dans un fracas terrifiant. J'entendis Sophie hurler et me précipitai. Elle n'avait heureusement que le bras blessé sans doute par une faible partie de la charge qui alla fracasser nos effets et nos lits. Le sang de Sophie coulait. Je déchirai le bras de ma chemise pour arrêter le flux. L'officier s'approcha bientôt :

— C'est votre amie ?

— Oui.

Il examina la plaie et la sonda en hâte :

— Le mal ne paraît guère important.

La fumée qui régnait dans l'entrepont et les cris de tous rendaient les soins bien difficiles.

— Je m'occuperai d'elle tout à l'heure.

— Je peux le faire quant à présent, m'écriai-je, je suis fille de chirurgien ! Avez-vous quelques bourdonnets* ?

— Je n'ai pas de temps disponible, et cette fille n'a rien.

Il repartit. J'allai quérir ma cassette que je parvins à retrouver dans cet amoncellement de débris, de terre, de sang, de morceaux de coffres, de filles affolées dont beaucoup étaient à genoux. Nos «marraines» étaient effondrées sur leurs matelas, hurlant et vomissant. Je revins vers Sophie et ouvris ma cassette. Je trouvai presque aussitôt les fameux bourdonnets dont mon père m'avait maintes fois expliqué qu'ils permettaient d'éviter l'écoulement de sang. Je les posai aussitôt sur le bras de Sophie qui n'avait point perdu conscience. Elle geignait pour autant que je pus l'entendre. Je la rassurai de mon mieux, craignant cependant une nouvelle bordée.

Mais le miracle se fit. Les canons se turent peu à peu. Nous entendîmes des hurlements de triomphe au-dessus de nos têtes. Les marins vinrent fermer les sabords, supprimant ainsi un air dont tous, surtout les blessés, auraient eu le plus grand besoin. Matthieu vint me dire en hâte :

— Vous n'êtes pas blessée ?

— Non.

— C'est un miracle. Ils sont repartis, après quelques bordées. S'ils avaient visé plus juste, ils nous envoyaient par le fond. Il faut que j'y aille... On combattait sous les huniers, misaines et grands voiles carguées.

— Va ! Tu m'expliqueras...

Il courut à sa tâche. Les pirates avaient cependant occasionné bien du mal. L'eau entrait par instants dans l'entrepont, suivant les mouvements du bateau. Je tirai Sophie avec l'aide de Toinette sur

---

* Petite boule de charpie dont on se servait pour tamponner une plaie, absorber le pus, etc.

un matelas sec, et posai des linges par-dessus les bourdonnets. Toinette déchira aussi une partie de sa chemise. Nous fîmes ainsi en hâte quelques tentes de charpie sur la plaie. J'assurai notre blessée qu'elle n'était pas très atteinte et allai réclamer à l'officier, dont je compris qu'il était le chirurgien du bord, un peu d'eau-de-vie pour ranimer notre amie davantage.

Les blessés dont il s'occupait semblaient plus gravement atteints. L'un d'entre eux n'avait plus qu'une jambe. L'autre saignait abondamment du ventre.

— Peux-tu aller quérir des plumasseaux*?

L'assistant du chirurgien s'exécuta. Tout aussitôt, je m'agenouillai près de l'officier pour lui prêter main forte.

— Ce sang ne vous incommode pas?

— Que nenni.

— Tenez-moi ce membre.

Je m'exécutai et fis de mon mieux. L'homme au ventre ouvert perdit la vie avant que l'aumônier du bord ait pu lui donner les sacrements. L'autre ne valait guère mieux. Des marins vinrent les prendre pour les placer à l'infirmerie.

— Eh bien, dit l'officier, j'ai un instant, je vais voir votre blessée.

Il se montra satisfait. Comme le calme était presque rétabli, il m'interrogea en hâte:

— Vous avez dit tout à l'heure que vous étiez fille de chirurgien?

— Oui-da; Michel Arnault, maître-chirurgien en Normandie.

— Arnault de Coutances?

— Lui-même. Il mourut voilà six ans déjà. J'en porte la blessure...

Il n'écouta guère et s'exclama:

— Sacré Michel! Bon Dieu de merde! Nous fîmes mille folies ensemble. Je dois maintenant rejoindre le pauvre diable... Il a peu de chances... Alors vous êtes sa fille? Sacrebleu! Demain, si le temps est clément, venez nous retrouver, je vous présenterai au Commandant.

* Réunion de fils de charpie servant à faire un pansement.

Mon père devait sourire en quelque endroit devant cette bonne fortune que je lui devais. Michel Arnault, je n'ai pas fini de te parler.

J'appris ma bonne fortune à Toinette qui s'en réjouit pour moi. Elle avait le cœur fort haut et ne ressentait qu'une vive reconnaissance à mon endroit. Je demeurais malgré tout pour elle la «demoiselle du manoir» et ma déportation honteuse à la Salpêtrière ne changeait rien à ses yeux. La vue des soins prodigués à Sophie l'avait, de surcroît, fort impressionnée. Je détenais la connaissance et conservais mon rang, encore que j'estimais et estime encore à ce jour, à l'encontre des usages, qu'il n'est de véritable rang que dans les âmes et les cœurs. D'autres «filles du Roi» ne partageaient point ces beaux sentiments et conçurent de l'aigreur à mon endroit. Je le vis bien à leurs regards et aux mots qu'elles me dirent, bien persuadées que je ne devais qu'à l'inconduite l'honneur d'être conviée au repas des officiers.

Nous eûmes, hélas, à nous rendre toutes sur le tillac à une messe des morts, qui me parut fort brève, pour le malheureux marin tué la veille. Il était déjà cousu dans un sac qui reposait au sol. Il y eut quelques roulements de tambour; finalement, le chant du *libera* et l'aspersion d'eau bénite précédèrent l'envoi du corps au fond de l'eau. Les requiems* tournaient déjà autour du vaisseau.

Cette besogne accomplie, chacun retourna à sa place. Deux marins se frottaient les yeux avec leurs poings. J'imaginai qu'ils connaissaient le défunt. Ce fut tout. L'équipage repartit en hâte à sa besogne. Beaucoup d'entre eux, d'ailleurs, ne l'avaient point quittée, étarquant les drisses ou grimpant aux mâts. Le vent changeant fréquemment de force et de direction, ces hommes n'arrêtaient pas d'assurer les manœuvres. Ils étaient parfois plus de cent à tirer sur un seul cordage, et ceux qui avaient le plus de voix poussaient un certain cri faisant donner les secousses nécessaires pour qu'ils puissent tous tirer dans ce seul moment.

Je rejoignis, non sans appréhension, le quartier des officiers situé dans la dunette. Ma chemise était déchirée et ma vesture au-delà

---

* Les requins.

de l'exprimable. La vermine y courait tout son saoul. L'aimable chirurgien me voyant arriver prit cet aspect en pitié. Il me fit entrer dans sa cabine et me montra un petit vaisseau plein d'eau froide.

— Voilà de quoi faire un peu de toilette. Il y a dans ce coin une robe délaissée par une passagère, d'ailleurs fort insupportable : l'épouse du précédent chirurgien que l'on fit manger séparément tellement son caractère laissait à désirer. Mettez cette robe…

— Je ne puis…

— Oh que si ! Et gardez-la. Vous la mettrez en arrivant. Vous trouverez ainsi plus aisément soulier à votre pied, encore que vos attraits…

Je le regardai avec surprise, étant bien convaincue d'avoir désormais, plus que jamais, l'aspect d'une égarée dont le moindre charme avait disparu avec les épreuves. Mais le sang dont ma jupe et ma chemise étaient marquées se trouvait soudain être mon avocat, témoignant d'une tâche horrible à laquelle je venais de participer. Je demeurai enfermée aussi brièvement que possible ; l'eau me parut un délice. Je mis en hâte le busc, la chemise de dentelle, le jupon, la friponne et une modeste en satin vert pâle. Le tout m'allait à merveille. Je relevai mes cheveux du mieux que je pus dans le premier miroir que je contemplai enfin. Leur blond laissait à désirer, mais le rose naturel de mes joues de Normande ne m'avait point quittée. Mon bon tempérament de Coutançaise prenait le dessus. L'air du *Neptune*, comme celui naguère de Saint-Malo-de-la-Lande, réjouissait au surplus mes humeurs.

Je quittai la cabine, pliant ma robe de bagnarde avec soin, sachant bien que je devrais la retrouver après le dîner. J'admirai, avant de rejoindre messieurs les officiers, les chambres féeriques ornées de paysages, combat naval, siège d'un port, passage du Rhin encadré de victoires. Dans celle du Commandant où la table était dressée, sur le mur, Apollon jouait du violon sous les regards de *l'invincible monarque* ainsi qu'il était écrit en lettres d'or.

Ces messieurs attendaient quasiment. Vêtus de justaucorps bleus, culottes et vestes rouges, perruques frisées à souhait, ils avaient fort belle prestance. Je retrouvai, ou quasiment, les gentils-hommes des Plaisirs de l'Île enchantée. Versailles flottait sur l'océan. Je me réjouis de la bonté du chirurgien qui avait peut-être songé, bien justement, que mon aspect de forçat en jupons risquait de couper l'appétit de ces messieurs.

C'eût été fort dommage. La nappe était en dentelle blanche, les couverts d'argent, les assiettes de Limoges. Le dîner, composé d'un grand potage, le bouilli qui se trouvait être une volaille fraîchement tuée, une poitrine de bœuf d'Irlande, du petit salé et des moutons frais, accompagnés d'une fricassée de poulets. Les serveurs levèrent ces plats et les firent suivre d'un rôti, deux ragoûts et deux salades. Le dessert fut composé de fromages, de quelques compotes, fruits crus, marrons et confitures. Les vins les meilleurs suivaient tout ce cortège.

Je ne pus m'empêcher de penser qu'à quelques pas, mes compagnes de l'entrepont obscur dévoraient leur soupe grasse, tandis que les marins se rassemblaient, autant que j'avais pu le voir, par groupes de sept, disposant d'un bidon, une gamelle, une tasse et un plat, chaque homme cependant recevant sa cuillère. Comme ils n'avaient pas — et n'ont pas — de table, ils mangent assis sur les ponts, parfois sur un tas de planches ou sur un coffre. Jamais, ai-je remarqué, on n'écurait les plats qu'on entourait d'un torchon gras pour éviter la culbute. Je n'ai pas besoin de vous dire que la malpropreté du linge et de la vaisselle régnait en ces lieux douteux.

L'entrepont ne valait guère mieux. À quelques pas de nous, le bétail vivant était abattu ou périssait de nausées. Je pensai, non sans raison, que le chirurgien aurait sans tarder maille à partir avec la maladie.

Mais à cette heure, perdant conscience de ces souffrances, je savourai le plaisir de consommer des mets délicats entre des gentilshommes. Le Commandant portait le nom de Comte de Cotrain, le chirurgien, celui de Tremblaye. J'ai oublié les autres. Quant à la chère que j'appréciais si fort, le mouvement de la houle se trouvait réduit à cet endroit et la table ménagée par les soins d'encoches et de «violons» afin que rien ne glissât.

Ces messieurs me prièrent de parler de moi; je le fis avec prudence; on n'est jamais trop modeste. Il vaut mieux être soupçonnée de taire la noblesse de ses origines que d'en prétendre une qui ne soit fallacieuse.

Monsieur Tremblaye fut assez obligeant pour parler de Michel Arnault et de mes talents occasionnels. Il savait que mon père avait rencontré l'opposition violente de la famille d'Houdeville dont je portais le sang. J'eus le sentiment que cette appartenance rehaussait infiniment plus mon prestige auprès des officiers que les soins difficiles prodigués dans l'entrepont.

Nous parlâmes de ceux qui nous avaient assaillis. Le Commandant assura que c'était des pleutres de faible envergure qui ne pouvaient tirer, heureusement, à boulets rouges*. S'il en avait été autrement, nous ne serions point là à deviser gaiement. Le feu nous eût atteints sans grand remède.

Comme j'évoquai à voix basse le saut de ce pauvre marin par-dessus bord, il poursuivit gravement :

— Je connaissais Jean-Marie. Il servait depuis fort longtemps.

— C'est pourquoi, interrogea Monsieur Tremblaye, vous avez fait battre le tambour et venir le prêtre ?

— Hélas oui. Mais Mademoiselle, il faut que vous sachiez que les marins et les passagers meurent ici assez facilement et sont jetés par-dessus bord sans frais ni cérémonie. On meurt ici comme l'on vit.

Sur ces mots, un matelot apporta des liqueurs ; tous burent goulûment. Je trempai à peine mes lèvres dans ce qui me sembla être une eau de cerise et pris congé sans tarder. Chacun me salua galamment. L'officier que j'avais rencontré sur la galerie ajouta à sa révérence un regard soutenu fort éloquent. Je savais depuis notre rencontre qu'il portait le nom de Comte de Brissac. Jeune, séduisant, il me charma dans ce salon occasionnel, entouré d'eaux infinies. Ailleurs, il m'eût été indifférent. Ici, dans ces lieux où le temps se trouvait suspendu, où nous voguions sans horizon et sans que l'on parlât du terme de notre arrivée, je me sentais, malgré le courage que je m'efforçais de conserver, fort désemparée. Sans

---

* Boulets chauffés à rouge qui mettent inexorablement le feu aux navires.

appui, si j'excepte ce chirurgien plein d'aménité, je me serais jetée au cou du premier venu. Ce premier venu s'appelait Brissac.

Je regagnai l'entrepont, ayant remis ma cote et sa vermine ; Tremblaye me pria de garder la robe que je portais ainsi que quelques victuailles qu'un marin avait placées dans un panier à mon intention. Je cachai mes trésors afin de ne point provoquer de jalousies, me dissimulai avec Toinette dans un angle de la galerie, et la laissai dévorer tout son saoul. Nous en gardâmes cependant une partie pour Nicole, Simone et surtout cette pauvre Sophie qui en avait grand besoin.

La vie reprit, dure et laborieuse. Beaucoup de filles souffraient toujours du mouvement incessant de la houle et rejetaient, là où elles se trouvaient, le repas misérable qu'elles avaient pris. Je n'étais point à l'abri de tels malaises mais, sur les conseils de Matthieu qui veillait paternellement sur moi, je mangeais peu de potages et beaucoup de biscuits qui lestaient, selon lui, un estomac si prompt aux mouvements de révolte.

Matthieu, comme ses camarades, m'inspirait grande pitié. La cloche et le tambour les rappelaient tous à l'ordre à chaque instant, l'équipage assure la manœuvre du voilier vingt-quatre heures par jour, se relayant dans les hamacs où ils couchent tout habillés, afin d'être prêts si on les requiert.

L'eau embarquée à bord étant trop précieuse pour qu'on l'utilise au lavage, ces hommes conservaient sur eux une chemise humide et ne portaient bien souvent nul soulier. Le froid était intense sur le tillac et les doigts se gelaient. Le Comte de Cotrain ne badinait guère cependant avec la discipline. J'assistai plusieurs fois à des bastonnades. Certains furent mis aux fers. Mais ce que je vis de pire fut l'issue d'une dispute entre deux marins dont l'un se mit à frapper l'autre avec violence. L'officier qui les surprit fit arrêter le coupable que l'on jugea le soir même. Le lendemain, on le ligota solidement pour le suspendre à ce que Matthieu me désigna comme le « cartahu* ». L'infortuné portait un boulet de vingt-quatre** à chaque

---

* Cordage volant, pour hisser ou descendre divers objets sur un navire.

** Le calibre des boulets est exprimé en livres (boulets de trente, vingt-quatre, etc.).

pied. Le canon tonna tandis qu'en tête du mât de misaine, montait un drapeau de «justice». Les marins lâchèrent la corde suspendant le coupable qui plongea violemment dans l'eau glacée. On le remonta peu de temps plus tard. Le Commandant donna l'ordre de recommencer. L'homme fut mis à l'eau derechef. Ses camarades, pris sans doute de pitié, le remontèrent assez vite. Il n'avait plus sa connaissance. Je vis Tremblaye qui se penchait vers Cotrain et supposai qu'il intercédait afin que l'on arrêtât cette brimade.

On délia l'homme. Des marins compatissants lui donnèrent aussitôt du vin chaud et le frottèrent vigoureusement. Matthieu se trouvait près de moi. Je lui fis part de ma colère.

— Ç'aurait pu être bien pire, me dit-il, parfois l'homme est jeté d'un des mâts sur le tillac ; il demeure estropié s'il parvient à survivre.

— Et vous ne vous révoltez jamais ?

— Je suis orphelin et bien content d'avoir quelque besogne. Les plus malins eux-mêmes ne feront rien. Car sais-tu où nous sommes ?

— Nenni.

— Moi non plus. Et mes camarades sont liés à ces beaux messieurs parce qu'ils savent, eux. À midi, ils relèvent la position du vaisseau. Ils ont l'astrolabe, l'arbalestrille, le quartier anglais. Je connais les mots mais guère leur usage. Je sais qu'ils calculent la hauteur méridienne du soleil, mais, vois-tu, aucun de nous ne sait lire. Alors, si nous jouons tout à coup les fortes têtes, ils nous tiennent par la science.

Il se sauva en hâte ; les ordres retentissaient sur le tillac. Le temps de respirer lui était compté. Je pris celui de me rendre au chevet de Sophie. Monsieur Tremblaye avait changé la charpie sans toucher cependant à mes bourdonnets. La plaie présentait bon aspect.

Le chirurgien survint, sourire aux lèvres :

— Ma foi, Mademoiselle Arnault, vous êtes la digne fille de mon ami. Votre Sophie me paraît tirée d'affaire. Quand nous serons sur le banc de Terre-Neuve, elle dansera comme les autres.

C'était un homme d'une trentaine d'années, au visage maigre et lumineux. Il me rappela celui de mon père et je le lui dis sans barguigner.

— Vous me faites beaucoup d'honneur. Je repars hélas avec le *Neptune* avant la fin de la belle saison mais veillerai à ce que vous ne fassiez pas un trop sot mariage. Surtout, en arrivant, mettez bien la robe bleue. Elle vous va à merveille... Vous avez fait la conquête de ces messieurs. Si Brissac ne se trouvait pas contraint, comme moi, de regagner la France, vous eussiez trouvé un parti...

J'aperçus un peu loin, sur un branle*, le malheureux dont une partie de la jambe s'était trouvée emportée. Il gémissait en dormant mais, du moins, vivait. Tremblaye me chuchota qu'il avait dû l'amputer et l'on devait implorer la Sainte Vierge de lui épargner la gangrène.

Je retournai dans l'entrepont dont l'odeur devenait plus forte avec les jours. Nous étions enfermées depuis deux mois et je n'avais pas le moyen d'apprendre où nous étions exactement. Le commandant le savait-il ? J'avais ouï dire que les cartes étaient imprécises et les instruments bien défectueux. Oui, il me fallait prier. Mais je n'arrivais plus à le faire. La foi de Jacob avait ébranlé la mienne. Son ombre ne cessait de m'accompagner. Dans le sommeil, j'étais hantée par des caresses dont je n'avais guère le souvenir et me réveillais en pleurant, songeant que nous étions séparés à jamais.

Cette prière fut donc mal dite ou peu écoutée. Le vent, qui s'était montré jusqu'à présent bienveillant, se leva tout à coup. La houle se fit plus forte. Tremblaye me fit porter une couverte de laine qui m'apparut comme un don du ciel. Nos cotillons humides et déchirés nous protégeaient de moins en moins du froid et j'avais observé que les nausées s'accentuaient gravement chez les filles qui grelottaient. Comme la houle et l'odeur devenaient intenables, je me plaignis à Matthieu qui eut l'idée de nous faire dormir, Toinette et moi, dans une chaloupe de pont sous une toile goudronnée. Grâce à la couverte et l'air marin, nous sombrâmes enfin, l'une contre l'autre pour nous réchauffer, dans un sommeil réparateur. Matthieu nous avait bien recommandé de quitter les lieux dès l'aurore, ce que nous fîmes avec exactitude.

---

* Hamac.

132

Hélas, le vent forcit. Nous vîmes passer le Comte de Cotrain, déjà peu engageant, la mine inquiète et le visage renfrogné. Tous devinrent fort sombres. Il faut dire que le ciel ne l'était pas moins. Le gros temps survenait : les vagues s'élevaient monstrueusement grosses, s'abattant sur le pont. Nous fûmes bien entendu priées de rester enfermées en notre triste dortoir, la chaloupe étant hors d'atteinte. Les blessures portées au navire par le bateau pirate se trouvaient depuis longtemps réparées mais la force de la mer s'attaquait à la coque avec une furie que nous entendions bien. Nous ne savions comment nous tenir, manger, dormir, étant contraintes de nous amarrer nous-mêmes avec quelque corde. Avec effroi, nous vîmes de surcroît que des fissures apparaissaient çà et là, et que les infiltrations d'eau se multipliaient. Le bruit des pompes situées au pied des mâts se fit entendre.

Matthieu survint soudain avec quelques autres marins :

— N'ayez pas peur, nous dit-il en passant. C'est pas bien méchant. Peut-être qu'on arrive bientôt au banc.

Il n'en dit pas plus. Faisant fonction de « calfats », comme il me l'expliqua plus tard, ces hommes entreprirent de mettre de l'étoupe dans les fissures. Nous entendions, outre le bruit terrifiant de la mer, celui des voiles déchirées et d'un mât cassé qui fit trembler le vaisseau encore davantage. Les marraines et les filles priaient quand elles en avaient la force.

Le soir, comme les cuisines ne pouvaient, dans un tel mouvement, prendre le risque de mettre le feu à bord, nous dûmes tous nous priver de souper et nous contenter de biscuits.

Je ne vous inflige pas ce récit, chère Catherine, pour vous désobliger. Mais il est bon de savoir que les « Filles du Roi », dont on fait parfois des gorges chaudes, souffrirent, pendant presque trois mois, un enfer qu'aucun Québécois n'imagine. Lorsque j'entendis récemment Madame de Maintenon assurer que sa navigation jusqu'aux Caraïbes lui avait permis de se récréer à la vue des poissons, je ne manquai pas d'en être fort surprise. Il est vrai qu'elle concéda qu'une cinquantaine de passagers moururent de fièvres et furent jetés à la mer, l'un après l'autre. Mais ce spectacle, dont l'horreur ne saurait être dissimulée, ne l'empêcha sans doute nullement d'apprécier les douceurs exotiques de cette traversée.

Il est vrai que nous approchions de Terre-Neuve et que le froid devenait de plus en plus aigu. Ici, je dois avouer ma faiblesse. Sous l'effet des tremblements, des nausées contre lesquelles jusqu'alors j'avais lutté vaillamment et du refroidissement, je perdis connaissance. Tandis que la mer consentait enfin à se calmer, ma brave Toinette alla prévenir Matthieu qui le répéta sans doute à Monsieur Tremblaye. J'ignore tout de ce qui se passa alors, mais je repris l'esprit dans une cabine aérée, non loin de celle du chirurgien. On m'apporta un potage chaud, du poulet et du vin. Il n'en fallut guère plus pour redonner ses couleurs à Marie Arnault. Mon excellent ami vint me voir et me prit le pouls. Je lui demandai humblement pardon d'avoir alourdi sa tâche.

— Michel n'aurait pas laissé sa fille dans l'état où vous vous trouviez. Je n'ai fait que mon devoir.

Je me rétablis promptement. La tempête s'était apaisée aussi vite qu'elle nous avait assaillis. Quand je refis mes premiers pas sur le tillac, je vis que le *Neptune* avait son mât de beaupré cassé et que l'équipage s'employait à couper haubans et galhaubans pour y remédier. Certains matelots plongeaient afin de recouvrir quelques voies d'eau, heureusement minimes, par des plaques de plomb, tandis que d'autres recousaient en hâte les voiles déchirées. C'est ce que m'expliqua Brissac, lequel me tenait le bras, voulant s'assurer avec une vigilance suspecte que je recouvrais la santé.

Il insista avec Tremblaye pour que je conserve la cabine que j'occupais. Pour vaincre mes hésitations, le chirurgien m'affirma que je serais plus utile à ses côtés que dans l'entrepont car je risquais le pire. Fort embarrassée de quitter mes compagnes, je laissai volontairement la petite malle que les hommes du Roi m'avaient fait remettre comme aux autres, n'emportant que la cassette paternelle. Je prétendis qu'on m'appelait pour prodiguer mes soins, n'imaginant pas dire ainsi, par avance, une vérité qui nous menaça tous. Abandonner Toinette m'était cependant insupportable. Elle me laissa entendre, non sans force clins d'œil, que la chaloupe n'était désormais que plus grande.

— N'as-tu pas froid ? Je te laisse la couverte.

Dans un gloussement presque joyeux, elle répliqua à mi-voix :

— Je ne manque point de couverte et n'ai guère les pieds à l'air.

— On te rejoint ?

— Oui-da.

— Et qui cela ?

— C'est mon secret.

J'en découvris les clefs et m'en réjouis. Je surpris Matthieu à l'aube se glisser hors de la barque et compris que ma payse avait trouvé le confort et sans doute autre chose dans le même élan. Il ne restait plus qu'à prier pour que les marraines restent sourdes et les officiers aveugles. Les uns comme les autres eurent bientôt, malheureusement, d'autres soucis en tête.

Pour l'heure, *Neptune* pansait ses plaies et les passagers comme les marins savouraient la joie de n'avoir plus peur. Le seul fait de pouvoir demeurer debout tenait du miracle ; le mal de mer s'atténuait sous le soleil soudain revenu. Bientôt, leur tâche accomplie, quelques marins se mirent à pêcher. Le plus grand nombre ne craignit pas de danser sur le gaillard en tonitruant des refrains obscènes. Le lendemain, nous vîmes même surgir deux musiciens que le commissaire de marine avait emmenés avec lui. C'est ainsi que nous eûmes concert avec un clavecin et un haut-bois, faisant oublier à tous qu'ils étaient sur les flots.

Hélas, le destin demeure imprévisible. La tempête avait aggravé les désordres de l'entrepont. La saleté régnait en souveraine, tandis que le bétail pourrissait à quelques pas. La nourriture laissait à désirer, non point seulement en quantité, mais dans sa composition. Vers et moisissures se mirent de la partie. Les passagers étaient affaiblis. Le scorbut se déclara chez quelqu'un. Je pris sur moi de réclamer à Monsieur Tremblaye quelques citrons dont j'avais décelé la présence chez le Comte de Cotrain. Le chirurgien me donna d'emblée une robe grise d'Ursuline oubliée dans un obscur recoin et je me hâtai de la revêtir, ne voulant ni reprendre ma vermine, ni porter une «modeste» méritant si peu son nom et convenant bien mal à la tâche que l'on me donnait soudain. Ainsi vêtue, je m'empressai de donner un peu de ce fruit à ceux qui étaient le plus cruellement atteints.

Mais il y eut pire. Le Seigneur décida de frapper. Une épidémie de fièvre pourpre se déclara. Nous nous empressâmes avec Tremblaye et quelques marins courageux de séparer les malades des autres. Nous ne pûmes empêcher un certain nombre de décès.

Catherine, je ne veux point vous attrister mais la loi de la marine et notre sûreté exigeaient que les corps soient rapidement jetés à la mer. Un coup de canon accompagnait la cérémonie. Le prêtre, affaibli par la traversée, ne trouvait même plus la force de dire son office.

Je ne veux point vous laisser sur cette triste impression. Tandis que certains passaient ainsi du *Neptune* à la mer, d'autres vivaient avec une joyeuse intensité. Je ne parle pas de Toinette qui se faisait gaillardement trousser, comme nous le savons. D'autres furent sans doute rejointes. La peur soudaine de mourir et l'incertitude de ce qui les attendait y contribuèrent grandement. Mais soyons justes : la plupart des filles, pour ne pas dire toutes, conservèrent leur vertu. Elles eurent grand mérite, à moins que la peur d'arriver grosses à Québec n'ait ficelé leurs gestes. Peu me chaut : que celui qui n'a jamais péché leur jette la première pierre. Trois mois dans cette prison plus étroite que la Salpêtrière justifiaient les excès. Beaucoup, pour ne pas dire presque toutes, n'en connurent guère, faute de forces et la nausée leur retirant tout autre appétit.

— Et vous, me direz-vous, qu'advint-il avec ces officiers si galants ?

Ma foi, je vous dirai que Monsieur de Brissac, fort amoureux, se glissa un jour dans ma couche tandis que je dormais et entreprit de me prendre à la hussarde. Je le repoussai avec force, n'aimant guère le procédé. Comme il s'en étonnait et que je ne voulais point m'en faire un ennemi, je lui répondis, soudain tout à fait réveillée, qu'entre lui et moi se dressait un fantôme qui m'empêchait de le voir. Il me regarda sans comprendre. Je lui expliquai succinctement qu'un mien fiancé m'attendait à Paris. Brissac me répliqua brutalement que les colons s'occuperaient assez peu de ce fantôme. Ce fut assez pour l'inviter promptement à quitter ma couche. Je pleurai après son départ, songeant qu'en effet je serais contrainte selon mon engagement de prendre mari. Je me promis du moins de le faire sans passion. Portant déjà en ma présente tâche une robe d'Ursuline, je me promis de ne donner mon corps que contrainte et forcée ; peut-être la Providence me ramènerait-elle Jacob de Préclair, mon époux devant Dieu.

Cependant M. Tremblaye s'affairait avec son aide dans l'entre-pont, faisant placer à l'infirmerie les filles qui pouvaient laisser quelque espérance. J'en vis d'autres, avec la douleur que vous imaginez, franchir le bastingage pour l'éternité.

Je m'appliquais à privilégier de mes soins Nicole, venant de Touraine et plus pâle que jamais, Sophie, la Parisienne dont j'avais soigné le bras, luttant maintenant contre les fièvres, et Simone, ma payse grasse comme devant, qui feignait de ne point souffrir.

Je les aimais désormais comme des sœurs et mettant à profit les grâces dont je disposais auprès du chirurgien, leur apportais avec discrétion quelques médicaments cordiaux qui fortifient le cœur en réparant les esprits et donnent plus de vigueur au corps qu'il n'en a. Poudre de vipère, thériarque, confections d'alkermes* et de jacinthe complète, santal, esprit de vitriol ou suc de citron furent les trésors dont je m'emparais en cachette pour les donner à mes protégées. Je ne parle pas de Toinette. Elle avait trouvé son médecin particulier chez Matthieu qui s'occupait grandement d'elle. Logée dans sa chaloupe et abreuvée par instants d'un peu d'eau-de-vie, elle ne semblait pas des plus à plaindre. Ses cheveux avaient repoussé depuis ces deux longs mois et frisottaient autour de son visage, le rendant fort avenant. Trop occupé par l'épidémie qui risquait de changer le *Neptune* en bateau fantôme, nul officier ne prêtait attention à ces manquements disciplinaires qui, en toute autre circonstance, auraient eu une issue féroce.

L'épidémie, comme la tempête, se lassa soudain. Le Commandant de Cotrain, qui me déplaisait tant par sa brutalité, prit le parti d'établir dans le panneau de l'arrière une manche faite d'une bonnette** pour porter de l'air dans le fond de la cale ; son ouverture était placée du côté du vent et élevée au-dessus du gaillard de sorte

---

* Médicament extrait du Kermès (dit aussi fondue des Chartreux).
** Une voile creuse.

137

que l'air se portait partout, chassant l'odeur fort mauvaise qui régnait dans l'entrepont et laissant place à l'air frais. Il fit également nettoyer le bâtiment avec rigueur par ces pauvres marins qui se sentaient eux-mêmes affaiblis. Mais ce fut Cotrain qui gagna : la maladie s'arrêta.

Dans le même temps, survint un événement fort important pour *Neptune* et ses hôtes : l'arrivée sur le Grand Banc de Terre-Neuve. Le commandant lui-même, sans doute, ignorait la position exacte du vaisseau en raison du brouillard. Certains oiseaux comme pingouins, godes et apefax en annonçaient l'approche. L'équipage utilisa devant moi la sonde qui confirma que l'on touchait le fond. Ce fut alors un enthousiasme que vous ne pouvez imaginer.

Les marins se mirent à crier : « On a banqué ! Vive le Roi ! » Brissac, qui se trouvait près des sondeurs, me confirma que « banquer » c'était comme entrer dans un port. Dès lors, tout fut joué ou presque. Les glaces qui subsistaient çà et là maintenaient le danger autour du *Neptune*, lequel parvint cependant à se glisser. L'aumônier pria à genoux pour que Dieu nous épargnât cet ultime drame. Il se releva un long moment plus tard et, dans son enthousiasme, me parla pour la première fois.

— Nous allons passer non loin des battures des îles de Saint-Pierre, pénétrer dans le golfe entre le cap de Raie et l'île Saint-Paul pour longer ensuite l'Île aux oiseaux…

Soudain, il me dévisagea.

— Ah vous faites partie de tout ce troupeau ! Les Ursulines heureusement vous attendent et notre grande Marie de l'Incarnation ouvrira les bras pour vous mettre à l'abri.

— À l'abri ?

— Eh oui, les colons affamés sont aussi redoutables que les loups…

Tremblaye entendit les derniers mots de l'aumônier et se mit à rire :

— Mademoiselle Arnault a montré son courage et je pense que ce sont les colons qui ont toutes les raisons de trembler.

— Vous oubliez le régiment de Carignan qui vient sans doute de nous devancer…

— J'oubliais ! Quatre compagnies ont dû débarquer à Québec, suivies sans doute par le Marquis de Tracy accompagné d'autres militaires.

— Le régiment de Carignan est assisté par le Père Beschufer, un jésuite éminent.

Lisant mon étonnement et ma crainte, Tremblaye me rassura paternellement :

— Ma chère enfant, ne craignez rien. Il importe que vous ne tombiez pas en des mains malséantes. Comptez sur l'ami de Michel Arnault pour veiller sur vous.

N'oubliant pas Toinette en mes prières, je lui parlai de Matthieu. Il m'assura qu'il s'entremettrait en sa faveur auprès de Monsieur de Cotrain.

La navigation ne fut guère facile sur le Saint-Laurent, mais je dois bien avouer qu'après l'enfer que nous connûmes, je crus découvrir le paradis. La côte montagneuse apparaissait peu à peu sous le soleil, bordant le golfe immense comme une mer délivrée de la houle. Les filles montèrent l'une après l'autre sur le tillac, pâles et fort sales. Le Comte de Cotrain eut le bon goût d'arrêter le vaisseau non loin de l'île aux Coudres où nous fûmes débarquées pour deux jours afin de réparer les désordres de notre toilette. Nous découvrîmes soudain l'île, tout en eau et en collines, qui nous parut d'une tendre beauté.

L'équipage s'éloigna et nous eûmes tout loisir de nous dévêtir et nous laver. Le soleil nous sécha et redonna couleur à nos visages qui en avaient bien besoin. Les loques du voyage furent jetées avec leur lot de poux et de vermines. Les marraines nous autorisèrent à mettre les robes simples mais propres contenues dans notre malle. Nous avions été bien malmenées sur le *Neptune* mais je me plaisais à imaginer que, soudain, l'île aux Coudres prenait l'allure d'un décor mythologique où ces naïades complètement nues s'ébattaient sur la rive. À mes yeux, elles quittaient leur tunique de malheur et devenaient les ingénues rutilantes qu'on attendait sans doute au port.

Tremblaye m'avait expliqué que lorsque les frégates du Roi étaient signalées dans le fleuve, le gouverneur général faisait savoir par toute la colonie que des femmes allaient débarquer. Les curés l'annonçaient aux prônes, les seigneurs le faisaient crier dans les concessions. Alors, officiers, habitants, ou marchands des villes accouraient à Québec. Ces hommes sans épouse attendaient les navires avec une folle impatience, tandis que là-bas, de l'île aux Coudres, poussées par le vent, toutes ces filles venaient vers eux. Jamais, sûrement, autant d'inconnu et de poétique incertitude ne furent tant mêlés.

Si l'on songe maintenant au faible nombre des colons esseulés et au désir de provoquer la naissance de ce peuple que nous aimons tant, il faut bien reconnaître le mystère et la démarche extraordinaire de ces jeunes filles sortant de l'océan pour créer une patrie.

Vous devez me juger bien emphatique. Je le suis pour mes compagnes, n'attendant rien moi-même. Mais je ne peux que me réjouir devant cette métamorphose. Les infortunées que j'avais vues entassées comme bétail et luttant contre la maladie et une saleté irrémédiable, apparaissaient soudain comme des souveraines dont on espérait tout.

Le *Neptune* ne pouvant accoster, le Commandant ordonna l'affourchage au milieu de la Baie. Le canon tonna à bord. Ceux du Fort Saint-Louis lui répondirent. Déjà une nuée de barques et de canots venaient se ranger à la coupée. Des jeunes gens montaient à bord, vêtus de la façon la plus diverse: certains portaient des tuniques de peaux, d'autres des chemises paysannes, quelques-uns des uniformes aux couleurs royales. Tous s'affairaient pour nous aider à débarquer, portant les bagages. Des œillades s'échangeaient. Avant que mes amies ne fussent à terre, elles se laissaient déjà conter fleurette, les joues rosissant à vue d'œil. C'est là, Catherine, que je compris enfin ces pauvres prisonnières condamnées par l'infortune, qui se voyaient offrir, après l'enfer, un époux, une vie libre, la dignité et peut-être le bonheur; ce mot, pour moi, en cet instant, tellement inaccessible.

Le Comte de Brissac et Monsieur Tremblaye m'accompagnèrent eux-mêmes jusqu'à terre. Dans la chaloupe, je regardais l'horizon. Québec m'apparut comme un bourg plutôt modeste où de nombreuses maisons à colombages, comme en Normandie, se serraient près du fleuve.

Les lieux semblaient fort escarpés. Toute une partie de la ville dominait l'autre. Je vis à gauche la redoute du Cap aux Diamants, le château Saint-Louis où résidait le gouverneur et l'évêché dont les pierres annonçaient la prestance. Quelques moulins, d'autres bâtisses fortement charpentées me firent penser qu'il s'agissait de monastères. Monsieur Tremblaye m'avait expliqué que les Ursulines et les Sœurs Hospitalières occupaient deux couvents, étant venues, avec beaucoup de courage, apprendre à lire aux petites sauvages et leur enseigner la « vraie foi ».

— Je crains, me dit M. Tremblaye, qu'elles ne perdent leur temps. Cependant, la Supérieure, Marie de l'Incarnation, montre un acharnement peu commun. Elle est en train de rédiger un livre d'histoire sacrée en algonquin ainsi qu'un dictionnaire iroquois.

— Voilà un grand projet digne de réussite.

— Qui sait, expliqua le chirurgien en souriant dans ses moustaches, si vous n'aurez pas besoin d'apprendre ces langues si vous persévérez…

Le Comte de Brissac me quitta dès que je fus à terre non sans me baiser longuement la main. Je lui fis un sourire contraint qu'il ne méritait pas.

— Vous avez l'air bien froid avec ce malheureux. J'ai peine à penser que la fille de Michel Arnault ne prête guère attention aux jouvenceaux. Faites attention. Ici, vous êtes en service commandé. L'Intendant Talon, qui ne va pas tarder à arriver, a paraît-il annoncé que toutes les jeunes filles venant de France doivent être mariées sans délai.

J'appris de surcroît qu'une ordonnance de Sa Majesté obligeait les jeunes gens du Canada à se marier à vingt ans et les filles à dix-huit. L'allure des hyménées semblait donc toute soldatesque.

Tremblaye m'annonça qu'il m'emmenait sur-le-champ chez les Ursulines afin que j'attendisse en paix le parti qui me conviendrait. Toinette m'accompagna en larmes. J'expliquai à mon protecteur que ma demi-sœur était fort éprise d'un certain Matthieu, marin du *Neptune*.

— Eh ! Eh ! Voilà qui est bien fâcheux. Aucun marin ne peut quitter le bord.

— Alors, je mourrai…

Et Toinette se mit derechef à pleurer. Sophie, Nicole et Simone furent logées chez des habitants. Mais déjà, comme miel assailli par des guêpes, elles étaient assaillies de prétendants guettant sur le seuil. Il faut dire que dans leur nouvelle toilette, débarrassées enfin de la torture de ce balancement qui nous fit souffrir tant de mois, épanouies par le soleil d'été, elles devenaient aussi bellles que toutes ces fleurs que l'on voyait çà et là sur les collines environnantes entre les cèdres, les érables et les pommiers qui éclataient, eux aussi, vivaces, pour annoncer notre arrivée.

Nous traversâmes Québec qui nous parut fort animée en dépit de ses dimensions encore modestes. Il faut dire que peu de jours avant nous, quatre compagnies du régiment de Carignan étaient débarquées venant de France et arpentaient gaillardement les ruelles, dans un uniforme rutilant qui leur seyait fort bien, et ajoutaient une animation supplémentaire à notre arrivée désordonnée.

Le couvent des Ursulines me sembla calme et austère, mais cela me fut doux après les turbulences incessantes que nous avions connues. La Supérieure, Marie de l'Incarnation, accueillit Monsieur Tremblaye qu'elle connaissait apparemment fort bien, avec beaucoup d'urbanité. Nous en profitâmes, encore que Toinette, toujours fort affectée, ne put guère répondre comme il eût convenu aux efforts de la Supérieure et demeura quasi muette.

Marie de l'Incarnation se montra fort inquiète, non pas sur notre traversée mais sur le «baptême idolâtre» qui nous aurait été imposé lors de l'arrivée au banc de Terre-Neuve. Je lui répondis, pour l'avoir vu de loin, que ce bain d'eau glacée dans une bassine, imposé par un homme de l'équipage grimé pour cette folie, était resté, Dieu merci, loin de notre portée. Nous avions pris soin de prendre nos distances. On ne saurait être assez prudent à l'endroit des prétendues réjouissances populaires.

La Supérieure en sembla soulagée. M. Tremblaye énonça mes origines et, si j'ose dire, mes qualités et compétences.

— Elles peuvent nous être utiles, ici même et ailleurs. Nous ne manquons pas de malades ni de blessés.

— Les Iroquois sont-ils toujours offensifs ?

— Les Français accomplissent bien des maladresses et les Anglais aussi bien que les Hollandais font l'impossible pour nuire. Ce n'est pas difficile...

Elle ne poursuivit guère longuement l'entretien.

— Monsieur le chirurgien, je ne peux guère faire longtemps salon à cette heure. Monsieur de Tracy, nommé par Sa Majesté Vice-Roi de l'Amérique Française, est arrivé il y a peu, souffrant de la fièvre, avec quatre compagnies de troupes du régiment du Poitou et d'Orléans. Monsieur de Courcelles, également, avec nos braves de Carignan. Par ailleurs, je pense que Monsieur Talon, qui ne va guère tarder lui non plus, se montre fort sage en faisant venir des épouses pour tous ces messieurs.

— En ce qui concerne Mademoiselle Arnault...

— N'ayez crainte. Je vous ai entendu, Monsieur le Chirurgien. Il n'y a pas péril en la demeure. Elle peut rester fille pour l'instant et nous aider si elle est capable.

La Supérieure expliqua que les traversées s'étaient montrées fort peu clémentes et qu'un grand nombre de militaires se trouvaient à l'hôpital.

— La salle est pleine, expliqua-t-elle. Il a fallu en mettre dans l'église, laquelle est remplie jusqu'aux balustres. Nous avons eu recours aux maisons voisines, ce qui a extraordinairement fatigué toutes les religieuses mais aussi augmenté excellemment leur mérite.

J'intervins aussitôt pour proposer mes services.

— Je pense, dit Marie de l'Incarnation en me regardant fixement, que vous êtes sans doute destinée au service de Dieu.

Je protestai avec précaution.

— Le Seigneur décidera de votre âme et personne d'autre...

Le ton fut sans réplique ; Toinette se trouvait embarquée en cette aventure qu'elle ne souhaitait nullement. Avant que M. Tremblaye ne prît congé, je lui rappelai timidement sa cause et celle de Matthieu. Sur le pas de la porte, il me rassura :

— Je n'aurai garde d'oublier, mais ne vous laissez pas prendre aux rets que l'on vous prépare. Une jeune beauté comme vous mérite un sort différent.

Il me baisa la main et s'esquiva.

On nous désigna des lits clos, modestes mais propres, dans un dortoir. Nous plaçâmes nos coffres en dessous et fîmes un brin de toilette ; les offices nous attendaient, se succédant avec rigueur. Le repas, frugal, parut délicieux. Avoir été sur le *Neptune*, soumises à son balancement et ses incommodités, nous fit apparaître ces lieux austères comme un paradis. Les Ursulines nous traitaient avec douceur et respect. Le cauchemar de la Salpêtrière s'éloignait à jamais.

Dehors, le soleil chauffait gaillardement le bourg qui nous paru quasiment chanter de gaieté. C'était une sorte de « commedia dell' arte » ; le spectacle semblait soudain commencer : les matrones se croisaient, panier au bras, enfants accrochés à leurs jupes. Les charpentiers faisaient crier leur scie, les chaudronniers les enclumes. Jardiniers, maçons, imprimeurs, tailleurs de pierres et cent autres artisans de tous poils s'affairaient en ces lieux, faisant retentir une joyeuse cacophonie bien éloignée de celle de Coutances.

Vous savez que j'ai peu de religion. Cependant, j'eus la sensation en marchant dehors avec Toinette, pour la première fois, que le Seigneur avait tapé du pied sur le sol, faisant jaillir tout ce peuple joyeux. Ajoutez à cela tous les nouveaux colons, les jeunes officiers aux tuniques rutilantes, chantant à tue-tête, heureux, comme nous, d'avoir survécu. Vingt régiments dans ce bourg... Comment s'étonner d'une telle fête ?

Je ne vous parle pas des Indiens dont la vue nous stupéfie. Bario-lés, presque nus, beaux comme des dieux païens, ils s'affairaient parmi nous autres, le plus naturellement du monde, parlant bien souvent en français. Quand j'évoquai cette vision singulière à la Supérieure, elle laissa éclater son humeur :

— Bientôt, il sera inutile d'apprendre leur langue ; un Français devient plus facilement sauvage qu'un sauvage Français. Monsieur Talon exulte mais ne peut ignorer le nombre de jeunes gens qui abandonnent leur famille pour vivre à l'indienne, faisant le véritable métier de bandits. Et pire encore...

— Pire encore ?

144

— Les garçons courent les Indiennes et les «bois brûlés*» se multiplient... Les hommes emplumés que vous vîtes dans les ruelles ont tous, j'en suis certaine, un ancêtre bordelais, angevin, parisien, lorrain, ou que sais-je encore?

— Est-ce si grave?

— Oui et non. S'ils deviennent de vrais chrétiens, il n'importe. Mais je crains le pire. Nous avons un chef Agnier, le Bâtard Flamand, dont le père fut hollandais. Je ne lui confierais la chevelure de quiconque.

Les entretiens avec la Supérieure, fort instructifs, étaient rares et courts. Cette femme admirable ne disposait ni d'espace, ni de temps. Elle était secondée par une certaine Madame de la Peltrie, dont la fortune importante contribuait à faire vivre la communauté. Je la rencontrais peu fréquemment car elle habitait dans une maison qu'elle avait mise à la disposition des «filles du Roi». Elle me parut cependant assez hautaine et réticente à notre endroit, nous considérant, à tort ou à raison, comme un gibier redoutable et turbulent.

Un mois après notre arrivée, le troupeau féminin du *Neptune* ne faisait plus guère parler de lui. Avant que je n'aie eu le temps de m'initier sérieusement à ma nouvelle tâche, les demoiselles étaient toutes mariées. Nicole convola au bout de quinze jours avec un charpentier venant de La Rochelle, portant le nom de Jean Santeau. Sophie la Parisienne s'unit à Jacques Bertrand, tailleur de pierres et ancien paroissien de Saint-Germain-des-Prés. Simone, enfin, trouva chez René Goutin, arrivé depuis peu, les rondeurs bonasses qui semblaient être la symétrie de la sienne.

Nicole et Sophie se marièrent à Québec, dans une chapelle située près du port, après avoir signé un contrat en bonne et due forme en présence d'une certaine Anne Gasnier que d'autres appelaient Madame Bourdon et qui s'occupait particulièrement de celles qu'elle appelait les «pupilles du Roi». Leurs époux trouvèrent un logement exigu non loin du fleuve et des autres maisons. La terre ne manquait pas au-delà mais l'inquiétude était grande.

---

* Sang-mêlé.

145

Les colons préféraient vivre en «rang», afin de pouvoir se porter secours.

René Goutin, craintivement, dut s'installer à l'écart. Il n'avait point de métier. On lui donna quelques arpents de terre à défricher. Une hache. Des arbres nombreux. Une habitation à peine ébauchée qu'il devait achever, en hâte, avant les premiers froids et l'obligation de semer sur cette terre vierge dès qu'elle serait retournée.

Bien sûr, Toinette et moi fûmes conviées au mariage. Ils firent tous les six une fête commune. Les pistoles du Roi y contribuèrent modestement. Mais M. Tremblaye que je fis venir eut l'idée généreuse de se faire accompagner par les musiciens que nous entendions à bord. Des voisins se joignirent à la fête. Les mariées, modestement vêtues, avaient entremêlé leurs boucles ou leurs nattes de rubans blancs. Nous bûmes un tonneau de vin venu de je ne sais où et fîmes ripaille. Chacun apporta sa part. Je ne vous connaissais point encore; vous eussiez été de la fête.

Pour la première fois, j'oubliais ma douleur. Je voyais bien la joie triompher. Et la vie. Repensant à ma pauvre Jeanne, je ne pouvais que me réjouir en voyant mes compagnes de prison et de voyage au bras de ces garçons joyeux, pleins de force et de feu, chacun serrant sa chacune. Le Seigneur, à coup sûr, devait veiller sur eux, du moins je l'espérais. Les filles étaient méconnaissables, joyeuses, épanouies, et leurs hommes, comme des arbres pleins de sève, se penchaient sur elles, pleins de sollicitude. J'eus soudain comme une vision. J'imaginai une forêt aux branches multiples, ardente et tendre, qui recouvrirait bientôt cette terre encore à cette heure si faiblement habitée.

Nous dansâmes rondances et branles, comme naguère à Coutances. Mais ici la fête éclatait. C'était, pour tous, une revanche, une promesse qu'ils avaient bien l'intention de tenir.

Nous repartîmes les souliers à la main. Les Ursulines ne nous firent guère la moindre observation mais j'eus vite conscience que les blessés qui attendaient requéraient notre présence, encore qu'elle ne fût nullement obligatoire. On nous remit des tabliers et nous allâmes, en hâte, rendre visite à ces malheureux dont plusieurs étaient moribonds. Beaucoup d'entre eux souffraient du scorbut. Une jeune indigène, hébergée par Marie de l'Incarnation, me remit un morceau d'écorce en prononçant le nom d'*anedda*.

J'en parlai à la Supérieure. Elle m'expliqua que l'on faisait depuis longtemps, sur les conseils des Iroquois, une décoction avec l'écorce et les feuilles de l'anedda. On boit ainsi le breuvage, faisant des compresses avec la pulpe. Toinette et moi, nous nous empressâmes de le confectionner pour aller le distribuer aux malades, non sans inquiétude*.

Je retrouvai l'odeur de l'entrepont. Les pansements recouvraient des plaies putrides. Nous nous empressâmes de mettre des nouvelles compresses pour affermir les bandages et conserver la chaleur. La plupart des malades, hélas, souffraient de fièvres malignes contractées à bord. Nous n'avions nul remède et ceux des Ursulines paraissaient sans effet. Du moins, les pauvres hommes pouvaient enfin trouver le repos qui leur manquait sans doute, comme à nous, depuis plusieurs mois. Tous nous appelaient comme des enfants. Notre tenue nous distinguant des religieuses, ils avaient envie de nous adresser quelques paroles. L'un d'entre eux me retint par la main :

— Pardonnez-moi, me dit-il, mais vous me rappelez étrangement une parente. Accordez-moi un instant.

Je cédai et m'assis près de lui. Ses cheveux longs et blonds encadraient un beau visage exsangue. Il n'avait sûrement guère plus de vingt ans. Il murmura :

— Quel est votre nom ?

— Marie.

Il répéta *Marie* plusieurs fois dans un murmure.

— N'avez-vous pas soif ?

— Si fait.

Je lui apportai un peu de soupe chaude et eus la faiblesse de l'aider à boire. Son regard m'exprima combien il était sensible à cette attention. Je sus au bout de quelques instants qu'il portait le nom

---

* On apprendra beaucoup plus tard que cet arbre est le thuya occidental ou cèdre blanc, dont l'écorce et surtout le feuillage gras possèdent une très haute teneur en acide ascorbique.

de Jean de Meignier, baron de son état, et lieutenant dans ce fameux régiment de Carignan dont on jasait beaucoup à Québec.

Mais je dus m'éloigner ; d'autres patients requéraient mes soins et je vis bien au regard des Ursulines que les traitements particuliers n'entraient pas dans leurs usages. Je partis donc aussitôt, non sans promettre au lieutenant de revenir dès que faire se pourrait. Soudain, il m'échappa une exclamation : Toinette, à quelques pas de moi, venait de tomber en pâmoison. Je m'empressai de lui soulever la tête et lui donnai des sels, imputant ce malaise à l'odeur qui régnait, l'étalage des blessures, tout en redoutant qu'elle n'ait, à son tour, quelque fièvre maligne. Deux Ursulines s'étaient approchées mais, voyant que je m'affairais auprès de ma « demi-sœur », s'éloignèrent pour vaquer à leur tâche harassante.

Toinette reprit ses esprits. En voyant mon visage près du sien, elle se mit à pleurer à chaudes larmes. Je lui tâtai le front. Il n'était guère chaud.

— Qu'as-tu ? Que se passe-t-il ?

Elle semblait hésiter. Rassemblant enfin tout son courage, elle me glissa à voix basse :

— Marie, je n'ai plus mes mois…

— Et tu penses que…

Elle m'interrompit en hochant la tête.

Je compris aussitôt. Matthieu était le coupable. J'envoyai Toinette se reposer, prétextant qu'elle était souffrante et atteinte d'un début de fièvre.

La Mère Saint-André, une des Ursulines alors présentes, ne dissimula guère son impatience :

— Toutes ces filles de France viennent avec de nouveaux affûtiaux et ne savent que coqueter. Nous avons plus de soucis à leur sujet qu'en enseignant la vraie foi aux Iroquoises.

Je ne répondis rien et poursuivis ma tâche en silence. À la fin du jour, je demandai l'autorisation d'aller acheter du fil.

— N'en avez-vous point tout votre saoul dans la malle qui vous fut donnée par Sa Majesté ?

J'expliquai de façon embrouillée à la Mère, qui n'en crut pas un mot, que j'en souhaitais de diverses couleurs. Il faut reconnaître

148

que ces pauvres religieuses avaient fort à faire avec des filles qui, de plus en plus nombreuses, arrivaient par de nouveaux vaisseaux. Certaines allaient jusqu'à Trois-Rivières ou à Montréal, mais la plupart d'entre elles, lassées d'un long parcours, s'arrêtaient à Québec. Le mal de la traversée les affectait au point que certaines d'entre elles, si la chose avait été possible, auraient mis pied à terre à Tadoussac.

À la recherche de «fils de couleur», je partis en hâte vers le port. Une double chance m'attendait. Le 16ᵉ de juillet 1665. Je n'oublierai jamais ce jour, Catherine, vous me comprendrez.

Un premier contingent de chevaux était en train de débarquer. Quelques filles descendaient en même temps mais je dois avouer que je ne prêtais attention qu'aux dix cavales et deux étalons. Bien sûr, je pensai aussitôt à Zora. Qu'était devenue ma chère haquenée ?

Beaucoup de gens se pressaient à terre pour voir ce spectacle inattendu. Comme je l'espérais, Monsieur Tremblaye se trouvait parmi eux. Dès qu'il m'aperçut, il s'approcha de moi :

— Alors Marie, vous voyez que Sa Majesté nous gâte. Douze chevaux pour les gens de Québec !

— Il y en aura d'autres. J'ose l'espérer…

— Savez-vous que nos Indiens n'avaient jamais vu de chevaux ? Un Huron m'a dit tout à l'heure être fort surpris que tous ces «orignaux» de France soient si traitables et si souples à toutes les volontés de l'Homme.

— Monsieur, pardonnez-moi, mais j'aimerais vous entretenir promptement.

— Vous n'êtes pas malade ?

— Dieu m'en garde, mais je suis fort en peine pour ma demi-sœur.

— Votre demi-sœur ?

Il ne se souvenait bien sûr ni d'elle ni de Matthieu. Je dus tout lui avouer : le sommeil commun de ces deux enfants dans une chaloupe, leur amour, et le fruit, à cette heure, qui en était promis.

— Diable ! me dit-il en se grattant la tête. Les hommes, ici, ne trouvent point de femme et votre Toinette se fait engrosser par un marin du *Neptune*! Savez-vous qu'il est engagé, pieds et poings liés, au Comte de Cotrain qui ne goûte guère la désertion.

— Je comprends. Je vais tenter de trouver une commère qui donnera à Toinette les bonnes herbes.

— Ne faites pas cela, malheureuse; la Nouvelle-France a besoin de tout son monde. Je vais voir ce que je peux faire.

Le soir, Toinette m'apparut reposée mais l'inquiétude la rongeait. Elle n'ignorait guère que Matthieu était lié au *Neptune* qui repartait vers la France avant le début de la mauvaise saison. Descendu à terre au cours d'une prompte permission, il avait pu fausser compagnie à ses camarades et rencontrer Toinette. Je le sus longtemps plus tard. Je ne sais quels fils elle alla prétendument chercher mais les deux amants eurent le temps, en un lieu que j'ignore, d'échanger baisers et serments. Matthieu assura Toinette qu'il allait déserter avant le départ du *Neptune*, mais il risquait la corde et ne l'ignorait point.

Monsieur Tremblaye, auquel je portais désormais une affection quasi filiale et dont je déplorais le départ prochain, mit à profit le reste de son séjour à Québec pour me donner quelques conseils de soins. Bien que simple chirurgien, l'expérience des traversées lui avait donné maintes fois l'occasion d'avoir recours à la pharmacopée. Comme mon père, il se reposait essentiellement sur les écrits de Galien et d'Hippocrate, mais ne manquait pas de se reporter à des théories nouvelles dont il m'entretint, à ma grande fierté. Il me parla ainsi de Paracelse et de sa théorie des « signatures » suivant laquelle la forme et la couleur d'une feuille, d'une fleur ou d'une racine permettaient de déceler des affinités avec un organe ou une maladie. Il attribuait ainsi des vertus particulières au « sang-de-dragon* » qui vous est familier. Mon protecteur évoqua aussi pour mon éducation le recours, préconisé également par Paracelse, à des produits tels le mercure, le soufre ou l'antimoine. Les voyages lui avaient permis de découvrir enfin des substances inconnues venant de contrées lointaines comme la cardamone de Malabar, le bois de gaïac des Antilles, le jalap du Mexique, la salsepareille de

---

* Plante qui fournit une gomme rouge.

la Nouvelle-Espagne, le baume de Copahu ou la gomme gutte d'Asie. J'oubliais — ce ne sont pourtant pas les moindres — l'ipécacuhana pour les dysenteries et le quinquina, souverain comme vous le savez contre les fièvres. Il ne me restait plus qu'à vous rencontrer pour être omnisciente.

Enfin, ressentant à son endroit une grande confiance, je lui avais permis de visiter la cassette de son ami Arnault.

— Elle vous était destinée comme un présage, mais semble peu fournie dès lors que vous pensez vous livrer ici à de vrais actes selon Saint Côme.

— Monsieur, je suis femme et crains d'en être empêchée.

— Vous vivez ici dans un pays neuf qui ne s'arrête qu'aux frontières du Japon*. Ces pauvres colons n'ont rien. Ils auront bien besoin de vous.

— Il y a déjà, m'a-t-on dit, des chirurgiens, ici, à Québec.

— Mes confrères souhaiteraient sans doute demeurer en ville où ils ne risquent rien sinon de s'enrichir. Si vous avez le cœur de prendre les chemins...

Je pensais à Zora. Ma fidèle amie m'eût été bien utile pour courir plus loin. J'en dis quelques mots à Monsieur Tremblaye:

— Ma douce Marie, vous êtes insatiable. À peine arrivée vous voulez une monture alors que personne ici...

— Pardonnez-moi. J'attendrai. De toutes façons, le froid et la neige vont nous emprisonner bientôt.

— Vous serez surprise. On dégage déjà les chemins autant que faire se peut et comme nos Indiens, vous prendrez un toboggan**.

En attendant cet hiver qui me terrifiait par avance, cet ami irremplaçable — comme vous plus tard — m'apporta quelques sondes, deux lancettes, une palette pour recueillir le sang, un mortier, un piton, des seringues, des bistouris, des pincettes et deux douzaines d'aiguilles à suture de différentes grandeurs. Il me fit

---

* Beaucoup étaient persuadés en ce temps que l'Amérique communiquait avec l'Asie.
** Il s'agit d'un traîneau dans l'idiome algonquin.

porter le tout dans une malle ordinaire en me conseillant de n'en souffler mot à quiconque.

— Sinon, on vous prendra votre bien ; on vous dira que cela n'est pas votre affaire. Faites-en à votre tête et gardez le silence. Attendez simplement votre époux et votre habitation.

— Un époux ?

— Eh oui, mon enfant. Un époux. Le fiancé dont vous m'avez parlé est, je le crains, disparu à jamais. L'Intendant n'accepterait pas que vous demeuriez seule à moins que vous ne consentiez à donner votre âme à Dieu...

— Moi ?

— Je badinais. Vous êtes une vraie «fille du Roi». La vie vous attend. Marie, elle vous donnera plus que vous n'imaginez ; ce pays est magique...

La Supérieure ne dit rien en voyant arriver la malle, mais je vis bien à son air qu'elle aurait aimé en connaître le contenu. Mère Saint-André ne manqua pas de faire la grimace devant le volume que je prenais ainsi avec mes effets. De nouvelles arrivantes parvenaient régulièrement ; la place se faisait rare et j'eus le sentiment que si je n'avais prêté main forte pour soigner les malheurs du régiment de Carignan, j'eusse été poussée vers la sortie. J'appris d'ailleurs incidemment que les autorités commençaient à prendre ombrage de mon célibat, alors que pratiquement toutes mes camarades étaient mariées, quinze jours après leur arrivée, conformément aux intérêts de la Province ; ceux des intéressées auraient peut-être requis plus de réflexion.

Fut-ce un signe ? Marie de l'Incarnation me fit prévenir qu'au Fort Saint-Louis une fête serait donnée en l'honneur de l'arrivée de l'Intendant Talon dont le vaisseau, finalement, n'était arrivé que bien après le nôtre. On annonçait également Monsieur Rémy de Courcelles venant occuper le poste de gouverneur de l'Amérique française, de Monsieur de Tracy, dirigeant le régiment de Carignan ainsi que de Monseigneur Laval. Notre supérieure fut priée de venir mais sa tâche harassante et la règle de son ordre ne lui permettaient guère de disposer de quelques heures pour une réception futile. Tremblaye, également invité, insista pour que je vinsse :

152

— Vous rencontrerez les présents maîtres de la Nouvelle-France ; il est bon que vous les connaissiez et qu'ils ne vous ignorent pas.

Je m'exécutai, revêtant la robe que Tremblaye m'avait donnée sur le *Neptune* et gagnai le Fort Saint-Louis, accompagnée d'une de nos anciennes marraines qui me faisait bonne garde. Ce n'était point un bal comme on a coutume de se représenter une telle fête à Versailles, mais un embryon de festoiement où les personnages importants accomplissaient le ballet rituel des gens de pouvoir. J'avais appris que Monsieur de Courcelles remplaçait Monsieur Saffray de Mezy qui avait rencontré durant son séjour force démêlés avec Monseigneur Laval lequel, d'ailleurs, affecta de ne point me voir. Courcelles, visiblement, multiplia les révérences auprès du Vicaire général qui semblait souffrir cependant de sa présence. J'avais appris par les Ursulines que ce Monseigneur Laval s'était déjà efforcé de changer les règles de l'ordre des religieuses et que Marie de l'Incarnation avait eu toutes les peines du monde à les maintenir selon son gré.

Monsieur Tremblaye eut la bonté de me présenter à Messieurs de Tracy et de Courcelles. L'Intendant Talon me regarda distraitement, sans reconnaître l'humble pensionnaire de la Salpêtrière qu'il croisa naguère. Je n'y tenais pas, ayant honte, à cette heure, que l'on m'ait vue en un pareil endroit. Je vous avoue que je le regrette aujourd'hui. Le représentant de Monsieur Colbert recruta lui-même ses « orphelines » en ce lieu maudit, ne leur laissant guère le choix. Dès lors, l'Hôpital Général n'est-il pas certes une prison de misère où Sa Majesté enferme tous ceux ou celles qui ont eu le malheur d'être pauvres, mais aussi un lieu de gloire où ces messieurs trouvèrent leur gibier ?

Mon mentor cependant insista auprès de l'Intendant, qui l'écouta distraitement, sur ma qualité de fille de chirurgien et chirurgienne à mes heures. Sa réponse se montra fort cinglante : il n'était pas si distrait que je le pensais :

— Vous êtes arrivée sur le *Neptune* donc depuis plus d'un mois et vous n'avez pas encore trouvé d'époux ?

Monsieur Tremblaye tenta d'expliquer que je prêtais main forte à Marie de l'Incarnation. Il le coupa bien vite :

— Les Ursulines se destinant à cette mission. Les filles que nous faisons venir de France, à grands frais, sont ici pour faire le bonheur de nos colons et peupler le pays. J'ai d'ailleurs insisté auprès de Monsieur Colbert pour que ces personnes ne soient aucunement disgraciées de la nature, qu'elles n'aient rien de rebutant à l'extérieur...

— Ce n'est pas le cas de Mademoiselle Arnault.

Talon jeta sur moi un regard lointain :

— Peu importe. Ce n'est pas le propos. Vous me parlez de chirurgienne. Chirurgienne ! Je crois rêver. Il faut que nos filles soient saines et fortes pour le travail de la campagne ou du moins qu'elles aient quelque industrie pour les ouvrages de main. Votre protégée a bien eu sa dotation en fil et en aiguilles ?

— Si fait.

— Eh bien, Mademoiselle, si personne ne veut de vous à Québec, partez à Trois-Rivières ou à Montréal !

Tremblaye tenta d'intervenir derechef :

— Marie Arnault est, semble-t-il, fort jolie.

— Il y a de fort jolies filles à Montréal ; l'important est que votre protégée se marie et vite... Vous savez que j'ai prévu des amendes... Qu'on lui trouve un brave paysan !

— Sa mère est née Comtesse d'Houdeville, non loin de Carentan.

— Parfait ! Antoine de Boisgrévy ! Capitaine Antoine de Boisgrévy !

Je vis s'avancer vers nous un grand gaillard, haut de six pieds au moins, raide comme un piquet, et sanglé dans l'uniforme du régiment de Carignan. Il s'avança à grandes enjambées, me toisa et, après un instant d'hésitation, s'inclina légèrement.

— Boisgrévy ! Vous n'avez point de femme ?

— Mes campagnes contre les Turcs ne me l'ont point permis.

— Eh bien, mon cher, vous voilà pourvu. Je vous présente votre épouse ; comment s'appelle-t-elle ?

— Marie Arnault, fille de la Comtesse d'Houdeville.

Boisgrévy m'inspecta et, se frisant la moustache, interrogea avec inquiétude :

— C'est une fille du Roi ?

Rouge de colère, j'intervins avec impertinence :

— Les filles du Roi apportent ici leur sang et leur jeunesse. Elles ont sans doute plus de cœur que bien des donzelles qui rôdent dans les cours d'Europe.

— Hola ! Me donnez-vous une épouse ou un Turc de plus ?

— Boisgrévy ! Vous n'êtes pas homme à reculer ! Tracy m'a dit que vous aviez passé au fil de l'épée une quinzaine de Turcs…

— Tracy a eu tort. Il y en avait bien davantage. Et de toutes façons, je n'ai pas l'habitude de tenir les comptes des morts que je fais.

— Votre courage est notoire. Ne faites pas le modeste. Monsieur de Tracy ! Je suis en train de marier l'un de vos capitaines.

L'interpellé, demeuré au loin, fit un signe de la main.

— Faites, mon cher, faites !

Talon sortit un carnet de son gilet :

— Voilà qui est réglé. Nous sommes aujourd'hui samedi. Mercredi me semble un bon jour. Je vais en entretenir Monseigneur Laval. Le mariage pourrait se célébrer dans la chapelle du fort…

— Celle des Récollets me suffirait amplement.

— Vous oubliez qu'il s'agit du Capitaine Antoine de Boisgrévy et qu'on ne saurait trop l'honorer.

— Est-ce l'honorer que de me donner en cadeau ?

— Petite, vous semblez fort impertinente mais un époux vous mettra au pas. Madame de Boisgrévy fera des enfants ; beaucoup d'enfants. On ne vous demande rien de plus.

— J'avais cru le comprendre.

Je fis une révérence et m'éloignai vers la croisée où Tremblaye me rejoignit. Je n'eus que le temps d'entendre Monsieur l'Intendant marmonner à haute voix :

— Chirurgienne ! Chirurgienne ! Cette fille perd le sens.

— Emmenez-moi loin d'ici, je vous en prie. Je n'ai pas ressenti une telle humiliation depuis bien longtemps. Et ce mariage me cause un désespoir que vous n'imaginez pas…

Mon protecteur me prit la main :

— Marie, je vous connais maintenant. Je ne sais rien de Boisgrévy sinon qu'il est de haute taille. Cela lui permet sans doute de voir l'horizon à deux lieues mais d'ignorer dans le même temps ce qui l'entoure ; voire ce qui le menace… Marie Arnault en fera une bouchée.

— Je ne veux pas d'enfant avec cet homme.

— Dieu dirige toute chose.

Je parlais trop fort ; nous étions écoutés. Monsieur de Boisgrévy venait de s'approcher ; il s'inclina et me baisa la main.

— Madame, l'affaire est conclue ; je viendrai vous visiter demain aux Ursulines pour vous faire ma cour. Monsieur l'Intendant a mené tout cela bien rondement mais, Monsieur de Tracy vient de me le rappeler, les assauts les plus réussis doivent être improvisés.

Je répondis à peine et me dirigeai vers la porte, après une courte révérence de politesse.

Monsieur Tremblaye m'aida à redescendre jusque chez les Ursulines. Le chemin était fort pentu et périlleux. En chemin, afin de calmer mon émotion et m'égayer quelque peu, il me parla de Monseigneur Laval.

— Les mariages, ici, ne sont pas toujours paisibles et ceux de Monseigneur Laval avec les gouverneurs se révèlent agités… Lors de l'arrivée du Vicaire général, paraît-il, tout a commencé par la guerre des préséances avec Monsieur d'Argenson : l'emplacement des bancs à l'église, la cérémonie de l'encensement. Le Vicaire général, bien sûr, voulait être encensé le premier. Puis il y eut le drame du pain béni…

— Le pain béni ?

— Eh oui, les soldats avaient coutume d'offrir ce pain mais aussi de faire retentir flûtes et tambours à l'offrande. Laval se montra puissamment choqué. Mais Argenson s'entêta. Le Vicaire général, un peu plus tard, exigea aussi que les soldats le saluent un genou en terre et tête découverte, ce qui n'est guère commode pour un militaire sous les armes. Argenson est maintenant reparti en France. D'autres l'ont suivi. Mais le sabre et le goupillon, ici, ne font guère bon ménage.

— Est-ce Monseigneur Laval qui nous unira ?

— J'en serais étonné mais, chère Marie, j'ai une seconde nouvelle à vous conter. Un autre mariage aura lieu la semaine prochaine…

Je l'écoutais distraitement, prenant garde au péril des cailloux et des marches et craignant que l'union projetée, tellement contraire à mes vœux, ne soit conforme à l'image du mariage du Vicaire général avec les gouverneurs.

— Il s'agit de Toinette.

Là, je sursautai et restai le pied en l'air.

— Toinette ?

— Oui. J'ai examiné longuement ce pauvre Matthieu.

— Examiné ?

— Naturellement. Le Comte de Cotrain est résigné. Matthieu souffre de la poitrine et ne peut guère envisager encore de grandes traversées.

— Mais alors…

— N'ayez nulle inquiétude. Je n'en conçois aucune mais ne voyais guère d'autre moyen pour lui faire quitter le *Neptune*. Il va donc rester en Nouvelle-France et à cette heure, il a déjà dû demander la main de votre demi-sœur.

Cette fois, je m'arrêtai pour baiser la main de Monsieur Tremblaye. Il tenta d'arrêter mon geste :

— Vous êtes mon bienfaiteur.

— J'aimerais faire bien davantage.

Il me fit un signe de croix avec le pouce sur le front. On ne pouvait se montrer plus éloquent. Je pris congé de lui et rentrai chez les Ursulines ; celles-ci me demandèrent d'aller promptement me changer et de rendre visite aux blessés, ce que je fis avec empressement. J'étais soulagée de retrouver ces malheureux, me trouvant en meilleure compagnie qu'au Fort Saint-Louis où je n'avais décelé que rebuffades et, bien pire, une issue que j'estimais fatale. Ma conviction s'en trouva renforcée lorsque je vis le Baron Jean de Meignier que j'avais laissé exsangue et qui semblait ragaillardi. Il était assis sur sa paillasse, prêt, semblait-il, à se lever. Une Ursuline l'invita à se recoucher. Les lèvres pincées, elle murmura non sans humeur :

— Mourant hier ; prêt ce jour à sauter les cotillons.

Le garçon rougit. Je m'accroupis près de lui avec un bol de potage.

— Vous avez l'air de renaître, me semble-t-il.

— Marie, vous me ressuscitez.

L'Ursuline le coupa :

— Je croirais plutôt que c'est le quinquina que je vous donnai hier. Pendant que cette donzelle fait l'intéressante avec Monsieur de Tracy...

Jean de Meignier m'interrogea du regard :

— Vous venez de Fort Saint-Louis ?

— Hélas...

En quelques mots, je lui racontai mon sort et ma condamnation. Il reprit sa pâleur :

— Je connais Antoine de Boisgrévy. C'est mon capitaine. Un fort bel homme, qui compte bien des exploits.

— Et peu de prisonniers ?

— Les consignes que l'on nous donne...

— Peu importe. Soignez-vous. À cette heure, j'aimerais mieux être turque.

Je ne le revis pas, hélas, avant plusieurs jours. La Supérieure informée par Monsieur Tremblaye des projets de l'Intendant me dévisagea avec sévérité.

— Voilà un mariage fort honorable, assurant votre état* et votre fortune**.

— Ce ne fut point l'objet de ma bataille, et j'eusse préféré demeurer parmi vous.

— Devenir Ursuline n'est pas une mince affaire et je vous crois plus habile à chasser un parti qu'à donner votre cœur à Dieu.

— Vous êtes bien sévère.

— Non, clairvoyante.

— J'aurais aimé soigner et enseigner comme vous le faites.

— L'enfer est pavé de bonnes intentions et je pense qu'elles ne vous manquent pas. Adorer le Seigneur reste une autre entreprise. Si celui-ci vous eut choisie, l'Intendant n'aurait pas eu l'inspiration de son projet.

---

* Situation.
** Réussite.

158

Marie de l'Incarnation me fit un signe de la main pour me faire comprendre que j'avais déjà pris beaucoup de son temps. Je me retirai. Toinette, avec discrétion, m'attendait à quelque distance. Je vis bien à son air qu'elle était fort glorieuse et saisie d'une allégresse éclatant à sa mine.

— Alors, lui dis-je, Monsieur Tremblaye t'a parlé ?

— Si fait et j'ai vu Matthieu. Le Commandant consent à notre union et dans quelques jours, Marie, oh ! dans quelques jours...

Je l'embrassai avec tendresse, dissimulant les sentiments qui m'assaillaient. Le bonheur de Toinette survenait en même temps que mon angoisse.

Je revis Antoine de Boisgrévy. Il vint me quérir au couvent et nous fîmes une courte promenade où il fit part de ses projets. Le régiment devait partir à l'automne porter la guerre chez les Iroquois. Dès à présent, Monsieur de Tracy et l'Intendant Talon lui assuraient la remise d'une seigneurie à deux lieues de Québec, près du fleuve.

— Ce n'est point une maison en pierres que l'on édifie à cette heure, comme mon rang l'exigerait. L'Intendant m'a expliqué que la pierre conduisait le froid et que le mortier se détériorait sous l'effet du gel, les fondations, dès lors, s'effondrant au dégel. Aussi, notre habitation comporte un socle en pierre large de plus de trois pieds. Ensuite, ce seront des pans de bois à la normande, les murs étant garnis de gaspardes. Bien sûr, j'aurai le bénéfice des terres fort importantes exploitées par des censitaires ; un certain nombre de mes soldats sont déjà au travail...

— Où logerons-nous en attendant ?

— L'Intendant et Monsieur de Courcelles me logeront dans le Fort, pour quelque temps du moins. Nous serons à l'étroit mais j'aurai tout loisir, ma chère, de vous faire un enfant au plus vite.

Ce disant, il me fit une tape sur le séant avec une familiarité qui renforça encore ma réticence. Je n'avais reçu ni baiser, ni compliment.

— Monsieur de Tracy m'attend, conclut-il ; je dois rejoindre mes hommes pour l'entraînement et vous laisse retrouver vos bonnes amies, les Ursulines... Ah, j'oubliais ! Lundi, nous passons contrat.

Vous n'avez rien ou si peu. Je vais entrer en possession de ma seigneurie ; il importe donc que nos biens respectifs soient fixés. Dans ce maudit pays de sauvages, il n'y a pratiquement pas encore de notaire. Les papiers seront signés chez une certaine Anne Gasnier. Une femme encore ! Décidément, ici rien n'est vraiment sérieux.

— Pourquoi demeurer céans, si cette province vous déplaît ?

— La traite, ma chère ! La traite ! Le castor ! Le renard... On fait vite fortune ici à ce qu'on m'a dit.

Avant de prendre congé, je lui demandai en hâte si ma demi-sœur pourrait venir me servir avec son nouvel époux.

— Que sait-il faire ?

— Il était marin sur le *Neptune* mais né dans les champs, il sait manier la charrue.

— Ici, pour l'heure, nous nous servons surtout de haches mais si ce garçon servait dans la marine, il doit montrer de l'endurance. Nous avons besoin de bras...

Il partit après un court salut. Je retournai en hâte chez les Ursulines, regrettant en cet instant que le Seigneur ne m'ait pas choisie. Jacob avait sûrement péri dans sa géhenne. Tremblaye allait repartir sur le *Neptune*. Je demeurais seule avec mon destin, craignant fort que le coffre paternel, enrichi des cadeaux de mon protecteur, soit à jamais enfoui dans un passé inutile.

Je fus égayée en entrant au couvent. Toinette préparait avec une jeune Algonquine un « palkwejigan » dont elle m'expliqua la recette. Je ne vous ferai pas l'injure de vous la donner. Elle venait de comprendre, grâce aux gestes de l'Indienne, que c'était une sorte de bannique ordinaire, c'est-à-dire ici le pain le plus simple qui ne moisit jamais. Les deux commères semblaient s'entendre fort bien et j'entendais déjà ma « demi-sœur » répéter des mots étrangers.

— J'apprends l'algonquin, me dit-elle. Si je dois vivre ici avec Matthieu...

L'Algonquine, étrangement, avait sorti ses mains de la farine et les posait sur le ventre de Toinette, marquant son arrondi. Elle refit le même geste sur elle-même et désigna ses yeux. Je m'interrogeai vainement. Je ne compris que le lendemain. Le lendemain, ce fut la lumière. L'amitié. Le secours. Catherine, vous avez déjà deviné.

Vous étiez cachée, sans que je le susse, derrière ce bannique et cette Algonquine.

Nous terminâmes la tâche de conserve. Sans dégoût, je puisai dans une pâte que Toinette me désigna comme de la graisse de porc-épic et en rajoutai au mélange. Ce faisant, j'informai Toinette des résultats de mes démarches auprès de mon futur époux. À ma grande surprise, elle s'en montra fort joyeuse :

— Ah bah ! Je ne vous quitterai donc point ? J'aurai mon Matthieu et je vous aurai aussi !

Voyant mon air contrit, elle se reprit :

— Je ne veux pas que vous le fassiez à contrecœur. Vous n'y êtes point forcée et peut-être...

Elle s'arrêta en rougissant.

— Peut-être ?

— Peut-être croyez-vous que j'ai commis le larcin... pour les bobèches...

La pauvre en perdait la respiration.

— Que Dieu m'en garde. Je n'aurais pas mis le feu aux portes de ta geôle...

— Vous avez mis le feu ?

— Qui parle de feu ?

Une Ursuline venait d'entrer, sans que j'y prenne garde.

— Notre Supérieure est fort irritée à ce jour. Je suppose que vous vous entretenez de ce malheur : les filles du Roi, chez Madame de la Peltrie, où elles habitaient, ont tenté de mettre le feu...

J'adhérai à cette ire avec mauvaise foi, ne tenant guère à ce que Marie de l'Incarnation soit plus amplement informée à notre sujet. Je n'avais aucune honte de ce passé mais ce sentiment n'aurait sans doute guère été partagé par une servante aussi rigoureuse de la foi.

*
* *

Nous avions peu d'entretiens avec les autres immigrantes ; Nicole, Sophie et Simone restaient nos amies fidèles auxquelles nous étions bien décidées à prêter assistance. Autour de nous, outre les Ursulines, les jeunes Indiennes nous entouraient pour notre plus grand plaisir. L'esprit et la facilité de caractère de ces personnes nous surprenaient grandement. Grâce à leurs dons d'observation et d'imitation, les petites apprenaient sans grande peine la langue et les manières françaises. Marie de l'Incarnation avait la passion de leur prodiguer son enseignement; j'entends: les faire lire et écrire, sans parler de l'évangile qu'elle s'efforçait de leur apprendre dans leur langue maternelle. Elles portaient des habits confectionnés à l'aide de peaux ou de couvertures, non sans que les religieuses les aient nettoyées ardemment des graisses qu'elles recouvraient. Je sus plus tard que ces graisses étaient destinées à les protéger dans la forêt des moustiques et mouches innombrables en été. Nous fûmes bien punis sans doute puisque ces êtres précieux et indemnes ne tardèrent pas à contracter nos maladies dont beaucoup devaient périr, comme vous le savez.

Nous devons, pour notre part, remercier Marie de l'Incarnation dont je ne partage pas (hélas?) les convictions ardentes et qui, jusqu'au dernier souffle, acheva un gros livre d'histoire sacrée en algonquin, ainsi que son dictionnaire Iroquois et le catéchisme dans cette langue. Lorsque je pris la liberté d'interroger, peu de temps avant sa mort, cette éminente créature à laquelle je revins rendre visite, elle me dit d'une voix faible:

— «Je vous avoue qu'il y a bien des épines à apprendre un langage contraire au nôtre. Mais, croyez-moi, le désir de parler fait beaucoup. Je voudrais faire sortir ma langue par mon cœur*».

Pardonnez-moi si je vous ai déjà répété ce propos. Jacob de Préclair, lui-même, eût apprécié une telle parole. Comment ne pas déplorer que les gens d'Église n'aient pas tous, en France ou ailleurs, adopté cette vigueur, cette flamme qui eussent été si nécessaires à la réussite de leur entreprise.

À cette heure, je ne veux pas refaire le monde mais vous conter comment la jeune Indienne du bannique nous mena jusqu'à vous. À ma connaissance, personne, jusqu'alors, n'avait prêté attention

---

* Ce sont les mots mêmes de Marie de l'Incarnation.

162

aux formes rebondies de Toinette. La petite Algonquine perça promptement le mystère. Le lendemain du «palkwejigan», elle prit la main de Toinette et l'emmena dehors. Je les suivis, voyant l'air effrayé de mon amie. Et c'est là que tout bascula. Il y a des personnages mythiques, qui portent chance. Monsieur Tremblaye et le Marquis de Brézin vinrent ainsi efficacement à mon secours mais vous, Catherine Jérémie, fûtes la magicienne de ma vie au Québec. Vous entrâtes dans cette destinée en même temps qu'Antoine de Boisgrévy, mais votre présence m'aida puissamment dans les épreuves qui m'attendaient. Monsieur Tremblaye allait partir. Brézin demeurait au diable. Je ne parle pas de ma pauvre mère pour laquelle je ressentais les pires inquiétudes. Vous, Catherine, fûtes mon bon ange. Venons-en aux faits.

Nous suivîmes notre guide à travers les ruelles de Québec. Votre porte était déjà ouverte. Nous frappâmes cependant et vous découvrîmes : jeune, affable, souriante, vous nous fîtes asseoir sur le banc unique de votre logis. Vous vous en souvenez peut-être. Nous apprîmes, en quelques mots, que vous étiez née à Québec ; votre père, coureur des bois, faisait, comme tant d'autres, la traite sur le Haut Outaouais. Vous avez appris auprès des religieuses à compter, à lire, à écrire, en même temps que le métier de sage-femme. Mariée à dix-huit ans à un coureur des bois, mort gelé (un de plus…), vous nous avez expliqué que vous vous étiez retrouvée seule avec une fillette. En voyant Toinette, vous nous expliquâtes sur-le-champ que vous viviez du métier de sage-femme. La jeune Algonquine nous montra subrepticement un herbier fort épais. Vous avez alors consenti à nous avouer que votre connaissance des simples ne cessait de progresser grâce aux femmes indiennes avec qui vous travailliez constamment et qui vous livraient leurs expériences*.

Vous prîtes Toinette par la main, dirigeant mon amie sur votre propre lit où vous l'examinâtes.

------

* Catherine Jérémie n'est pas une création de l'auteur. Ce fut une remarquable naturaliste. Tous ses envois et les notes qui les accompagnaient sont rassemblés au Muséum d'Histoire Naturelle où personne ne songe à les exhumer.

— L'enfant, dîtes-vous alors, a déjà trois mois. Il est bien placé. C'est le premier?

— Oui-da; et j'ai bien peur.

— Ne crains rien. Il y a eu des millions de femmes avant toi. Autant, après. Et le monde, à cette heure, n'est pas près d'être dépeuplé.

Je risquai timidement, si vous vous en souvenez:

— Je suis fille de chirurgien et j'ai quelques notions…

— As-tu déjà assisté une accouchée?

— Jamais.

— Comment t'appelles-tu?

— Marie Arnault. Je dois me marier avec…

— Peu importe. Tu es une de ces fameuses «filles du Roi»?

— Comme Toinette. Pour te servir.

— Personne ne me sert. Il faudra que tu viennes aider Toinette et peut-être d'autres. Ici, les arrivantes sont toutes engrossées depuis peu. Je ne pourrai tout faire. Si tu veux…

— Je le souhaite ardemment.

— Ce n'est pas facile.

— Où se trouve l'intérêt d'une chose facile?

Vous haussâtes les épaules, m'estimant sans doute bien présomptueuse. Il me revient à l'esprit que durant toute notre amitié en Nouvelle-France, nous nous tutoyâmes. Il faut dire qu'en ce pays que je chéris désormais au-delà du mien, les habitants sont de gais compagnons, chaleureux, généreux et qu'ils se traitent à tu et à toi pour mieux exprimer sans doute leur cousinage et leur tendresse.

Aujourd'hui, la distance immense qui nous sépare ramène ce terrible «vous» qui ajoute à l'océan, ce pronom marquant davantage la distance, voire l'indifférence. Je suis devenue pour vous une étrangère et mon cœur en saigne.

Tout en aidant Toinette à se relever, vous l'interrogeâtes:

— Quel âge as-tu?

— Dix-huit ans au printemps prochain.

— Bien, bien; il faut cependant prendre quelques précautions et que nous t'aidions. Les épouses indiennes ont les périodes de travail les plus faciles. Elles accouchent en peu de temps et sans se plaindre. Je t'expliquerai et je te préparerai. Trois mois avant la naissance, il faudra surtout que tu viennes me voir.

— Je n'ai guère d'argent à ce jour mais j'espère en gagner autant que faire se peut pour vous honorer.

— Qui a parlé d'argent?

Douce et affable, vous vous montrâtes à cet instant fière, impériale. Vous m'apparûtes soudain comme une déesse de la santé surgissant tout à coup dans ce pays lointain.

Toinette repartit avec moi, ragaillardie, heureuse. Elle m'expliqua en chemin que le curé s'était montré fort réticent lorsque Matthieu avait sollicité un jour de mariage. Toinette ne pouvait cacher son état et le prêtre lui avait fait savoir qu'il ne saurait consacrer une union immorale.

— Qu'allez-vous faire donc?

Toinette, décidément joyeuse, se mit à sautiller:

— Nous allons nous marier à la «gaumine».

— La gaumine*?

— Oui. On me l'a expliqué. Il suffit d'assister à la messe avec son futur, en compagnie de deux témoins, et de se prendre la main en jurant fidélité au moment de l'élévation. Nous irons dimanche à la chapelle du port, pour l'office de 8 heures. Et nous dînerons chez un ami de Matthieu.

— Un ami de Matthieu?

— Eh oui, c'est la dernière nouvelle. Matthieu a un ami, Rémi Jourdan, qui défriche une terre à la sortie de Québec. Il lui servira de témoin; quant à moi…

— J'espère que tu ne m'as pas oubliée.

— Vous serez mariée, alors, et à un grand monsieur.

— Cela ne saurait m'empêcher de venir. Je serai ton témoin, dimanche, à 8 heures, si tu le veux bien.

Je regardai à nouveau Toinette. Ses cheveux noirs atteignaient maintenant les épaules. Comment oublier ce pauvre crâne rasé de

---

* Du nom d'un certain «Gaumin» qui inaugura ce procédé de mariage quasi clandestin, lequel déclencha, sans effet, les foudres ecclésiastiques.

la Salpêtrière ? Les boucles ondulées formaient sur elle un calendrier guilleret, contant mieux que toute autre chose l'élévation de sa condition. Jamais fille du Roi ne m'apparut aussi éloquente en cet aspect. Droite à cette heure comme un jeune chêne et le ventre en avant, elle marcherait au bras de Matthieu, avec la bénédiction du Seigneur, à la conquête de notre Québec.

Vous eûtes la bonté de venir à la fête de Jourdan. Ce fut le début de notre amitié qui ne devait cesser que lors de notre séparation. J'ose souhaiter qu'elle ne soit que suspendue. Comme une chanson aux refrains ardents interrompue le temps de reprendre souffle. Catherine, j'en suis sûre, nous n'avons pas fini de chanter ensemble.

*
* *

Il me revint à l'esprit que j'allais moi-même convoler en justes noces le mercredi suivant à la chapelle proche du Fort Saint-Louis, en présence de M. de Tracy, témoin du marié. La mienne était pressentie par l'Intendant Talon. Il s'agissait de Madame de la Peltrie que je n'appréciais que modérément. Je parlai peu de ce projet à Marie Guyart*. J'eus cependant l'impression qu'elle ressentait à mon égard les sentiments mitigés que j'étais loin de refuser d'entendre, devinant que cette union m'était imposée. Cela lui paraissait justement contraire aux lois canoniques et lui fit prendre soudain en pitié celle qui, jusqu'à présent, n'apparaissait à ses yeux que sous le costume de pécheresse pédante.

Je la remerciai avec chaleur, tout en lui parlant, imprudemment peut-être, de votre compétence, sans évoquer la situation de Toinette, encore secrète. On pouvait espérer que la tâche harassante de la Supérieure et les exigences de ses dévotions ne lui avaient guère laissé le temps de prêter attention au tour de la taille de ma prétendue demi-sœur.

— Catherine Jérémie, que j'ai rencontrée par un hasard providentiel, m'a parue attachante et fort compétente pour les accouchements...

_____

* Marie de l'Incarnation.

166

— Ce domaine ne me concerne guère. Si toutes les filles honoraient Dieu dans la chasteté au lieu de soulever leurs cotillons sous le moindre prétexte...

— Ne faut-il pas peupler cette Province ?

— J'entends mais votre Madame Jérémie se sert de pratiques indiennes que je ne saurais approuver. Il est contraire au vœu de Dieu d'apaiser les douleurs et l'inconfort liés à l'enfantement ; ceux-ci sont voulus par le Seigneur pour punir la femme du péché originel. Il fut un temps où les hérétiques qui utilisaient des moyens pour apaiser cette sorte de souffrance étaient mis à mort par le feu...

Je regardai la Supérieure avec un mélange de respect et d'inquiétude. Comment pouvait-elle remédier si souvent aux souffrances des autres et manifester cette intolérance envers les femmes coupables, il est vrai, à ses yeux, du péché de chair ? Qu'aurait-elle dit si la connaissance lui était parvenue de mes amours illicites avec un huguenot ? Qu'auriez-vous dit ou fait vous-même ?

J'aime à penser que vous vous seriez montrée magnanime. Vous le fûtes, depuis, tant de fois que j'ai bien le regret de vous avoir celé la vérité ; mais j'anticipe...

VII

Le mercredi suivant arriva au galop comme je le redoutais. L'été continuait de combler la ville et la gaieté régnait partout. Quelques pluies tombèrent fort désagréablement, annonçant le proche automne, mais la nature gardait, pour l'heure, son masque souriant : Jean Santeau, le charpentier que Nicole épousa, se hâtait dans l'édification de nouvelles habitations. Jacques Bertrand taillait les pierres avec diligence, pressé qu'il était par tous ceux qui ne disposaient plus de grands jours pour édifier les bases des habitations. René Goutin et Simone, sa femme depuis peu, s'affairaient à retourner la terre. Chaque seigneur, comme vous ne l'ignorez pas, recevait à Québec une portion de terre d'une lieue de large à partir du bord du fleuve ; cette terre était divisée en parcelles d'un seul tenant d'environ trois arpents d'un côté et trente de l'autre, avec une façade étroite sur l'eau et destinée aux censitaires.

Matthieu accomplit la même tâche au profit du Capitaine de Boisgrévy. Ce n'était pas une mince affaire en ce temps-là. L'outillage demeurait bien rare et rudimentaire ; le défricheur, ainsi que vous avez dû le voir, devait commencer par abattre quelques arbres pour édifier un abri temporaire, puis, avec pour seuls outils une hache et une pioche, couper les arbres, arracher les souches, débiter le bois pour se chauffer l'hiver avec l'aide de quelque voisin, s'il s'en trouvait.

169

René Goutin devait se hâter s'il voulait pouvoir rester : il lui fallait, au bout d'une année, disposer d'un arpent de terre retourné à la pioche, prêt à ensemencer et de deux arpents à abattre. Ensuite, tout en poursuivant le défrichement, il construisait sa maison sur ce fameux socle de pierres. C'est dire si ce pauvre homme se hâtait, tout en regardant le ciel par instants avec inquiétude. Il était déjà sûr que pour le prochain hiver, une simple cabane servirait d'abri aux époux.

Matthieu ne subissait pas la même menace mais n'avait point de terre à lui. Il travaillait comme naguère sur le *Neptune*, au service de M. de Boisgrévy qui remplaçait le Comte de Cotrain, entouré de quelques soldats, s'affairant, eux aussi, comme ils le pouvaient, à abattre les arbres et retourner la terre. Certains s'impatientaient, à ce que j'ai pu voir, accablés par la chaleur sous leurs uniformes, et retiraient leur justaucorps afin de transpirer à leur aise. Ceux-là, bien souvent, attendaient avec impatience quelque exercice militaire ou parade qu'ils seraient tenus d'accomplir sous les ordres de leur capitaine. C'était, selon moi, l'occasion d'impressionner les jeunes Québécoises qui ne manquaient pas de tressaillir devant la prestance de ces jeunes militaires prestigieux, de belle taille, la moustache conquérante sous le chapeau noir à large bord. Les officiers étaient, bien sûr, encore plus séduisants : souliers à boucles, bas serrés, culotte blanche à la française, veste piquée et tricorne… Après leurs premières expéditions, leur costume sera complètement modifié et, à mon avis, encore plus séduisant : justaucorps de drap brun à boutons d'étoffe, cravate jaune clair, couverte jaune clair rayée de brun, ceinture de laine de couleur à franges, toque de fourrure, mitasses, mocassins en peau de daim. Pour l'heure, les bas et parements de manches étaient gris clair et des flots de rubans pendaient au chapeau et à l'épaule ; le baudrier se trouvait bordé de gris. Accompagnant celui que j'avais bien du mal à considérer comme mon promis, j'assistai, la veille de mon mariage, à l'un de ces défilés sur la place Royale. Antoine arborait, bien sûr, un «espontan», arme et insigne du commandement de l'officier, comme il eut soin de me l'expliquer longuement. Les filles regardaient avec avidité, au grand dam des colons, ces beaux garçons sanglés dans leur uniforme et marchant hardiment. Je n'ai garde d'oublier ceux qui achevaient de guérir ou de mourir chez les Ursulines après leur terrible traversée. Ne parlons pas des infortunés guettés plus tard par les Iroquois et le froid. À cette heure, certes, le régiment de Carignan-Salières défilait au son des fifres et du tambour, cueillant en passant le cœur de ces demoiselles énamourées au premier regard. Voilà bien une marche qui fit davantage pour peupler la Nouvelle-France que toutes les exhortations de l'Intendant Talon.

«Alors, me direz-vous, ne fûtes-vous pas atteinte, comme les autres, par les flèches amoureuses? Votre tempérament sanguin ne se trouva-t-il pas alerté par cette virilité multicolore survenant en fanfare?»

Hélas… Il est vrai que malgré ma passion pour le Comte de Préclair, j'eus les sens mille fois alertés par Brissac ou Jean de Meignier que je goûtais fort. Mais vous savez, Catherine, que je n'aime pas être commandée. Les ordres de l'Intendant me donnaient l'envie de détester celui que l'on m'imposait et dont tout m'éloignait. Sa brusquerie, sa hauteur, le mépris avec lequel il traitait ses soldats, ses domestiques et moi-même, me rendirent glacée; deux fois coupable de surcroît: je trahissais la foi de Jacob et me livrais sans amour.

Le jour de la cérémonie survint. Mme de la Peltrie, que je n'aimais guère, me fit tenir une robe, qu'elle avait naguère portée, pour me permettre d'avoir belle allure à la chapelle. Les années et l'embonpoint de cette bienfaitrice s'opposaient à l'harmonie de mon costume. Toinette, avec des rires irrévérencieux, fit de nombreux plis à la gorge, à la taille, au séant, afin de me donner un air honnête. L'essayage avait lieu dans le fort où nous devions loger le lendemain. Antoine de Boisgrévy survint; il éclata de rage:

— Avez-vous l'intention de protéger contre les corbeaux les cerisiers de Nouvelle-France, que nous n'avons point à ce jour?

— Madame de la Peltrie…

— Je me moque de Mme de la Peltrie. Elle a fait transporter ses meubles par deux vaisseaux particuliers, fretés à cette seule fin.

Elle pourrait vous faire don d'une tenue qui ne soit pas réservée au Carnaval…

Je n'avais cure de tout cela, mais M. de Boisgrévy, comme je l'imaginais, tenait à son prestige. Il fit quérir quelques pièces de tissus précieux bien rares à cet instant à Québec et embaucha deux ou trois malheureuses. Je sais qu'elles passèrent la nuit à me préparer une robe de mariée, épuisant leurs yeux pour ce mariage d'orpheline, sans fée ni prince charmant. Ce n'était pas, hélas, un conte de nos grand-mères*.

Nous nous rendîmes, comme convenu, chez Mme Jean Bourdon (Anne Gasnier) où, comme le souhaitait M. de Boigrévy, un notaire, dénommé Romain Becquet, rédigea un contrat que je signai sans l'avoir lu. Je me souviens que cet homme, mais peut-être l'avez-vous connu, était fort replet. Je me demandai un instant comment ce tabellion avait pu, sans dommage, franchir les océans aux fins de diviser parcelles, ducats et vaisselles diverses. L'appât du gain fut toujours, il est vrai, aussi fort, sinon plus, que la peur des Iroquois, rendant bien nécessaire un tel auxiliaire.

Je dus me confesser ; passons : je ne dis rien ou bien peu. Mme de la Peltrie survint. Lorsqu'elle aperçut ma robe, elle s'enquit de son propre cadeau. Je vis bien à sa mine contrite que le procédé lui semblait malséant. Cela n'arrangea sûrement guère mes affaires auprès de la Supérieure. Je le déplorais sans pouvoir y remédier.

J'entrai au bras de mon cher Tremblaye qui ne cacha guère qu'il me trouvait fort belle :

— Michel Arnault aimerait voir sa fille en cet appareil.

— Aucun des chirurgiens que j'aime et que je connaisse ne sait en quelle gêne** je suis.

— Ces chirurgiens, me dit-il, sont plus futés que vous ne le pensez. Faites-leur confiance. Ils arrangent les membres et parfois aussi le cœur, quand il est sur le chemin.

---

* Les contes de Perrault, non publiés à cette époque, sont inspirés de ceux de la Mère l'Oye.
** Contrariée au sens fort.

Que vous dire? Je préfère sur ce chapitre faire le postillon et courir la poste. Mon futur époux semblait encore plus grand dans son uniforme et aussi raide que son épée. M. de Tracy, également de haute taille, n'avait rien à lui envier. L'Intendant se montrait impassible. Mme de la Peltrie ne cachait pas sa hâte que tout cela soit fini. Je me sentais petite et misérable et aurais défailli sans la présence de mon bon ami Tremblaye. J'aperçus, à ma grande surprise, dans le fond de la chapelle, Jean de Meignier, le bras en écharpe. Cela ne contribua guère à ma sérénité. Sa beauté et le fantôme du Comte de Préclair auquel je m'étais promise aggravèrent mon malaise. Ce fut dans un souffle que je prononçai le oui sacramentel, demandant au Seigneur de me venir en aide.

L'Intendant avait dû commander quelques musiciens : tandis que je sortais au bras cette fois d'Antoine de Boisgrévy, je reconnus les madrigaux si enchanteurs de Claudio Monteverdi. « *Luci serene a chiare* » accompagna ma descente des marches, redonnant le courage qui me manquait tellement.

Il y eut une collation au Fort Saint-Louis. Mme de la Peltrie s'esquiva dès que possible non sans avoir posé sur mon front un baiser froid comme le marbre. Tremblaye prit congé assez vite pour rejoindre le *Neptune* dont le départ était imminent. Ces messieurs discutaient entre eux avec animation. La campagne contre les Iroquois se préparait ardemment.

J'avais appris par la Supérieure, fort avisée en tout et tenant journal du moindre événement, qu'Hollandais et Français s'intéressaient vivement à la traite des fourrures, les premiers s'étant, comme vous le savez sans doute, alliés aux Iroquois qui leur servaient d'intermédiaires dans le commerce. Le Français, au contraire, fit surtout affaire avec les Algonquins, les Outaouais et les Hurons. Ceux-ci, ayant un territoire pauvre en gibier, ont porté aux Algonquins et aux Outaouais du maïs, du tabac, du chanvre ainsi que bien d'autres produits. Coupés des nations du nord par les Hurons, patients et beaux parleurs, les Iroquois en prirent ombrage comme les Hollandais avec lesquels ils avaient coutume de négocier. Ces derniers tenaient une riposte redoutable : ils fournirent des armes à feu aux Iroquois qui décidèrent non seulement de mater les Hurons mais aussi de devenir maîtres du fleuve Saint-Laurent afin de convoyer vers la Nouvelle-Hollande le produit de leur chasse.

Les Français, dès lors, devinrent l'obstacle à abattre, la guerre, inéluctable. Ou plutôt une bataille d'embuscades où les habitants éparpillés devinrent une proie désignée. Toute vie, la vôtre comme celle des colons ou de leurs épouses, devint menacée. Les garçonnets n'eurent désormais point de poupées mais en guise de jouets, des épées, des pistolets et des flèches. Être scalpé, attaché au poteau de torture ou abattu par quelque hache ou arme à feu, devint le lot probable des aventuriers que nous étions devenus.

Nous savions, vous et moi, que les colons de Québec, de Trois-Rivières ou pire encore de Montréal, bien menacés, attendaient ce fameux régiment de Carignan-Salières, qui devait mettre à mal ces sauvages redoutés.

Je ne me formalisai donc pas trop lorsque mon nouvel époux prit congé assez vite, M. de Tracy devant préciser les détails de la future bataille. Antoine me baisa les doigts, murmurant : « À ce soir », le regard carnassier. Je rejoignis Toinette. Nous devisâmes gaiement, évoquant la messe du prochain dimanche, utilisée pour nos diableries. Le soir tomba vite. Les jours raccourcissaient. Je gagnai les appartements qui nous étaient réservés. À ma grande surprise, le prêtre qui nous avait unis se tenait debout à l'entrée de la chambre, goupillon à la main. Il bénit rapidement le lit qui nous attendait et sans ajouter un mot, s'esquiva comme il était venu. Toinette me laissa après m'avoir aidée à me dévêtir. Je revêtis une chemise en dentelles préparée à mon intention par je ne sais quelles mains secourables et me glissai sous les draps, les pieds et le cœur froids.

M. de Boisgrévy survint alors que je ne l'attendais plus. Deux valets l'accompagnaient. L'un tenait un flambeau. L'autre un plateau d'argent surmonté de soupières closes et de deux coupes. Lui-même tenait une bouteille de vin que le laquais ouvrit. Les deux hommes disparurent non sans avoir ouvert une table pliante et recueillant le plateau, approchée du lit à mon intention.

— Eh bien, dit mon époux, M. de Tracy ne se montre-t-il pas grand seigneur ?

174

J'approuvai d'un signe de tête. Il souleva le couvercle. Des poulardes gelées attendaient aussi pétrifiées que moi. Il en prit une sans façon et se mit à la taillader de fort bon appétit. J'eus l'aumône d'une cuisse que je grignotai sans remords, n'ayant guère soupé et à peine dîné. Antoine se servit à boire :

— Ma foi, il est fort bon. Les caves de M. de Courcelles m'ont bien l'air de dissimuler des trésors. Goûtez cela, ma mie.

Je m'exécutai, pris quelque compote. M. de Boisgrévy poursuivit son repas avec une fureur qui me fit craindre le pire pour les événements qui allaient suivre. Il finit enfin, rota, ouvrit la croisée pour soulager sa nature et se mit à nu avec simplicité. L'avouerai-je ? Il n'avait à vue de campagne, rien de petite taille. Le Seigneur l'avait bien pourvu.

— Ce n'est point tout de boire et de manger, conclut-il sans ambages, je vous dois maintenant besogner.

Je vous fais grâce des détails. Cet homme était une horloge dont le balancier ne connaissait point de fin. La préface du livre amoureux dont toute femme aime à tourner les pages lui semblait aussi inconnue qu'à un gardien de porcherie. Il me chevaucha comme son cheval en caserne, me rappelant, hélas, Renoncour tel que je l'avais vu pratiquer dans l'obscurité de Saint-Malo-de-la-Lande. Est-ce la famine ? J'y pris mon plaisir, du moins la première fois. Ensuite je le subis et finis par le repousser.

— On croirait bien, me dit-il, que vous faites la délicate. Ne suis-je pas un maître ?

— Je me sens défaillir. Je vous en prie…

Il me repoussa d'un coup et regarda le drap :

— Au fait, ma jolie, vous n'étiez pas vierge ? Je ne vois pas de sang.

Avec bien de l'hypocrisie, je jouais la surprise et jurai sur tous les saints n'avoir jamais connu la moindre aventure, puis feignis le sommeil qui me dispensait de toute discussion. Il ne me frappa guère, ce que je redoutais, mais remit ses bottes et son justaucorps promptement, partant finir la nuit, sans doute, dans quelque taverne ou le lit d'une ribaude plus patiente que moi. Toinette fut étonnée de me trouver seule au réveil. Je ne lui donnai aucune explication. Il est superflu, à mon sens, d'exposer sa confusion à quiconque. La compassion d'autrui renforce la peine dès lors qu'elle ne peut aider à en surmonter la cause.

Antoine de Boisgrévy revint le soir et me fit le même traitement. J'avais entendu dire que les jeunes sauvages appréciaient fort l'homme blanc pour sa délicatesse particulière. On peut supposer que mon époux constituait une triste exception. À vous, je peux bien faire cette confidence : j'utilisais des pommades adoucissantes que M. de Boisgrévy découvrit avec déplaisir, m'ordonnant d'aller m'arroser d'eau froide.

Ainsi, chère Catherine, fut le début de ma vie conjugale. Je pensais que j'étais ainsi punie d'avoir trahi la foi de Jacob et n'avais nullement le droit de me plaindre.

*
* *

Le dimanche suivant, nous fûmes à la messe avec Toinette, Matthieu et son ami Jourdan pour le fameux mariage « à la gaumine ». Nos deux promis se tinrent la main à l'instant de la célébration et se jugèrent unis.

L'après-dîner, nous nous retrouvâmes chez Jourdan. Vous eûtes la bonté de venir. Vous souvenez-vous ? La fête me sembla incomparable. Les colons étaient venus de toutes parts. Le banquet dura jusqu'au matin devant une table aussi encombrée de mets à la fin du repas que lorsque les invités y avaient pris place. On joua du violon et du fifre. Tous chantaient à plein gosier des refrains qui me parurent fort polissons. On but de la bière et surtout du « raide », dévorant des « six-pâtés de gibier », des truites cuites dans la glaise, de l'oie rôti*, du canard bourré et même un morceau de fesse d'ours, rapportée par un coureur des bois.

Ce n'était point votre première noce. Cette abondance de mets surprenants vous semblait normale. Seule ma mine attira votre attention. Vous me dévisageâtes rapidement, me prenant la main avec une douceur qui me surprit. Cette main disait tout. Elle me rasséréna quelque peu.

---

* Au XVIIe siècle, « oie » était au masculin.

176

M. de Boisgrévy, informé de la fête sans en connaître bien sûr le préambule impie, vint se joindre aux invités, accompagné à ma grande surprise par Jean de Meignier.

Mon époux se jeta sur les mets avant d'entreprendre les fillettes de la noce. J'eus à peine le temps de vous le présenter et perçus votre sentiment : il n'avait d'yeux que pour les six-pâtés et les demoiselles en dessert. J'en éprouvai du soulagement, ayant liberté dès lors de danser tout mon saoul avec les garçons présents. Jean de Meignier, voyant Antoine occupé, osa m'inviter.

— À ce que je vois, lui dis-je, vous allez mieux ?

— Les Ursulines et vos soins, que je n'ai garde d'oublier, m'ont rendu la vie. M. de Tracy a bientôt besoin de tous les hommes valides...

— Pour la guerre ?

— Hélas oui ; je voulais vous revoir avant mon départ... Marie... Vous me permettez encore de vous appeler ainsi ?

— Pourquoi non ?

— Vous êtes en puissance d'époux.

— On peut sortir des plus fortes prisons.

— Marie ! Que dites-vous là ?

Je l'avais scandalisé. Je me mordis les doigts d'avoir parlé ainsi. Décidément, de la même façon qu'Antoine me paraissait bâti à l'image de Renoncour, je ressemblais à Zora, farouche et ombrageuse.

Toinette et Matthieu avaient disparu dans quelque buisson isolé. Antoine introuvable. Je me sentais lasse. Jean de Meignier proposa de me raccompagner. Je vous dis adieu pour la première fois.

— N'oubliez pas, dites-vous, de m'amener Toinette pour de nouveaux soins. Quant à Marie de Boisgrévy, elle doit se ménager aussi...

Jean de Meignier me prit en croupe sur son cheval et me ramena au Fort. Je ne lui cachai guère que j'avais laissé en France, à mon grand regret, une alezane à laquelle je tenais ardemment. Il me laissa à la porte du Fort. L'obscurité y régnait encore. L'aube commençait à blanchir le ciel. Mon compagnon hésitait, intimidé, coupable. Je n'étais ni l'un ni l'autre. Lorsque nous fûmes à terre, je me blottis contre lui. Il posa ses lèvres sur les miennes. C'était mon premier baiser en Nouvelle-France. Je quittai Jean de Meignier en pleurant et priai pour que la guerre l'épargna, quitte à proposer une autre cible à cette Carnassière.

*

* *

Maintenant, les hommes se hâtaient à travailler la terre, l'automne approchant. Je voyais Matthieu et les soldats balançant en cadence leur hache, attaquant le tronc des arbres obliquement ils frappaient au même endroit à tour de rôle. L'arbre retombait avec un grand fracas, rejoignait les autres déjà à terre. Nous avions deux chevaux. L'un d'entre eux traînait un bas cul auquel était attachée une grosse chaîne permettant de tirer les troncs. Puis, suants, harassés, les hommes s'arc-boutaient pour arracher les racines, s'aidant de haches et de barres de fer. Ils juraient, pestaient. Mais la terre nue peu à peu apparaissait, prête à la culture. Il faisait encore beau, mais les jours raccourcissaient tragiquement. Les derniers bleuets tachetaient au hasard des clairières. Vous m'aviez appris à les cueillir pour les savourer crus ou préparer des tartes. Toinette le sut assez vite et en ramassa de pleins paniers.

Je ne revis Jean de Meignier que de fort loin ; il n'osait plus m'approcher. Mon « horloge » cependant revenait chaque soir dans ma ruelle, retirant ses bottes ou, parfois, les gardant en me labourant tout son saoul. Je ne serai point hypocrite avec vous. Mon corps y trouvait son compte. On a coutume de dire qu'une femme n'est point portée sur les plaisirs de la chair si elle ne s'y trouve amenée par passion. Je dois avoir une complexion amoureuse bien particulière, à moins que les confidences des autres m'aient manqué. Sans goût et sans estime pour M. de Boisgrévy, je me laissais dévorer et le dévorais moi-même, savourant ces exercices qui avaient le mérite de rendre mes humeurs plus fluides et le sang plus clair. Il me tenait lieu de médecine. Comme j'ai toujours ressenti grande méfiance à l'égard de cette engeance encore peu représentée à Québec, je jugeais que mon époux remplaçait saignées et clystère ; honni soit qui mal y pense... Ma foi, il me donnait bonne mine,

178

m'aidait peut-être à me préserver de ces terribles épidémies survenant des vaisseaux de France, frappant au hasard, atteignant même
les Indiens qui devinrent, pour ce fait, encore plus méfiants à notre
égard.

Le vent tourna brusquement un soir et la pluie se mit à tomber.
Les jours clairs revinrent encore, mais courts hélas ; de plus en plus
courts. Un peu de glace apparut sur un abreuvoir. Puis je vis la première neige ; le sol devint blanc ; les arbres poudrés. Je vous rencontrai près du couvent des Ursulines où je retournais voir la
Supérieure qui me manquait grandement.

— Cette neige-là ne va point tenir, me dîtes-vous. On a encore
un mois avant l'hiver. Mais il faut se préparer.

— Je n'ai point vu mes amies depuis fort longtemps.

— Elles sont grosses, à cette heure. Mais je m'occupe d'elles. Ne
t'inquiète donc pas. Et toi ?

Je pris l'air effrayé.

— Je n'attends nul enfant.

— Ça viendra.

— Je n'y tiens pas.

— J'ai des herbes, si tu le souhaites…

— Le Seigneur y pourvoira.

Vous ne fîtes aucun commentaire mais je vis bien à votre regard
que vous n'aviez besoin d'aucune confession.

Chacun se trouvant alerté par les habitants s'empressa de lutter
contre l'hiver imminent ; il y avait encore peu de récoltes mais le
foin fut engrangé, le bois ramassé ; on coupa encore autant
d'arbres et de branches que l'on put afin de ne pas manquer de
feu. J'allai voir Nicole et Sophie. Elles vivaient dans des habitations
modestes sur lesquelles leurs époux s'affairaient : ils renchaussaient
le socle de pierre, le recouvrant de paille et de terre mêlées. Sur les
conseils que vous leur aviez prodigués, elles préparaient des pâtés
et des confitures, glissaient des chiffons dans le moindre trou de
mur, promenant leurs mains en partant à la recherche du courant
d'air. Déjà les cheminées ronflaient, le temps se faisait humide.

Puis ce fut l'agonie de la belle saison. Un grand vent froid fit
tomber les merveilleuses feuilles dorées, brunes, rouges qui fai-

saient à notre pays une parure de reine méprisante. Un jour, j'entendis dans le ciel un grand cri. Matthieu qui se trouvait près de moi, me rassura tout en provoquant mon inquiétude :

— Jourdan m'a prévenu ; regardez ces grands oiseaux qui volent vers l'île d'Orléans. Ce sont les oies ! Les oies sauvages ! Il va neiger.

Notre ami avait raison. Quelques jours plus tard, Québec était méconnaissable. La neige drue recouvrait le bourg, s'arrêtant par instants, puis tombant en masse ou en rafales. Bientôt, autour des maisons, s'élevèrent ces talus hauts de cinq pieds au moins qui vous sont familiers et qu'il fallait attaquer pour se frayer un chemin.

Matthieu murmura sous ses moustaches qui commençaient à blanchir de glace lorsqu'il sortait :

— Ça ne fait que commencer. L'hiver est rude ici. Il va faire méchant dans le bois.

— Le régiment de M. de Tracy ne doit-il pas s'en aller sous peu ?

— Si fait. Ils ont même demandé à des colons de les accompagner. Moi, je n'en suis pas. J'ai ma Toinette à garder. Et puis, je ne prends point la mer quand souffle le noroît. Votre M. de Tracy devrait bien attendre le printemps.

L'entêtement du gouverneur eut raison de toutes les sagesses. Cinq compagnies partirent à Montréal, d'autres à Trois-Rivières ou au Fort Richelieu. J'appris par Marie de l'Incarnation qu'une multitude de canots d'Indiens était venue à Montréal pour tenter de négocier la paix. Ce fut M. de Salière qui les reçut et le fit avec beaucoup d'aménité, leur donnant à manger, sans leur épargner son propre vin.

Mais M. de Tracy ne l'entendit pas de cette oreille. Il était venu faire la guerre et décidé à poursuivre sa tâche, sans attendre la belle saison. Nous fêtâmes Noël chez les Jourdan, aussi bien que nous le pûmes. M. de Boisgrévy fut heureusement retenu au Fort où j'étais également invitée. Mais vous savez qu'en dépit de mes origines dont je me flatte bien à tort, je le confesse, je préfère cent fois mes compagnes du *Neptune* à tous ces beaux Messieurs dont le discours ne me plaît guère. Ils avaient coutume de répéter qu'un bon Indien est un Indien mort*. Je savais que Marie de l'Incarnation comme vous-même ne partagiez nullement cet avis.

180

Au début de janvier, enfin, plusieurs centaines de soldats et d'habitants volontaires quittèrent Québec pour «le pays des Iroquois». Vous les vîtes partir comme moi. La neige tombait à gros flocons. Femmes et filles les regardaient passer: une toque avait remplacé le chapeau à large bord; ils portaient en sautoir une couverte de laine jaune et brune. Autour de la taille, une ceinture de laine multicolore. Les bas et chaussures avaient fait place à des mitasses et mocassins indiens. Ils tenaient des fusils à platine dont on avait fait grand bruit, étant jugés comme le dernier mieux de l'outil militaire; baïonnettes; une douzaine de poires à poudre dont j'avais appris qu'il fallait les visser et dévisser à chaque fois; il fallait y ajouter, selon M. de Boisgrévy, 25 à 30 livres de biscuits, de couverture et autres provisions nécessaires. Certains portaient en outre des petits bateaux de planche destinés à transporter sur les rivières le maximum d'hommes. La plupart d'entre eux chaussaient des raquettes visiblement pour la première fois**. Nous en conçûmes de l'inquiétude et n'avions point tort. Il gelait à pierre fendre. Boisgrévy et Meignier étaient du nombre. Fifres et tambours accompagnaient les régiments comme à l'accoutumée.

Je ne revis jamais Jean de Meignier, ainsi que vous le savez. Marie de l'Incarnation me conta avec désespoir la triste issue de cette malheureuse campagne: trois jours après leur départ, les militaires étaient exténués. Plusieurs eurent les genoux et les doigts ou autres parties entièrement gelés et le reste du corps couvert de cicatrices. Quelques-uns seraient morts sur la neige si on ne les avait portés avec beaucoup de peine jusqu'au lieu où on devait passer la nuit. Jean de Meignier, paraît-il, fut de ceux qui prêtèrent main forte pour hisser ses compagnons. Les Algonquins devaient retrouver la troupe et lui prêter main forte. Courcelles, le gouverneur, dans son impatience, ne voulut pas attendre. Cependant la marche devint, paraît-il, de plus en plus pénible, tandis que les Agniers, alertés de tout ce vacarme, abandonnaient leur village.

---

* Ce mot sera repris plus tard par le Général Custer.
** À leur première incursion, les Français arboraient costumes rutilants et souliers à boucles.

181

Avec les jours et les semaines, les hommes se perdirent, se retrouvant, selon Marie de l'Incarnation, sur le territoire d'Albany devenu anglais depuis peu, les Hollandais ayant été chassés entretemps tandis que New Amsterdam devenait New York.

Les soldats finirent enfin par trouver le chemin du retour après avoir tué deux hommes et une vieille femme dans une cabane d'Agniers abandonnée. Les Iroquois harcelèrent la petite armée. Parmi les officiers, l'un d'entre eux tomba dans la neige. C'était Jean de Meignier. Antoine me conta sans émotion à son retour qu'il avait été impossible de ramener le corps, la troupe ayant le plus grand mal à se porter elle-même. Ils ensevelirent le malheureux avec soin pour lui éviter le scalp, après quelques prières. Nous apprîmes qu'ils avaient laissé derrière eux une soixantaine d'hommes ayant succombé au froid ou à la faim. Les Iroquois pouvaient dormir tranquilles.

L'Intendant Talon se demanda, paraît-il, s'il valait mieux faire la paix ou la guerre avec les Agniers. La femme, nous le savons vous et moi, choisit toujours la paix. Nous sommes, il est vrai, de faible entendement et jugeons qu'il est plus utile de peupler la Nouvelle-France de berceaux plutôt que de tombeaux. La guerre, cependant, ne nous fut pas épargnée hélas. Toinette, si vous vous en souvenez, faillit se faire scalper par surprise et ne fut épargnée qu'en tordant les parties honteuses de l'Iroquois qui se sauva en hurlant de douleur. Une voisine de Simone, demeurée seule, abattit trois Iroquois avec la carabine de son époux et courut se réfugier chez elle en attendant du secours.

Et ces femmes étaient toutes grosses, portant le pays dans leur ventre. Voilà bien une tâche qui pesait sur vous et pour laquelle vous acceptâtes mon aide modeste. Trois mois avant l'accouchement de Toinette, je fus priée de lui donner à boire, d'après vos conseils, une tisane de feuilles de bois blanc* tous les jours. Selon vous, cette tisane contenait une substance huileuse permettant à l'enfant de mieux glisser vers l'ouverture du vagin. Je dus ajouter une décoction de feuilles de sumac vinaigré pour le même motif.

---

* Tilleul.

On annonça le retour de la troupe mais vous n'en aviez cure. Tandis que le printemps, soudain, s'annonçait, rendant la boue fangeuse, vous alliez d'une maison à l'autre. Je me joignis à vous. Avais-je d'autre tâche ?

Toinette, bien sûr, fut la première. Vous eûtes la bonté de venir jusqu'au Fort. Je préparai, selon vos ordres, du « nopol* » pour provoquer les contractions, les feuilles étant pelées, écrasées et mêlées à l'eau chaude. Ma « demi-sœur » se tordait de douleur. Pour l'apaiser, nous préparâmes une décoction de racine de yam sauvage**.

L'accouchement bientôt commença. Vous lui fîtes des pressions sur l'abdomen au moment des contractions puis serrâtes autour de la taille un ceinturon au fur et à mesure que l'enfant descendait. À ma grande surprise, vous enfilâtes sur vos mains une pièce de fourrure douce afin de ne pas blesser notre parturiente. Vous vous abstîntes, cependant, de pénétrer dans les organes. Vous me demandâtes ensuite de soulever l'accouchée doucement par les reins tandis que vous la bougiez d'un côté et de l'autre pour bien placer l'enfant. Votre sensibilité était visible ; vous sembliez connaître la position du fœtus au moyen de ces manipulations.

Toinette, enfin, poussa un grand cri et l'enfant glissa. Toujours en suivant vos conseils, je fis bouillir de la mousse de caribou que vous aviez apportée. Nous gardâmes l'eau pour y laver l'enfant et l'habillâmes promptement de chiffons et de fourrures. Il avait les cheveux noirs et touffus. Nous appelâmes Matthieu qui tremblait derrière la porte.

— C'est fait, dîtes-vous, et chacun se porte à merveille.

— Victor ! Il s'appelle Victor !

J'entendis ce cri de Matthieu. Je n'oublierai jamais cette première naissance en Nouvelle-France : Victor Fernin, né le 21 mars 1666, que Toinette serra dans ses bras avant de s'endormir.

Chère Catherine, de combien de naissances fûtes-vous l'artisan ? Après Toinette, ce fut Nicole, puis Sophie ; Simone enfin. Les deux

---

* Opuntia.
** Disoscorea Villosa.

premières mirent au monde des garçons. Simone, une fille. Bien d'autres devaient suivre.

Vous qui êtes une herboriste incomparable, vous devez vous interroger devant ce peuplement imprévisible. Comment ces plantes chétives apparurent soudain gorgées de sang magique, imprégnées de l'air qui les fit revivre après les calvaires qu'elles connurent à la Salpêtrière et sur les vaisseaux? Tenant la charrue, le fusil, leur progéniture, les «Filles du Roi», dont les Parisiens devaient parler ensuite avec dérision, furent, à mon sens, les grandes reines de ce royaume. Vous le savez, Toinette eut douze enfants. Nicole, quatorze, Sophie et Simone, une douzaine également. Nous veillâmes sur leur santé mais malgré la mortalité inévitable, bien de ces jeunes arbres poussèrent avec vigueur. Une forêt à cette heure. Que Dieu soit béni.

Pendant ce temps, M. de Tracy et M. de Courcelles préparaient les survivants à un nouveau massacre. Beaucoup d'entre eux étaient déjà malades du scorbut ou de membres gelés. Aucun ne voulait suivre nos conseils. Beaucoup de malades furent même transportés à Montréal en plein hiver. La milice des colons n'était guère regardée comme une aide par la morgue française qu'Antoine partageait avec ces Messieurs. Cette milice, cependant, eût été capable de montrer comment il fallait s'y prendre pour en finir avec les Iroquois.

Dès le début de la mauvaise saison, Courcelles et Tracy, toujours mal inspirés, repartirent avec les corps d'armée. Aucune bête de somme ne pouvait aller par des lieux si étroits et si dangereux. En certains endroits, selon Marie de l'Incarnation, ils se sont vus dans des périls extrêmes, au milieu des rivières et des rapides, contraints de se faire porter par des sauvages. La marche fut encore bien pénible. Le temps affreux. Tracy obligeait ses hommes, paraît-il, à avancer toute la nuit au son des tambours. Les Iroquois les suivaient, naturellement, pas à pas, abandonnant les villages que les Français incendiaient aussitôt, bien qu'ils aient contenu assez de provisions pour nourrir la Nouvelle-France pendant deux ans. La messe fut dite près des ruines fumantes et les troupes revinrent un peu plus tard à Québec...

Durant cette campagne bien contestable, la vie continuait dans nos bourgs. Les Iroquois, alliés aux Anglais, nous harcelaient, s'attaquant aussi aux autres tribus amies. J'étais seule, comme vous savez, si j'excepte Toinette, Matthieu et le petit Victor qui poussait comme un érable. L'habitation que l'on nous destinait fut bientôt prête et j'emménageai dès que le printemps fit son apparition. La maison ressemblait à un fort entouré de palissades de pieux pointus derrière lesquels courait un chemin de ronde et des postes d'observation aux angles. Je vous le décris car jamais vous ne vîntes. Les murs blanchis à la chaux, un deuxième étage assez vaste, de grandes pièces en entrant avec un tambour menant à la grange ; un autre pour la garde-robe indispensable en ce pays où une brusque gelure de ce que vous imaginez foudroie aussi vite qu'une balle dans la tête. Un lit à baldaquin surchargé de couettes avec une courtepointe brodée et plusieurs cheminées. Enfin, une pièce plus réduite pour la cuisine, où pendaient près du fourneau chaudrons, poêlons, tourtiers, diables à griller les châtaignes, casseroles, bougeoirs. Dans la grande salle, les fusils prêts à servir. Des coffres. Des seaux pour l'eau, le lait, la sève d'érable ou la résine, comme chez Nicole et Sophie. Dans leurs habitations plus modestes, cependant, les seaux se retournaient pour recevoir les invités s'ils sont trop nombreux. Ici, personne ne venait ou presque. Je regardais les arbres reprendre leurs couleurs tandis que la neige fondait, et soupirais sans homme. Je ne regrettais pas l'absence de mon époux : sa brutalité était bien pesante. Mais nous savons toutes deux que la chaleur d'un corps d'homme et ce qu'il nous donne en étreinte nous sont nécessaires comme le pain.

Alors, je mettais mon châle de laine et mes fourrures, prenant les raquettes et courant dans les maisons voisines ou lointaines. Quand la course menaçait d'être longue, Matthieu harnachait un cheval à un toboggan qui me traînait avec ma cassette. Eh oui... Vous le savez. Me sachant désœuvrée, vous fîtes appel à moi lorsqu'un habitant se blessait ou souffrait. C'est ainsi que je vins un soir chez le beau-frère de Simone atteint d'une flèche sournoise, et sortis cette flèche, non point par l'endroit où elle était entrée, mais en créant une nouvelle plaie dans le côté opposé, la fermant ensuite par un séton*.

À d'autres, souffrant de pleurésie, je ponctionnait un empyème**, par une controuverture à la partie pendante de la poitrine, entre les 2e et 3e vraies côtes, de bas en haut. Vous m'aidâtes par un bandage circulaire autour de la poitrine. Je ne compte pas les ouvertures d'abcès ou de tumeurs avec une pierre à cautère ou une lancette ; les extractions de corps étrangers ; les périnées enfin recousus aussi doucement que possible... Comme le décrit le grand maître de Michel Arnault, «Je le panse, Dieu le guérit». Nous en guérîmes beaucoup. Je dis «nous» car, chère Catherine, vous possédez le secret divin des tisanes qu'il fallait appliquer ou faire boire, de l'utilisation des cheveux du patient pour éviter l'infection en cousant ses plaies, de l'immobilisation des membres par la résine, la fumigation des plantes aromatiques afin d'éloigner le mal. Quelle tâche n'avons-nous pas accomplie de concert? J'apportais ma modeste science. Vous aviez la vôtre propre et celle de ces fameux sauvages dont il fut dit naguère — du moins, mon père dans sa grande sagesse me le répéta souvent — «Il n'y a pas de barbares et de sauvages en cette nation à ce qu'on m'a rapporté, sinon que chacun appelle barbarie ce qui n'est pas de son usage.»***

Justement, je souhaiterais vous rappeler l'histoire navrante de ces castors que je tentai de sauver un jour. Elle n'est pas sans importance, marquant le tournant de ma propre vie. Vous savez que nos habitants, comme les sauvages, font grand massacre des castors pour le commerce des fourrures, encore que les Iroquois aient voulu casser la tête aux Illinois parce qu'après avoir coupé les arbres de paix qui limitaient leurs frontières, ils étaient venus faire de grandes chasses de castors sur les terres iroquoises, enlevant mâles et *femelles* contre la coutume de tous les sauvages.

Au début du printemps, je trouvai précisément dans la proche forêt une femelle castor blessée mais vivant encore, entourée de ses

---

* Une cordelette.
** Amas de pus dans une cavité naturelle.
*** Montaigne.

petits. Je ramassai la famille avec l'aide de Matthieu et nous fîmes pour eux un abri de paille. La femelle fut ma patiente. Je lui fis des pansements et bientôt les petits parvinrent à boire derechef à sa mamelle. Je vous en ai parlé en ce temps mais, malheureusement, vous n'aviez guère le temps de venir voir ma protégée, ce que je conçois fort bien. Souffrant de la solitude, je découvris aussi un jeune chiot qui me parut mâtiné de chien et de loup. Le pauvre était abandonné. Je le ramenai à mon habitation, lui donnant pitance et le baptisant du nom de Bonami qui me vint à l'esprit.

Tout ce petit monde reprit vigueur. Bonami ne tarda guère à monter la garde, m'avertissant de chaque visite. Il dormait dehors, étant incommodé par la chaleur. Gris, les yeux ardents, le poil brillant, il ne tarda guère à se rendre indispensable et, à défaut de tendre appui, devint mon compagnon inséparable.

Je constatais avec étonnement qu'il ne faisait aucun mal aux castors, surveillant la nichée comme la basse-cour que je possédais à présent, tapie dans un réduit en attendant les jours meilleurs. C'est alors que nous entendîmes battre fifres et tambours. M. de Tracy ramenait ses hommes. J'attendis devant la cheminée. Le temps passa. Toinette, qui vivait maintenant avec Matthieu dans une cabane proche de la mienne, vint me dire que la troupe était dispersée dans les cabarets pour fêter le retour. Antoine devait être du nombre.

Il revint pour souper ; regarda les lieux ; pesta qu'ils étaient indignes de sa qualité et qu'il n'était point bûcheron. Bonami ayant aboyé, il s'exclama :

— Un chien ! Quelle idée ! Une bestiole qui alerte le gibier ! Un loup si j'en crois mes yeux…

Bonami, la queue basse, s'éloigna en silence.

Antoine avait bu de l'eau-de-feu plus que de raison. Il me chercha querelle après tant de jours d'absence, me demandant avec qui j'avais couché pendant tout ce temps. Il mangea à peine la sagamité* que j'avais préparé, grognant qu'il eût préféré quelques oiseaux far-

---

* Plat national indien, confectionné de cent façons. Recette de Marie de l'Incarnation : farine de maïs, pruneaux, pains, quelques chandelles de suif, deux ou trois livres de gros lard.

cis plutôt que ce plat de sauvage. Enfin, il me poussa sur le lit où il me culbuta sans me déshabiller ni retirer son propre uniforme. Le ceinturon me blessait mais je n'osais rien dire. Ma faim, je dois l'avouer, était tellement violente que j'en ressentis quelque plaisir, sans vouloir cependant me soumettre de nouveau. Il s'endormit heureusement sous l'emprise de l'eau-de-feu, se mettant à ronfler.

Le lendemain, son discours fut clair :

— Je n'ai nulle envie de croupir en ces lieux. Cet imbécile de Tracy a failli nous mener à la mort. J'en suis sorti par miracle, tudieu.

— Je m'en réjouis.

— Vous n'en avez guère l'allure. Mais ne vous faites nul souci ; je ne ferai pas ici de vieux os. Je sais maintenant comment faire fortune au lieu de jouer les pantins derrière les Iroquois ; la Traite ! Blasphème ! la Traite ! Demain, je pars à l'aube avec quelques officiers et soldats.

— Jusqu'où, Seigneur ?

— Jusqu'où nous pourrons marcher et naviguer. Nous prenons quelques sauvages pour porter nos canots…

Il partit le lendemain comme il l'avait annoncé, et revint trois mois plus tard avec un lot de fourrures de castors qu'il alla vendre aussitôt. Mais, comme les autres coureurs des bois, il était devenu insatiable et ne rêvait plus que de repartir. Une nuit, j'entendis Bonami aboyer avec fureur. Au matin, je vis Antoine prêt à partir. Il tenait à la main une masse de fourrures ensanglantées. Saisie d'une terrible crainte, je courus à l'endroit où se dissimulaient mes protégés. Il les avait, hélas, découverts et tués un par un. Je fus alors saisie d'une terrible haine :

— Qu'avez-vous fait ? Pourquoi ?

— De quoi parlez-vous ? De ces bestioles ? Vous élevez des castors à présent ? Vous perdez la tête !

Il ne dit plus un mot et partit avec sa charge dégoulinante. Ce fut plus fort que moi. J'atteignis le porche tandis qu'il s'éloignait et me mis à hurler :

— Je vous préviens : cela vous portera malheur !

Je le répétai pour moi-même, sentant monter mes instincts maléfiques. Je ne me savais pas sorcière mais à cette heure, j'eus le sentiment d'avoir lancé l'un de ces mauvais sorts dont on parlait à Coutances, parfois si redoutables.

Les jours passèrent. La première neige se mit à tomber ; puis la suivante. Le Saint-Laurent devint impraticable. Je retrouvai la solitude. M'avait-elle jamais quittée ? J'aidais mes amies et les autres femmes de Québec ou de Trois-Rivières à mettre leurs enfants au monde. D'autres vaisseaux étaient arrivés, et le bourg se faisait ville. La bourgade, pays. Les robes et dentelles affluaient désormais. Peu à peu, l'ombre de Versailles se faisait sentir. Le fort devenait lieu de plaisirs. Les musiciens, maintenant fort nombreux, apportaient menuets et rondeaux. La noblesse reprenait ses droits et sa morgue. Les pauvres apparaissaient comme ceux que j'avais connus à l'Hôpital Général ; l'inconduite prenait le pas sur la piété des Ursulines et des Jésuites qui tentaient d'imposer leur foi, mourant liés aux poteaux, faute d'être compris. Certains prêtres refusaient la communion aux pénitentes trop bouclées, mais là aussi, la mesure se faisait en pure perte. La mécréance et la luxure commençaient à régner en maîtres. On torturait maintenant les Indiens. Anglais et Français promettaient de récompenser les scalps. Vous le savez mieux que moi : notre douce Nouvelle-France était bien malmenée par ces nouveaux venus qui, certes, peuplaient la colonie mais pensaient bien fort à l'argent.

Un jour de janvier où il faisait encore plus froid qu'à l'accoutumée, j'avais laissé entrer Bonami près du feu. Toinette frappa à ma porte :

— Marie, dit-elle, j'ai une mauvaise nouvelle.

— Antoine ?

Elle fit un signe de la tête.

— Ils l'ont trouvé gelé près de la rivière Richelieu. Tout droit contre un arbre. Il n'est pas tombé : des branches le retenaient. De loin…

Elle s'arrêta.

— Tu peux continuer.

— De loin, ils l'ont cru vivant, le voyant debout mais son regard figé…

— Il est mort ?

— Oui hélas, comme tant d'autres. Tu sais, Marie…

— Laisse-moi…

Je restai atterrée; me faisant peur tout à coup. Ainsi, la malédiction s'était accomplie? Devais-je l'avouer? Ne devait-on pas me brûler?

Les obsèques eurent lieu au printemps, dès que le temps le permit. Le gouverneur et M. de Tracy furent présents, ainsi que la troupe des officiers. Mon époux était défunt à l'écart des batailles, mais de tels honneurs lui étaient dus. On m'accabla de consolation que j'acceptais sous le voile noir, cachant ma mauvaise conscience et la faiblesse de ma douleur.

*

* *

Québec devenait de plus en plus méconnaissable avec le temps. Les fêtes et les bals se multipliaient, tandis que Monseigneur Duval et les prêtres alentour lançaient l'anathème contre les masques, la danse, le carnaval. Je ne parle pas des intrigues qui se multipliaient çà et là chez grands et petits. Je ne vous apprends rien. Vous l'avez vu avant de partir à Montréal où les mœurs ne devaient guère différer. Nos Canadiens ont le sang vif. Ils meurent vite de froid ou de flèches et se pressent de vivre. Les femmes… Oh les femmes… Catherine, nous connaissons mieux que personne leurs appétits, leur besoin d'homme. À peine le mari gelé, la veuve lorgne sur le voisin quand la chose n'est pas déjà faite.

On prétend aussi, mais je ne l'ai pas vu de mes propres yeux, que nos bons sauvages au retour de chasse courent à la ville de boutique en boutique, tout à fait nus, l'arc et la flèche à la main. Les femmes les plus scrupuleuses portent l'éventail sur les yeux, mais ne dédaignent pas l'aimable marchandise que ces ingénus proposent, autant par goût que par curiosité*.

Je demeurais chaste, cependant, mon appétit cédant à la lassitude, et persistais à dissimuler l'existence de Jacob dont j'étais toujours sans nouvelle. Je conservais espoir contre toute raison et la peau de tous ces messieurs beaux parleurs ne me disait rien qui vaille. J'appréciais maintenant l'hiver et cette neige étincelante au

---

* Lahontan, *Nouveau Voyage*.

soleil. Cet air frais. Emmitouflée dans mes fourrures, les pieds bien à l'abri, j'avançais hardiment suivie par Bonami, mon allié fidèle, chaussant avec bien de l'aise les raquettes dont j'avais pris l'habitude, accomplissant de grandes enjambées, ou prenant le traîneau pour soigner quelque malade. Nos veillées étaient douces, chaleureuses, interminables. Chère Nouvelle-France, que de fois je ressens le cœur lourd en me rappelant ces soirées où les amis, visiteurs, coureurs des bois, s'entassaient chez l'un ou l'autre, dans la ripaille et les chants.

Le moment douloureux demeurait toujours celui où je regagnais ma demeure. Bonami se frottait à mes jambes. Mais le lit froid, bassiné heureusement par Toinette, m'attendait. Et la solitude, cette horrible gueuse. Parfois, je craignais que ma beauté inutile ne se fanât ; n'avais-je donc connu la passion que pour périr desséchée ? J'avais appris que vous veniez de rencontrer un homme qui vous plaisait, Michel Lepailleur, et vous jalousais secrètement.

*
* *

À la fin du mois de mars de l'année suivante, les glaces du fleuve fondirent une fois de plus. Le soleil brûla davantage. Puis nous vîmes arriver la pluie du printemps, comme à l'accoutumée, qui se mit à fouetter les vitres et les bardeaux du toit. La neige forma des ruisselets qui se mirent à couler de toute part. Puis ce furent les bourgeons sur les aunes, les bouleaux, les trembles. Les fleurs roses sur le bois de charme. Le bétail libéré se mit à courir et bientôt commença l'éblouissement des jours d'été.

Maintenant, je n'avais plus froid sous ma couette mais brûlais d'une sorte de fièvre. Une soif de tout le corps qui réclamait son dû. Et je ne trouvais plus le sommeil. Je vous ai demandé à voix basse des herbes pour dormir.

– C'est bien autre chose qu'il te faudrait...

Ce fut votre seule et vaine réponse.

Je vous l'ai cent fois conté mais ne m'en lasse pas. Un soir, la pluie avait cessé et la lune apparaissait lumineuse. Un air tiède et profond. La terre semblait soupirer comme une femme au réveil.

191

Bonami n'aboya nullement. Et pourtant, un homme s'approchait. Je ne l'entendis point venir. La porte était fermée, je suppose qu'il pénétra par une fenêtre entrouverte.

Il se glissa hardiment comme un songe dans mon lit. Il était nu, autant que je pus le sentir et me retira ma chemise. Comment décrire l'extase? Ce corps que j'attendais depuis si longtemps et que je reconnus à l'instant même, sans lumière hormis celle de l'astre nocturne, contre le mien, épousant ses formes. Je me suis étonnée qu'il n'y ait pas soudain des éclairs dans le ciel; la foudre, le tonnerre, pour annoncer cette union sacrée.

Vous savez que je goûte fort la musique et que nous écoutâmes ensemble avec délice bien souvent quelque colon venu de France jouant des mélodies troublant fort nos âmes. Eh bien, en ce moment-là, je vous le confesse et à vous seule, craignant le ridicule, j'entendais les douceurs de Michel Lambert et les accords de Monteverdi, qui éclataient encore, mais cette fois dans la chambre sans que je pusse l'empêcher, tant mon esprit était troublé. Mais le charnel n'oubliait pas son dû et tout se trouvait mêlé. Des cheveux jusqu'aux pieds, je brûlais. Que vous dire de plus? Vous devez me juger bien emphatique mais cette emphase est à la mesure de l'attente dont j'ai souffert. Et ma jouissance à celle d'une chasteté si peu conforme à ma nature.

Je l'avais reconnu; l'inspection hardie et licencieuse que je fis avec mes mains et mes lèvres retirèrent toute hésitation. Le miracle survenait: Jacob me tenait dans ses bras.

La nuit fut courte. Est-ce besoin de le dire? Vers une heure, il me demanda s'il était possible de faire médianoche. J'allai quérir un peu de poulet et de vin, allumant enfin les chandeliers et fermant les rideaux. Bonami, pudiquement, demeura dehors.

Jacob était méconnaissable. Ses cheveux, comme ceux de Toinette, avaient repoussé, tombant en boucles sur ses épaules qui m'apparurent fort musclées et marquées de coups. Je les caressai avec douceur, me mettant à pleurer:

— Jacob, Jacob... Je te croyais perdu, mort. Je ne t'espérais plus. Comment Dieu fit-il pour que nous nous retrouvions?

Il me répondit d'une façon fort grave:

— Il fallait sans doute l'avoir avec nous. Je quittai la Tour Saint-Bernard peu de temps après votre départ. Ce fut une épreuve torturante. Beaucoup d'entre nous succombèrent. Sans me l'expliquer, je parvins vivant à Marseille. Là, nous attendîmes quelque temps pour reprendre des forces qui nous manquaient grandement. On nous donna une dotation en vêtements fort misérable : deux chemises de toile, deux caleçons sans canon*, parce qu'il faut les mettre par-dessus la tête à cause de la chaîne, une paire de bas rouges et un bonnet, rouge également. Une casaque de même couleur et une capote de gros bourras en poil de bœuf pour nous protéger des intempéries, faisant office de sac de couchage. Pas de chaussures : nous n'avions pas le droit de descendre. On nous rasa la tête derechef, pour écarter les bêtes et marquer notre infamie.

Je passai la main sur les boucles de Jacob. Elles avaient eu le temps, Dieu merci, de revenir ruisseler.

— Je suppose que vous étiez totalement privé de liberté ?

— Que croyez-vous ? C'était l'enfer. J'eusse préféré une exécution à la hache. Le comité disposait sur nous d'un pouvoir illimité, nous frappant constamment ; il plaçait les galériens au centre du banc ou près du bord. On mettait généralement au centre les prisonniers turcs dont la force était considérable. En raison de mon jeune âge et de l'inexpérience, je fus mis à l'extérieur, ce qui me sauva probablement la vie. L'effort était moins grand…

— Votre galère partit bientôt ?

— Non, la formation de la chiourme demandait des mois d'efforts. On nous apprit à sortir et à prendre la vogue. Il fallait que nous ramions au même rythme ; les coups de corde et de bâton nous zébraient le dos.

— J'ai vu.

— Nous étions bien sûr rivés à nos bancs par des chaînes ; deux cent cinquante à bord. Nous mangions, dormions et, comme vous l'imaginez, les prisonniers satisfaisaient leurs besoins naturels sous eux. L'odeur était atroce. Pardonnez-moi, Marie, mais les excré-

---

* Sans jambe.

ments formaient une couche dangereuse et deux fois par semaine, les officiers ordonnaient la «bourrasque», à grands coups de sifflets. Cela n'empêchait guère les mouches, les punaises, les poux et les puces. Un religionnaire dont je fis la connaissance eut ses jambes tellement grattées et rongées qu'elles ressemblaient à une pièce de boucherie mal coupée...

— Mais vous étiez huguenot.

— Justement. Certains officiers avaient ordre — ils l'ont toujours — de se montrer plus rigoureux à notre endroit, et de terribles pressions se faisaient pour nous amener à la conversion. L'essorillage, la bastonnade jusqu'à la mort étaient monnaie courante, tandis que les Turcs, singulièrement, voyaient leur foi musulmane respectée. Seul, le bailli de Noailles, lieutenant général des galères, a eu paraît-il le courage de faire observer au Roi qu'il semblait critiquable de mettre des gens condamnés pour fait de religion sur des galères où le terrible régime les rend opiniâtres ; il est vrai qu'ils se considèrent bien justement comme des martyrs.

Je voulus dire quelques mots des pères jésuites revenus torturés de leurs longs voyages chez les Iroquois afin de les convertir. Jacob soupira :

— Les hommes, Marie, sont des animaux bien cruels et peu fiables. Ils tiennent à leurs dieux et les meilleurs tuent leur prochain afin d'assurer leur salut.

— Comment êtes-vous là ? N'est-ce pas le plus important ? Quelle magie...

— Nulle magie. Ou plutôt si. La galère fut abordée par des pirates. Notre embarcation coula bientôt. Enchaîné, blessé, je m'accrochai à des débris flottants mais n'espérais plus rien. Un homme, que Dieu le protège, s'approcha de moi et m'aida à surnager. L'équipage du navire n'en voulait qu'aux ducats des officiers mais non point à la chiourme. Je vis la plupart de mes camarades de chaîne blessés à mort, engloutis par les flots. Je perdis l'esprit et lorsque j'ouvris les yeux j'étais sur le bateau des pirates. L'homme qui m'avait sauvé s'employait à scier la chaîne qui me retenait encore. Quand les sens revinrent tout à fait, je lui baisai les mains. Il éclata d'un rire énorme que je n'oublierai jamais :

194

«*Orduan ttippito, egum ez nauzu hiltzen ?*» J'appris quelques jours plus tard le sens de cette phrase ; c'était du basque : «Alors petit, tu ne me tues pas aujourd'hui ? » Je ne compris pas bien sûr sur l'instant, mais reconnus le malheureux que j'avais projeté sur le sol à Saint-Malo-de-la-Lande, persuadé de l'avoir achevé. N'est-ce pas un miracle ?

Tout, dès lors, devint simple ou presque. Il avait échappé à l'enfer. Le navire basque le déposa à Bayonne avec deux autres survivants. Les trois hommes se quittèrent presque aussitôt pour éviter d'être repris. Le sauveur de Jacob lui prêta une tunique et un bonnet de son pays, ajoutant simplement : «I kus arte»*.

Jacob serra l'homme contre lui pour le remercier et prit la route en mendiant çà et là pour obtenir quelque nourriture. Il rencontra l'animosité de certains qui ne goûtaient guère les étrangers. Restant muet afin d'éviter une arrestation qui l'aurait envoyé à la mort, il put ainsi juger que le commun des mortels ne goûte que son proche voisin, jugeant le voyageur inconnu comme un ennemi juré.

N'osant aller à Coutances, il se rendit à La Rochelle où vivent encore bien des religionnaires. Là encore, la chance lui sourit. *Neptune* attendait dans la baie. Tremblaye, l'œil aux aguets, décela les marques de ses poignets et l'interrogea avec douceur. La Providence, décidément, ne se lassait pas. Jacob avoua, sans autre chose, qu'il cherchait une femme aimée du nom de Marie Arnault. Je vous laisse à penser que Tremblaye, aussitôt, s'entremit. Il traita le Vicomte de Préclair comme son propre fils ; lui fit donner un costume décent et annonça que Mlle Arnault sauvée à Québec était mal mariée à cette heure avec M. de Boisgrévy et qu'il fallait à Jacob franchir cet océan mal commode pour retrouver ses amours.

Mon cher père d'adoption lui fit faire un passeport au nom de Baron de Bressoir, ajoutant mille recommandations afin que sa qualité de membre de la R.P.R.** qu'il lui avait avouée ne se laissât point deviner. Jacob s'y conforma. Son voyage présenta un tour

---

* «Au revoir» en basque.
** Religion Prétendument Réformée.

195

presque agréable puisqu'il se retrouva logé dans une chambre d'officier, sans se douter que j'avais navigué avec de la vermine; elle l'avait fait assez souffrir, ce n'était que justice.

Tremblaye le soigna de ses maux et de ses blessures. La jeunesse et l'air de la mer firent le reste. La Providence voulut que le vaisseau fût épargné par les tempêtes et les fièvres. Celui-ci banqua assez vite et mon amant remonta le Saint-Laurent en direction de Québec, avec une fièvre ardente qui l'atteignait enfin mais ne devait rien à la maladie.

En débarquant avec Tremblaye, il apprit en même temps que l'infortuné de Boisgrévy avait péri gelé. Vous devinez que son âme n'en fut pas atteinte. Mon logis lui fut indiqué. Vous connaissez le reste.

Le lendemain soir, nous festoyâmes afin de célébrer ce retour inespéré. Tremblaye ne manqua pas de venir. Les plus proches voisins, comme à l'accoutumée, se joignirent à la veillée. Un morceau d'orignal, des wanan-bigoahka*, une kinigawissin**, des noix à l'érable, rien ne manqua à ce festin. Surtout pas la certitude que la table retirée et les invités partis, je retrouverais Jacob, non pas comme je l'avais quitté pudique et tremblant, mais cette fois pour mon plus grand bonheur, hardi, irrespectueux, vorace. Sa faim répondait à la mienne. Que dire de plus?

Nous prétendîmes que le baron de Bressoir avait demandé vainement ma main à des parents rétifs avant le départ de France. Tremblaye trouva un prêtre bienveillant et peu curieux. Nous nous unîmes non point à la gaumine mais en une cérémonie fort courte où Toinette et notre protecteur nous servirent de témoins. Il y a belle lurette que cela semblait une formalité. J'avais épousé Jacob à la Tour Saint-Bernard, le reste n'avait guère d'importance. Bonami fut de la fête. Il s'entendait à merveille avec mon époux et rien ne semblait devoir atteindre notre félicité.

---

* Œuf brouillé au saumon fumé.
** Gibelotte assimiwi à base de légumes et de lard.

VIII

Jacob découvrit Québec. Vous fîtes sa connaissance et votre bonté eut pour effet que vous lui manifestâtes une amitié sans faille dont il eut fort besoin. Il lui fallait en effet feindre à tout instant, participer aux offices sous la surveillance de prêtres méfiants et jouer les dévots, ce qui lui semblait le comble de la trahison. Hélas, tout autre comportement eût entraîné son arrestation immédiate. Mgr Duval, l'ayant rencontré au Fort, se mit à le surveiller étroitement, entraîné par une méfiance instinctive. Personne, en France, ne lui avait annoncé l'arrivée de ce Baron dont on ne savait rien.

Jacob me conta que les marranes, autrefois, lors de l'Inquisition, avaient procédé de même et qu'il restait, de cœur, profondément protestant. La ville que mon nouvel époux découvrit n'avait plus qu'un lointain rapport, bien entendu, avec celle qui nous avait accueillies. La plupart des habitants vivaient maintenant dans l'aisance; leur richesse se comptait en fourrures, jambons, poissons, vêtements, armes, bois coupé pour quatre ans, tourtières géantes. Si l'on omettait le voisinage redouté des Iroquois, notre condition eût été la plus merveilleuse du monde. Jacob, que nous appelâmes Jean par prudence, s'accommoda fort bien du froid et de la neige. Des religionnaires lui avaient prêté à La Rochelle quelques louis pour lui permettre de vivre commodément en cet exil. Il s'acheta une tunique en loup gris et ne tarda guère à quitter ses basins et souliers à boucle pour le costume de traitan* en peau d'orignal, dos doublé et manches à franges, brodées, incrustées de perles, mitasse, mocassins souples, ceinture de couleurs vives où pendaient de grands couteaux, sacoche pour le briquet, réserve de pierres à fusil ; enfin, un bonnet rond de castor avec une queue de renard. Une couverte de laine pour sortir dont il apprit vite qu'elle pouvait servir d'abri, de brancard ou de sac de couchage. En un mot, il devint par son aspect plus coureur des bois que quiconque.

Vous vous souvenez sans doute qu'avec ses cheveux longs et le teint qui s'était basané, il prit vite l'air du temps et se mit à ressembler fort, si ce n'est l'absence de plumes, aux sauvages qui fréquentaient la ville à toute heure. La chaîne lui avait, hélas, appris à côtoyer l'humanité dans sa pire expression. Le voisinage des colons et des Indiens lui parut, en comparaison, joyeux et riche en amitiés ; celles-ci ne lui furent pas comptées. On ignorait sa foi ; ma chère Catherine, vous étiez au même régime. Nous redoutions les indiscrétions et leurs conséquences fatales. Le nom de Baron de Bressoir devint familier puis escamoté. Il ne garda bientôt plus que son prénom ; c'était celui de quelques colons ; bientôt, il oublia Jean et redevint Jacob qui, après tout, ne dénonçait rien. Il ne fut plus appelé que sous ce vocable. Il n'avait cure de l'autre. Ainsi parvint-il à se fondre parmi vous tous. Pour ma plus grande joie, il devint votre ami, celui de Toinette, Sophie, Nicole, Simone et de leurs époux auxquels il se plaisait à prêter main forte lorsque la besogne se faisait sentir. Ainsi, mon prince lointain, esseulé, pourchassé, devint-il ce compagnon joyeux plus québécois que tout autre.

Le costume qu'il portait ne fut point une vesture d'opéra. Il prit assez vite le goût de la traite et du voyage à la découverte. Comment s'en étonner ? Je pense que la passion de nos hommes n'a pas changé à cette heure : marcher à pied ou en raquettes des centaines de lieues en forêt, porter le canot entre deux cours d'eau, pagayer des heures, des semaines. Allumer des feux par tous les temps pour éloigner l'ours ; poser des collets lorsqu'il y a famine et comme

----

* Chasseur vivant, comme beaucoup de ses contemporains, de la «traite» des fourrures.

vous le savez, garder une couenne de lard, même lorsqu'on souhaiterait la dévorer, pour se graisser le séant et l'intérieur des cuisses afin de parer aux crevasses. Nos sauvages à leurs côtés, que de périples n'ont-ils pas accomplis aidés par cette chaleureuse compagnie où il n'y avait ni barons ni Blancs, mais des hommes de cœur marchant dans notre libre Amérique française.

Ces longues absences n'ont jamais rien changé à l'amour que nous nous portions. Les liens nous attachant sont toujours restés d'une extrême violence. Je n'ai jamais cessé d'entendre la voix de Jacob me répétant de croire en lui, de garder courage. Nos retrouvailles ressemblaient à ces feux de grange supprimant la nuit. Ne vous paraît-il pas préférable de brûler plus rarement mais sûrement que de supporter ennui et lassitude ?

Je n'ai connu longtemps qu'un seul chagrin : celui de n'être jamais grosse. Je me suis crue atteinte d'infirmité et vous ai quémandé les plantes donnant la fertilité. En attendant, je n'ai cessé de poursuivre une tâche dont vous savez qu'elle reste ma passion, comme l'herboristerie demeure la vôtre. Sans se soucier d'être habillée à la dernière mode, la Baronne de Bressoir, demeurée Marie Arnault la chirurgienne, s'habillait de robes chaudes et superposées, sous un capot de laine quand le froid devenait rigoureux ou une pelisse et bonnet de fourrure pour le traîneau. Nous avions à présent comme vous tous plusieurs chevaux. Ce n'était plus ma fidèle Zora, hélas, mais Jupiter mon nouveau coursier ; il m'entraîna vite en compagnie de l'inséparable Bonami jusqu'à Trois-Rivières ou quelque autre bourg où attendaient les souffrants. Les hôpitaux demeuraient éloignés et les lits tous occupés. Les médecins bien rares. Aussi, grâce à vous, pour les opérations pratiquées sur des membres meurtris, l'immobilisation de fractures, le replacement de luxations, l'extraction de polypes et bien d'autres, je me suis efforcée de guérir les maux chaque fois que la chose était en mon pouvoir.

Ainsi, vous m'avez appris à guérir le mal de tête par le foin sauvage, les flux de ventre par l'atoca, les ulcères grâce à l'anis*, les

---

* Aralia lacemosa.

palpitations avec les graines de frêne. Le Baume blanc du Canada, bien sûr, pour les maladies des reins ou la purge, comme l'épinette rouge, médecin invisible. Je vous épargne la liste, bien persuadée cependant que votre science ne peut demeurer éternellement inconnue. Vous m'avez dit avoir l'intention d'envoyer communication de vos découvertes à l'Académie. Ne manquez pas d'y procéder, bien que les secrets de science se perdent aisément dans la correspondance, comme les suppliques adressées à Sa Majesté à travers les méandres des couloirs de palais. Votre qualité de fille d'Ève ne saurait, hélas, que nuire encore davantage au succès de votre entreprise. Qu'importe ! Nous avons accompli notre tâche et soulagé bien des maux. Comme le paysan ou l'écrivain obscur nous creusons notre sillon. Dieu nous ait en sa Sainte garde.

Votre bonheur, cependant, me menaçait. Je vous l'avoue maintenant, comme le reste. Un jour, vous vîntes m'annoncer :

— Marie, je suis veuve depuis l'âge de 18 ans.

— Je le sais.

Ma réponse fut prompte, je dissimulai mon inquiétude.

— Michel Lepailleur…

— Mais encore ?

— Il vient d'acheter une charge de notaire à Montréal. Nous allons nous…

— Montréal ! Tu seras au bout du monde.

— Toi, une cavalière ! Je ne savais pas que les distances te faisaient peur.

Je n'avais pas le choix.

Bientôt, nous serions séparées par près de soixante-dix lieues. Je profitai d'une absence de Jacob pour vous proposer de vous accompagner avec notre traîneau afin de transporter quelques-uns de vos meubles. Le Saint-Laurent étant gelé, nous pûmes glisser en parcourant quinze lieues par jour, grâce à nos chevaux.

Je vous avoue que je découvris ce jour-là Ville-Marie, ou Montréal, comme vous préférez. Elle me parut plus plaisante que Québec parce que moins fortifiée. Je ne vis ni pieux ni pierres, mais surtout le Saint-Laurent au pied des maisons dont celle fameuse de Marguerite Bourgeois, qui hébergeait ou héberge encore à ce qu'on dit beaucoup de filles du Roi avec le même dévouement que notre Supérieure. Nous rencontrâmes de nombreux marchands, surtout des sauvages des Grands Lacs qui descendaient là avec une quantité prodigieuse de castors échangés contre des armes, des chaudières, des haches ou des couteaux. Les coureurs des bois, innombrables comme à Québec, partaient à l'aventure. Vous m'avez dit depuis qu'ils revenaient parfois après un an de voyage, leurs canots chargés excessivement, pour dépenser aussitôt toutes leurs prises, dissipant, mangeant, buvant, jouant et culbutant les femmes tant que duraient les castors, avant de repartir.

Les maisons de Montréal m'apparurent bâties comme chez nous mais plus ramassées : les fenêtres, semble-t-il, ressemblent à des embrasures ; socles et bas de solage étant faits de rochers retaillés. Mais surtout — je ne vous en ai rien dit — cette ville peu fortifiée m'apparut constituer un poste avancé où les alertes doivent être continuelles. Je craignais le pire. N'étiez-vous pas hélas bien près des Iroquois ? Mais ce n'est pas là propos à tenir lorsqu'on accompagne une nouvelle mariée à sa résidence. Je me bornai, ce jour-là, à prier pour vous et votre bonheur. Vous avez, malgré vos mille tâches d'herboriste et de sage-femme, mis au monde onze enfants. À ce que vous m'apprîtes, deux d'entre eux périrent en bas âge. Les autres doivent être à cette heure des gaillards et des gaillardes apportant à la Nouvelle-France leur sang neuf et le génie de leur mère.

Nous nous quittâmes ce jour-là avec force larmes. Vous me promîtes de venir à Québec dès le printemps et je vous fis le même serment. Nous avons tenu parole et poursuivi notre tâche commune malgré la distance. Canots ou traîneaux nous ont permis régulièrement de nous rencontrer. Je ne parle pas des lettres et recettes que nous n'avons cessé d'échanger comme deux vieux moines lecteurs de grimoires.

Ici se place un malheur dont je ne vous ai jamais parlé, tant il m'affecta en son temps. Quand je revins de Montréal, Toinette m'accueillit en tremblant. Jacob, absent depuis le milieu de la belle saison, n'était point reparu. Mon vieil ami Tremblaye était reparti sur le *Neptune*. Aucun confident ne pouvait m'aider. Invitée au château du Gouverneur, je bavardai imprudemment avec Mme de

Saint-Clair, épouse de l'un de ses conseillers, qui brillait par ses paillettes et dentelles à défaut d'esprit. J'eus l'imprudence d'avouer que j'exerçais le métier de chirurgien à mes heures, c'est-à-dire assez souvent.

— Comment, me dit-elle, les habitants peuvent-ils faire confiance à une femme ? Vous me surprenez fort. Et votre mari ? N'y trouve-t-il rien à redire ? Sans parler de votre confesseur...

Je n'osai lui avouer que je fréquentais bien peu les confessionnaux, mais davantage les chevets des mourants. Pour Jacob, j'ajoutai sans hésitation qu'il ne s'y opposait guère et qu'à cette heure, il était parti à la traite.

— Depuis longtemps ? me demanda-t-elle.

— Assez.

— Vous n'avez point d'enfant ?

— Pas encore.

Elle me dévisagea avec cruauté.

— Il est grand temps. Une femme grosse doit être jeune.

Voyant ma mine déconfite et pour m'achever, elle ajouta avec fiel :

— Les hommes partent tous comme coureurs des bois au lieu de faire des enfants à leur femme et de cultiver leur terre. Le vôtre est peut-être en train de s'indianiser.

— S'indianiser ?

— S'il rencontre une tribu plaisante, et il n'en manque pas, il peut y demeurer, prendre femme...

Je faillis perdre les sens. Elle me prit la main et me dit en confidence :

— Ma belle, vous ne manquez pas de partis. Les intrigues ici sont fort nombreuses. Je connais bien des chevaliers qui seraient heureux...

— Gardez-les !

Assez impertinente, je rompis l'entretien, remis ma cape, pris mon cheval, et rentrai rejoindre l'habitation. Le feu me parut terne, froid. Je touchai à peine au souper. Bonami vint me tenir compagnie mais je le caressais distraitement. Cette sotte avait ébranlé ma certitude. Je me sentis persuadée que le beau Jacob était retenu au loin par des sauvages aimables et des Indiennes sensuelles connaissant mieux que moi le secret des meilleures caresses.

Dès lors, mes nuits devinrent une torture. Je guettais les aboiements de Bonami ; les chuintements des animaux rôdeurs. J'entendais parfois, au loin, dans l'habitation voisine, les rires de Toinette et Matthieu. Ils avaient maintenant trois enfants et s'employaient sans doute à préparer le quatrième. Sûr, si j'avais été plus fertile et moins savante, Jacob serait là. Pourtant, René Goutin avait quitté Simone et ses cinq enfants, dont le dernier à la mamelle. Lui aussi courait les bois, posait des pièges, et comme les autres, chassait jusqu'aux régions les plus reculées, à des milliers de lieues, proches peut-être du Japon que l'on savait caché quelque part, avant de se retrouver pour un réchauffement de cœur, à la taverne, Indiens et Canadiens mêlés dans une mâle saoulerie.

Je ne pensais pas au malheur. Connaissant la prudence de Jacob et la beauté de ses traits, perdant soudain confiance en mes propres attraits, je me laissai convaincre par cette pécore que j'avais rencontrée : il était à cette heure indianisé et devait demeurer dans quelque tente, comblé, satisfait. Ce ne serait pas le premier. Je me persuadais que je l'avais perdu une deuxième fois, mais ce coup-là à cause de sa perfidie.

J'interrogeai Toinette qui me répondit par un avis mitigé.

— Peut-être qu'il a quelque blessure. Ou une mauvaise rencontre…

— Et s'il est envoûté par des sauvages qui deviennent ses amis ?

Elle tordit son tablier

— Ma foi, on ne sait jamais.

Victor, qui atteignait bientôt ses sept ans, intervint bientôt dans notre entretien :

— Il faudrait envoyer Bonami. Il est peut-être perdu. Ça arrive aussi.

Mais Bonami, lorsqu'il quittait l'habitation, n'allait guère loin. Plus sage que les hommes, il revenait et se mettait à tourner en gémissant. Je feignis l'indifférence, allant voir mes patients ou mes chères amies. Simone, sans nouvelles de son René, m'accueillait avec résignation.

— Ma foi, s'il veut rester là-bas, ce sera son bon plaisir mais je dois faire vivre mes enfants.

Elle s'en tirait vaillamment, comme vous l'avez appris sans doute à Ville-Marie. Vous savez qu'il n'y a ici ni lin, ni chanvre, à cette heure, et peu de laine. Désormais seule, elle a engagé du monde et fait des essais sur l'ortie et le cotonnier sauvage. Avec l'aide d'un tisserand anglais prisonnier, elle a monté une manufacture de droguet, serge et couverte. Puis Simone a tâté de la teinture ; elle a fait appel à des Indiens vivant paraît-il dans les environs de Montréal, et réussit plus de dix teintures en rouge et en bleu*. J'ai eu l'impression en allant la voir que ma petite payse du *Neptune*, toujours aussi replète, allait malgré tout gaillardement à travers métiers et bains de trempage. Beaucoup d'hommes l'entouraient. Je ne serais pas étonnée si René Goutin, à son retour — s'il revient — trouve place prise.

J'aurais aimé cette indifférence, cette force. Catherine, comme l'amour est une triste faiblesse... Je perdais mes couleurs en ne dormant pas, imaginant Jacob tantôt dans le hamac d'une sauvage, tantôt attaché à quelque poteau de torture. Désespérée, j'allai voir Marie de l'Incarnation. La Supérieure me reçut avec affabilité :

— Alors, ma pauvre enfant, je vous vois déconfite. J'ai ouï dire que vous étiez bien heureuse avec votre Baron de Bressoir, venu je ne sais d'où.

— Ma mère, il a disparu. Parti depuis plus de dix mois.

— En ce pays, un tel délai est peu de chose. Au regard de l'éternité...

Je l'interrompis bien à tort :

— Je n'ai que faire de l'éternité.

La Supérieure fronça les sourcils :

— Vous avez tort. Vous devriez prier. Dieu, peut-être, vous entendra.

Je faillis riposter insolemment par un propos acide sur les tâches multiples du Père Éternel, sollicité en vain de toutes parts, mais

_____

* Ce fut en réalité l'entreprise réalisée par Agathe de Saint-Pierre, née à Québec en 1657 et décédée à l'âge de 91 ans (Jean-Marie Soyez, *Quand l'Amérique s'appelait Nouvelle*, Fayard, France, 1981, p. 176).

préférai prendre congé. Je retournai chez moi ; je n'ose plus dire « chez nous » ; l'espoir m'avait quittée et l'ignorance me rongeait. Je crois bien que j'ai prié le soir. Eh oui... Êtes-vous contente ? Non, vous ne pouvez pas l'être : je suppliais le Dieu de Jacob qui n'était ni le vôtre ni le mien. Il l'avait bien tiré de la chaîne. Je lui demandai d'intervenir encore et me mis à genoux, m'endormant sur le prie-Dieu. L'aube froide et pâle me réveilla. La neige immuable répondait : non. Je jetai mon chapelet au sol, comme naguère ma tapisserie, et tombai en pleurant sur mon lit.

Ce fut Bonami qui m'alerta. Puis les cris de Toinette, Matthieu et d'autres voisins. Je sortis en hâte, en mettant ma cape : des sauvages sortaient des taillis, au loin, portant une couverte attachée aux deux bouts. Un corps l'enfonçait, autant que je pus le voir. Ils étaient cinq Algonquins, s'approchant lentement sur leurs raquettes. Ils se mirent à prononcer des mots que je ne comprenais guère pour mon plus grand malheur. Matthieu vint à mon secours :

— Ils disent qu'ils l'ont trouvé. Il est vivant. Il s'était égaré.

Je perdis les sens, comme une donzelle de cour, et tombai dans la neige. Toinette me réveilla à coups de claques, les Algonquins attendaient, à peine surpris : que peut-on attendre d'une femme ?

Je retrouvai mes esprits. Nous fîmes coucher Jacob sur le lit, sous des couvertes. Il dormait toujours. Son front et sa jambe portaient des blessures enduites d'un emplâtre.

— Toinette ! Vite ! Je t'en prie ! De la sagamité...

Toinette disparut et se mit à préparer non seulement de la sagamité, mais sortant nos réserves, monta une table avec des pâtés, des truites, un morceau de venaison et des bouteilles de vin venues de France.

J'étais près de Jacob et ne le lâchais pas des yeux. Matthieu apparut :

— Nos amis disent qu'il est tiré d'affaire et qu'il faut le faire manger et boire, surtout !

— De la tisane ?

— Non, bien sûr, du vin !

Toinette lui apporta quelques mets. Jacob ne tarda guère à se réveiller et dévora sans crier gare.

— Va manger aussi, me dit-il avec douceur. Tu as dû bien t'inquiéter.

— Je pensais que tu m'avais oubliée.

Il posa la main sur ma bouche, et son regard me répondit bien mieux que les mots. Je regardai les plaies et changeai les pansements. Il s'endormit aussitôt. Toinette me relaya à son chevet. Je partis rejoindre la salle du repas. L'appétit m'était soudain revenu mais je brûlais surtout d'apprendre quel accident avait subi Jacob, et comment ces Algonquins me le ramenaient vivant.

Matthieu servit d'interprète, encore que l'un de ces sauvages parvint aisément à s'exprimer dans notre langue.

— Nous étions en train de chasser, expliquèrent-ils, à cinquante lieues d'ici, lorsque soudain, nous entendîmes gémir et appeler. Approchant avec prudence — car nous nous méfions des Blancs — nous aperçûmes au sol l'un d'entre eux, seul et la tête rouge de sang…

Jacob me fit le lendemain le récit complet de son aventure. Il était parti avec deux coureurs des bois prétendument fort avertis.

— Je sentis que le froid venait à grands pas et qu'il était pressant de rentrer. Mes compagnons se bornèrent à ricaner, prétendant que leur chasse restait insuffisante et les beaux jours devant nous. C'est alors que j'eus une discussion violente avec l'un d'entre eux qui me frappa à la tête. Je tombai au sol sans connaissance. Quand je revins à moi, il faisait presque nuit. Je pus juste constater que le produit de ma chasse m'avait été dérobé avec le toboggan qui le portait. J'étais dans une forêt inconnue. Mes compagnons venaient souvent y chasser, paraît-il. Je compris presque aussitôt qu'il s'agissait de gredins ayant eu sans doute maille à partir avec la justice du Gouverneur. Je me suis comporté comme un sot. Et, chose plus grave encore, le plus grand de tous m'a interpellé sous le qualificatif de huguenot. J'ai pensé d'abord à une plaisanterie de chasseur, mais il me vient maintenant une méfiance que j'avais oubliée.

— Vous auriez pu mourir là…

— Certes, je ne pouvais percevoir ni le nord, ni le sud ; il ne me restait aucune provision et j'étais blessé à la tête, ce qui entraînait des étourdissements funestes. Je me souvins heureusement des conseils avisés d'un sauvage de la tribu Cri. Je m'abstins de marcher inutilement pour ne pas me perdre davantage, et grâce à la clarté de la lune, regardais les arbres. J'avais appris, en effet, que les sapins exposés au vent penchent souvent vers l'est. Étant parti du nord, je pus fixer le chemin qu'il me restait à suivre.

Après avoir pris quelque repos, je trouvai facilement cette plante que vous connaissez sans doute… de l'herbe à feu dont les tiges peuvent être décortiquées et mangées crues. Cela me redonna la force de me préparer un abri. Je choisis un emplacement élevé. J'avais heureusement conservé sous ma veste une hache qui ne m'avait pas été dérobée. Je coupai quatre jeunes cèdres et réussis à confectionner un cadre avec des branches dont je couvris le fond ; puis j'enfonçai de jeunes sapins à chacun des coins et réussis, grâce à des écorces d'arbres et des branches, à me préparer un matchegin*… J'y laissai mes dernières forces et m'endormis dans la couverte.

À l'aube, je frissonnai, je me traînai pour trouver quelques joncs de marais et des châtaignes. Je voulais à tout prix préparer un feu. Réunissant le peu d'énergie qui me restait, je ramassai des écorces de bouleau ; mon briquet était aussi demeuré à l'abri sous ma chemise. Je parvins donc à me réchauffer et préparai des collets avec des tiges de chardon…

— Quelles connaissances !

— Hélas, ce ne sont pas les miennes. C'est à d'autres que je dois la vie. Je repris peu à peu mes forces, réussissant à attraper de petits animaux pour survivre, et persistant à manger des baies et des racines. Je repris mon chemin au bout de quatre jours. Mais une branche dissimulée par la neige m'échappa. Ma raquette droite demeura fixée tandis que j'avançai. Je tombai, la jambe blessée. Cette fois, c'était la fin. Je recommandai mon âme à Dieu…

Je regardais Jacob, rouge de honte. Je n'osais lui avouer ce que j'avais imaginé un instant. Il me prit la main :

— Marie, j'ai pensé à vous violemment. Je voulais vous revoir. C'était plus important que tout.

---

* Abri temporaire.

Il n'ajouta rien. Les Algonquins me l'avaient ramené. Et Dieu sans doute, dont je doutais parfois si fort. J'utilisais mes modestes talents pour panser ses plaies. Toinette prépara des soupes et des gibiers qu'elle accommodait à merveille. Quelques jours plus tard, le Baron de Bressoir avait repris toutes ses forces et me le fit bien voir.

*
* *

Nous n'entendîmes plus jamais parler des deux coquins que je recommande au diable, mais Matthieu me laissa entendre que l'on jasait à propos de Jacob. Ce baron ne disait rien qui vaille aux dévots de Québec et les propos allaient bon train.

Ma tâche n'était guère facile et le métier que j'exerçais prêtait aussi à des commentaires fâcheux. Une femme chirurgien ne se conforme guère aux préceptes enseignés. Le commun était prompt à y voir quelque sorcellerie. Madame de Saint-Clair se chargea de répandre ses aigreurs chez le Gouverneur et dans la noblesse québécoise ; je me mis à craindre le pire. Jacob était convalescent. Il me fallait à tout prix conserver quelques moyens d'existence.

Un jour, j'allai voir dans le bas de Québec un certain patient dont je veux taire le nom — appelons-le Baptiste — pour des raisons que vous allez comprendre. Il souffrait d'écoulements et de douleurs aux parties honteuses et refusait d'avoir affaire à un jupon. Je conçus, comme Jacob, une idée de survie :

— Ma foi, lui dis-je, c'est tout simple. Par l'un des derniers vaisseaux, un jeune chirurgien barbier, M. Robert, vient d'arriver ici. J'ai ouï dire que sa science est grande et ses talents immenses…

Les chirurgiens et médecins étaient encore rares. Mon patient me donna son accord et attendit pour le lendemain la visite de ce fameux Robert.

Je le logeai, afin d'en avoir l'usage le plus commode, dans une dépendance de notre habitation. Toinette, mise dans la confidence, me fit une sorte de robe noire tombant fort bas et cachant ma nature. Une tresse ramena mes cheveux en chignon, coincée sous un chapeau légèrement pointu. Je ressemblais ainsi à s'y méprendre

208

à ces fantoches doctes et redoutables, donnant médecine à Coutances ou Paris. Je pris seringues et clystères, me rendant chaussée de courtes bottes ; j'oublie le principal : Toinette, qui goûtait fort la malice, me confectionna une moustache du plus bel effet en poil de gibier, que je fixai avec de la colle à poisson. C'était le carnaval ; mais un carnaval sérieux me permettant de vivre.

Je descendis jusqu'à l'habitation du malade qui m'accueillit avec le plus grand respect. Les enfants terrifiés se cachèrent au fond de la salle. L'épouse me fit une révérence plongeante. J'avançai hardiment pour prendre le pouls de « Baptiste », et lui demandai de tirer la langue.

— Oh ! Oh ! Voilà qui n'est pas bien du tout. Je pense que le mal vient d'une bile brûlée. Il faut à coup sûr saigner et donner un lavement rafraîchissant avec une once de cassis et deux de sirop de pomme.

Expliquant que mon assistant barbier n'était point encore arrivé de France, je demandai à un valet présent de tenir le bassinet et donnai un coup de lancette. Vous savez que je pratique rarement la saignée, la jugeant inutile et nuisible. Mais si M. Robert ne donnait ni saignée, ni clystère, il devenait suspect.

Comme j'ai le malheur d'avoir quelque sens moral dans mon métier, je lui examinai le corps, en lui demandant de baisser les chausses. Son épouse sortit afin de ménager sa pudeur. J'examinai la verge et les bourses avec une main assurée, riant sous cape qu'il se fît ainsi, contre tous principes ecclésiastiques, soupeser par une fille d'Ève les parties pendantes. Des rougeurs sur le vit, et un écoulement qui paraît-il ne cessait guère, me firent comprendre ce dont Baptiste souffrait : il avait attrapé dans quelques bourdeaux que comptait maintenant notre Québec un coup de pied de Vénus. À moins qu'une voisine, portée sur le déduit...

Profitant de l'absence de l'épouse, je lui murmurai :

— Monsieur, votre mal est vénérien.

— C'est impossible.

— Je crains bien que non et l'on doit y remédier vite si vous ne voulez courir au trépas. Je continuerai les saignées...

— Mon Dieu...

— Il faut décongestionner tout cela. Et vous prendrez chaque jour des tisanes où vous mêlerez les substances dont je connais les secrets et venant tout droit de Montpellier où j'ai quelques amis puissants.

Au nom de Montpellier, mon homme s'esbaudit. L'épouse revint à petits pas. Je lui remis un paquet d'herbes que vous imaginez : anis sauvage*, herbe à Soldat**, épine de Mai***. Je précisai que l'onguent des feuilles serait tout à fait salutaire sur les endroits malades. L'épouse de Baptiste comprit qu'il s'agissait d'un malaise gastrique comme je le lui expliquai doctement, ajoutant toutefois que les rapprochements entre les époux étaient interdits jusqu'à guérison.

On me donna les pistoles que je méritais et M. Robert reprit le chemin de notre habitation. La chance (ou la malchance ?) voulut que mon homme guérit. On sut dans les tavernes que le nouveau praticien mettait fin aux maux vénériens. Ce fut le succès. M. Robert avait soin de ne jamais recevoir chez lui. Il dut promener clystère, lancette, robe, moustache et chapeau noir dans les ruelles de la ville et parfois au-delà. Après avoir accouché tant de braves filles que j'aimais, je me trouvai en train de soupeser les bourses que ces messieurs avaient égarées dans les endroits les plus déconseillés.

Il est vrai qu'ainsi je protégeais la santé de leurs épouses, mais je ne pouvais m'empêcher de songer que le Québec où Marie Arnault avait débarqué entre les Ursulines et les Récollets était en train de changer. L'inconduite naissait dans les tavernes, tandis que les fièvres descendaient des vaisseaux, contaminant nos sauvages qui commençaient à leur tour à tomber malades, confondant souvent le baptême avec le signe diabolique de la maladie subite et inconnue.

Un père jésuite se vit, paraît-il, trancher le crâne d'un coup de hache après un signe de croix sur le front d'un enfant iroquois, le père ayant jugé qu'il ne pouvait s'agir que de quelque malédiction.

---

* Ou salsepareille (Aratea Racemosa).
** Artanthe Elongata.
*** Cordalis.

Comme vous ne le savez que trop, les Iroquois que nous qualifions de barbares composent cinq nations, qui tous les ans s'envoient des députés pour faire le festin de l'union et fumer le calumet de la paix. Ces peuples, hélas, sont alliés des Anglais qui leur ont fourni armes et munitions. Ils ne supportent guère l'idée de dépendance. Nos gouverneurs leur ont fait la guerre, brûlant leurs villages et enlevant des centaines d'enfants pour en faire des chrétiens. Je n'ai pas l'impression que ces guerres aient été utiles à la sûreté de nos places. J'entends bien que ces hommes se livrent à force tortures et cruautés. Mais sommes-nous dignes de donner des leçons de charité, pratiquant les deux avec le même enjouement entre galères, questions ordinaires et extraordinaires ?

Je ne suis point stratège et nous ne sommes toutes deux expertes qu'en soins sur les souffrants. Aussi, avec prudence, oserai-je vous confier que nous serions mieux avisés d'amadouer les Iroquois en leur vendant des marchandises à bas prix, les Algonquins, les Hurons et bien d'autres restant selon moi les aimables philosophes nus, libres, indépendants, fiers, et dont Marie de l'Incarnation n'a jamais cessé de penser qu'il ne leur manquait que le baptême ainsi que la connaissance de l'Évangile.

IX

Nous eûmes cependant, peu après le retour de Jacob encore convalescent, bien des raisons de tenir rigueur aux Iroquois, après que les Algonquins nous eurent ramené mon époux sain et sauf.

C'était au mois d'août 1672. Jacob était demeuré au lit en train de prendre quelque repas après sa terrible aventure, persuadé de n'avoir survécu que grâce, si l'on peut dire, à son séjour en galère. Outre les conseils de l'Indien Cri comme ceux d'autres coureurs des bois qu'il avait entendus et surtout retenus, indispensables au voyageur perdu, il avait bien souvent dialogué, à voix basse, avec ses compagnons d'infortune dont beaucoup ne songeaient qu'à la fuite et préparaient un périple sur une terre inconnue. Une ville où l'on s'égare sans connaître la langue, refusant de prononcer un mot de crainte d'être pris ; les champs et les bois où il semble si difficile de trouver quelque aliment, transformant le fuyard en loup guettant sa pitance, ne sont-ce pas des sortes de forêts effrayantes où la survie impose des solutions difficiles, parfois atroces ? Il n'y a point de différence entre l'ours, le sauvage irascible et l'archer du Roi ou le dénonciateur. Ou plutôt si : les deux premiers s'attendrissent parfois ou se détournent. Il y a peu d'espoir pour un bagnard au crâne rasé et bonnet rouge de trouver un secours. Même déguisé par quelques chiffons, il est reconnaissable à mille signes et les bons apôtres prêts à le livrer aux argousins ne manquent pas.

Mais revenons à notre propos. L'habitation n'avait guère changé depuis ma première union : c'était toujours une seigneurie modeste comportant un fort ou plutôt, hélas, une palissade entourant la maison, celle de Toinette et Matthieu ainsi qu'une sorte de redoute assez modeste où Jacob avait fait ajouter des fusils et un canon de taille réduite. J'étais sortie pour ramasser le linge qui séchait à cette heure et portais déjà un drap à bras-le-corps, me préparant à le plier, non loin du fleuve qui bordait notre terre. Soudain, j'entends un coup de feu qui éclate et la voix de Toinette hurlant :

— Les Iroquois nous attaquent !

Je regarde au loin derrière un taillis et aperçois un groupe de guerriers aux visages peints. Il restait bien trois cents pieds à franchir jusqu'à l'habitation. Je me mis à courir, le diable à mes trousses, sans lâcher mon drap comme s'il ne contribuait pas gravement à me ralentir. Je fus bientôt rattrapée par l'un des sauvages et lâchai mon drap. Cette grande longueur de tissu fit culbuter l'homme. Je n'en demandai pas tant, courus de tout mon souffle et franchis la porte que je claquai en hâte sur le nez de l'assaillant.

Jacob, alerté, donna des ordres en hâte. Titubant en raison de son état, il distribua cependant les fusils à tous, même au petit Victor, et fit donner le canon. Ce fut la première fois que je devais tuer des hommes ; je le fis sans scrupules. Entre eux et nous, il n'y avait point de choix. Je tirai au jugé sur les assaillants assez proches qui tombèrent au sol. Jacob, soudain, poussa un gémissement. Il avait été touché au bras gauche ; il s'efforça de continuer à attaquer les guerriers, une vingtaine si j'en juge par le nombre de ceux que je vis, mais rien ne dit qu'il n'y en eût pas d'autres. Mon époux se mit à perdre son sang et tomba en faiblesse. Les Iroquois semblaient hésiter ; je conclus trop vite qu'ils renonçaient et conseillai à Jacob de retourner se reposer, le danger étant écarté. Les bêtes à cornes meuglaient dans l'écurie où Matthieu les avait fait entrer en hâte. Les valets s'arrêtèrent de tirer. On ne voyait plus d'assaillants. C'est alors que j'aperçus de la fumée dans un coin de la grande salle, puis près de la cuisine. Les flammes apparurent. Nous comprîmes que les Iroquois, changeant de tactique, tentaient de mettre le feu. Celui-ci commençait à prendre de l'extension et nous nous mîmes à jeter des seaux d'eau restés heureusement près du fourneau. Mais la fumée montait peu à peu vers l'escalier. Toinette et moi nous précipitâmes vers la chambre où Jacob était étendu. Nous le prîmes à bras-le-corps et l'enveloppant dans la couverte, le descendîmes dans la grande salle. Cette fois, les Iroquois se remettaient à viser le gibier enfumé que nous étions devenus. Toinette implorait la Sainte Vierge.

— Sûrement pas ! coupa Jacob qui venait de reprendre ses esprits.

Je lui fis signe de se taire. Toinette restait dévouée mais bavarde. Ce n'était point l'instant, de toute façon, d'entreprendre une discussion théologique et il paraissait imprudent, à n'importe quelle heure, de l'entreprendre ici comme ailleurs. Jacob se tint coi et fit des efforts difficiles pour se remettre debout. Nous avions déjà deux autres blessés parmi nos valets. Bonami aboyait furieusement et nous comptions nos dernières minutes, tandis que l'habitation commençait de flamber.

Soudain, nous entendîmes à notre grand étonnement des trompettes et des bruits de chevaux provenant du Château de Saint-Louis dont nous n'étions guère éloignés.

Jacob reprit cette fois la parole, non sans avoir réfléchi :

— On a annoncé l'arrivée d'un nouveau Gouverneur. C'est peut-être lui…

Les Iroquois, saisis par ces bruits guerriers, repartirent visiblement en désordre, tandis que notre pauvre habitation continuait à brûler. Mais la fumée était sans doute visible de bien loin et le tapage ne pouvait passer inaperçu. Les voisins accoururent (il n'y avait plus de danger guerrier) et entreprirent de faire la chaîne pour l'eau. Les soldats français, tout à coup, firent leur apparition, prêts à tirer sur un ennemi heureusement disparu.

— Qui êtes-vous ? leur cria Jacob.

Le Capitaine répondit fièrement :

— La troupe de Louis de Buade, Comte de Frontenac de Palluau ; nous venons d'arriver par le dernier vaisseau.

Cette fois, nous étions sauvés. Le Capitaine reprit aussitôt, sortant de son habit un rouleau qu'il décacheta :

— Vous êtes bien le Baron de Bressoir ?

— Vos informations sont exactes.

— Le Gouverneur a fait dresser la liste des gentilshommes, du clergé, des juges, des bourgeois. Il entend prévoir une réunion générale où le peuple prêtera serment.

Nous le remerciâmes pour son intervention si propice. Il nous répondit que M. de Frontenac étant présent, de tels événements avaient peu de chance de se reproduire. Quand il partit, après force saluts, il nous fallut constater que le toit et une grande partie du bois avaient brûlé. C'était, après tout, bien courant en Nouvelle-France où le feu était l'un des pires ennemis. Quelques jours plus tard, des maçons et des charpentiers vinrent se mettre au travail. Jean Santeau et Jacques Bertrand se hâtèrent eux-mêmes de venir. Nous nous logeâmes provisoirement dans l'habitation de Toinette que nous fîmes agrandir. Mais Jacob prit cette entreprise en main. Il était décidément fort habile en toutes choses : la maison neuve où les pierres épaisses prirent désormais une large place s'édifia rapidement. Toute la ville prenait d'ailleurs un nouvel aspect. Les couvents, les églises, les places, les rues semblaient prendre de l'ampleur. Comme Victor, la ville devenait un adolescent vigoureux.

Nous reçûmes quelques jours plus tard un billet du Gouverneur nous invitant à un bal qu'il donnait aux gentilshommes de la ville pour fêter son arrivée, les états généraux devant intervenir par la suite.

Jacob insista, en vue de cette circonstance, pour me faire porter une nouvelle toilette ; ce fut un jupon bleu mourant, une discrète assortie, busc serré dont j'avais, je le confesse, oublié un peu l'usage, la gorge conquérante comme il se doit, et quelques mouches bien placées. Marie Arnault reprenait son bel aspect de Coutances. Un coiffeur prétendument parisien et nouvellement

216

arrivé vint apprêter mes boucles. La distance était fort courte jusqu'au palais du Gouverneur mais mon époux jugea indigne d'exposer à la boue «une beauté aussi souveraine». Nous fîmes atteler les chevaux et montâmes dans une sorte de carrosse que le Baron de Bressoir venait d'acquérir grâce aux produits de la traite. Au moment où j'allais emprunter cet équipage si fastueux dans mon nouveau Québec, Jacob me tendit un écrin qui contenait un collier et un éventail. Tandis que je mettais le collier, un malotru se présenta, sans égard pour notre compagnie :

— Je cherche, cria-t-il, M. Robert. Mon beau-frère a l'air bien estropié à cette heure.

— M. Robert est à Trois-Rivières ; il rentrera demain.

L'homme me toisa :

— C'est plutôt à Monsieur le Baron que je préfère parler. Il n'y a point ici d'histoires pour les femmes.

— Mon épouse a raison. M. Robert viendra demain. Où se trouve votre beau-frère ?

— Près du Sault-au-Matelot. Qu'il demande le père Bouillard.

— Il le fera. Comptez sur moi.

Jacob, avec la douceur et l'esprit dont il faisait preuve à tout instant, posa sur mon bras une main douce, apaisante :

— Voilà un homme qui a bien de la chance. Mais j'en connais un autre en ayant davantage : celui qui dormira ce soir avec M. Robert…

Il baissa, ce disant, les rideaux de notre premier carrosse et prit ma gorge avec sensualité :

— Ceci est un acompte. Mais M. Robert a bien des raisons de trembler. Ma vengeance sera terrible…

Ses gestes devenaient plus ardents. Je ne dus mon salut qu'à la proximité du Fort Saint-Louis où les soldats, montant la garde, s'empressèrent à nos pieds.

Une foule nous avait précédés et je fus bien dépitée, hélas, de constater que les belles femmes étaient innombrables, les robes rutilantes, les éventails multiples s'agitant contre les moustiques de l'été. Des musiciens jouaient les derniers airs de M. Lulli et les menuets s'ébauchaient.

217

Je reconnus d'instinct le Gouverneur. Ce n'est point que son costume fastueux l'ait dénoncé, mais plutôt un port impérieux et ce je ne sais quoi de royal se dégageant de sa personne. Il n'était point jeune mais son visage impressionnait par la distinction et l'autorité. Mon époux et moi lui trouvâmes quelque ressemblance avec notre bon Roi Henri, que Jacob s'obstinait à nommer le «Roi de Navarre». La beauté proprement dite était absente de sa personne mais il inspirait la crainte et le respect; c'est du moins l'impression que je ressentis. Puisqu'il est venu bien souvent à Montréal, je pense, chère Catherine, que vous n'avez pas manqué de le voir. C'est un homme, comme vous savez, admiré mais plus souvent haï. Les bruits les plus fâcheux courent sur son compte. Mais je lui reste une amie fidèle, persuadée que seuls les médiocres bénéficient de l'approbation de tous, leur allure falote les mettant à l'abri de la jalousie.

Il me remarqua, ce jour-là, ce qui semble bien surprenant au milieu de cette nuée de belles où, selon moi, je passais bien inaperçue. Son avis sembla différent. Il me salua avec empressement et me baisa la main, invitant un laquais à me tendre une coupe de vin.

— Je suis, lui dis-je timidement, la Baronne de Bressoir.

Il me sembla voir un éclat malicieux dans ses yeux.

— Mais je le sais, ma bonne amie. Une des belles femmes de Québec, à ce qu'on dit. Longtemps seule, longtemps veuve, remariée à cette heure et... me suis-je laissé dire, chirurgienne...

Je rougis aussitôt, craignant la condamnation ou le sarcasme.

— N'ayez nulle inquiétude, chère Baronne. La pire chose, en ce bas monde, est de ressembler au commun des mortels. Je ne crois pas que vous en soyez menacée.

Le Gouverneur me parut tout à fait galant. J'appris par quelques courtisans qui se passaient clandestinement un billet que l'aimable Frontenac ne devait pas sa gloire au seul mérite guerrier. S'il est vrai, du moins il s'en vantait, qu'il avait subi autrefois au siège d'Orbitello une blessure lui mutilant le bras pour toujours, Louis de Buade ne semblait guère en être gêné. Les médisants fort nombreux prétendaient qu'il savait encore bien se servir de ce bras-là pour étreindre les belles et qu'en France, il fut du dernier bien avec Madame de Montespan, favorite qui avait succédé depuis un certain temps à la duchesse de Lavallière. Le billet du Comte échangé sous le manteau, hors des regards du Gouverneur et dont je réussis à prendre connaissance, était ainsi libellé :

« Je suis ravi que le Roi, notre Sire
Aime la Montespan !
Moi, Frontenac, je m'en crève de rire
Sachant ce qui lui pend !
Et je dirai, sans être des plus bestes
Tu n'as que mes restes
Ô Roi !
Tu n'as que mes restes ! »

Selon, paraît-il, Mademoiselle de Montpensier qui au demeurant haïssait Frontenac, ainsi que je devais l'apprendre, on conçoit que Sa Majesté n'ait guère apprécié que Louis de Buade braconne dans ses terres. Celui-ci aurait, en tirant son mouchoir, laissé tombé une lettre d'amour adressée à Mme de Montespan ; un courtisan, mettant le pied dessus, l'aurait ramassée avant de la remettre au Roi en temps opportun.

En envoyant Frontenac en des lieux plus salubres, voire réfrigérants, le Roi saisit-il l'occasion de se débarrasser d'un rival importun ? Qui le saura jamais ? Le Comte, apparemment, n'avait plus l'âge de jouer les galants, étant presque chenu, mais toute sa personne m'inspira l'amitié et le respect, sans que je puisse en discerner les raisons. La chose est d'autant plus surprenante que les courtisans de ce nouveau Versailles, fort généreux en d'autres temps en flatteries et révérences, ne manquaient pas de répandre à voix basse les critiques acerbes qui avaient dû franchir l'Océan, en même temps que le Gouverneur. Chacun parlait de ses goûts dispendieux, sa vanité, la meute de ses créanciers l'obligeant à fuir, son épouse, enfin, la belle Anne de la Grange surnommée la « Divine » dans les salons parisiens à la mode, qui faisait fort jaser et n'avait pas eu un instant l'idée d'accompagner son mari dans son gouvernement d'Amérique.

Autour de nous, ce n'était que satin, paniers, dentelles, gorges découvertes, perruques du bon faiseur, sirops et vins, violons, violes et fifres, menuets, branles, ballets. Parfois même, lorsque Mgr Laval, présent en cette cérémonie, tournait le dos, quelques «fêtes baladoires*» que vous connaissez bien. L'Évêque ne cessait d'ailleurs, autant que j'ai pu le voir, de pester contre ces jeux du diable et ces offenses à la pudeur, criant que la communion serait désormais refusée aux personnes du sexe se présentant aux offices la gorge et les épaules découvertes.

Frontenac riait sans vergogne, levant le verre mieux que personne, et jurant que l'on jouerait bientôt au Québec *Tartuffe* présentement menacé à Paris même. Je vous laisse à penser combien le Gouverneur me sembla aimable. Il le fut d'autant plus qu'il conversa longuement avec mon époux, considéré jusque-là par les autres gentilshommes comme un personnage douteux. Je compris en rentrant dans notre logis : une lettre du Marquis de Brézin me fut remise par Toinette. Elle était arrivée par le même vaisseau que le Gouverneur. Je vous en donne la teneur, l'ayant conservée précieusement jusqu'à ce jour :

«Chère Marie,
Permettez au vieux Marquis de vous appeler ainsi, malgré vos titres de noblesse dont j'ai ouï parler. S'il n'y avait l'Océan, bien dur pour mon pauvre cœur, j'aurais eu plaisir à vous retrouver car il y a bien des événements que je ne peux écrire, me contraignant fort en ce beau pays qui fut naguère celui de la Tolérance.

Le Comte de Frontenac est de mes amis. Il est averti de tout et vous pouvez vous fier à lui; Louis de Buade** est le fils unique d'Henri de Buade et eut Louis XIII pour parrain. Les Buade appartiennent à une vieille noblesse d'Épée connue au Périgord

---

* Danse que l'on exécute avec des gestes lascifs et des postures indécentes.
** Le Comte de Frontenac.

depuis des siècles. Antoine de Buade, grand-père de votre nouveau Gouverneur, a servi à titre d'écuyer personnel de notre grand Roi Henri et son fils était colonel au régiment de Navarre. Dois-je vous en dire davantage ?

Le Comte de Frontenac est un homme généreux et plein d'esprit. Il sait. *Et tout porte à penser qu'il aura pour le Baron de Bressoir les yeux de Chimène...*

Je suis toujours votre ami fidèle.

Marquis de Brézin »

Je m'empressai de montrer la lettre à Jacob :

— Je comprends, me dit-il, l'affabilité du Comte à mon endroit. Je dois cependant ajouter qu'il s'est montré soucieux et m'a prié de rester prudent. À voix basse, presque imperceptible, le Gouverneur a tenu quelques propos sur le danger que courent les gens de la R.P.R. lorsqu'ils pratiquent leur religion au vu et au su de tous. Je lui ai répondu que je n'en connaissais aucun, supposant qu'en ces lieux, les rares représentants de cette religion demeuraient aussi clandestins que les premiers chrétiens. Il a souri. Ce fut sa seule réponse. Mais j'ai le sentiment que le Comte est un ami. Le Seigneur fasse que je ne sois pas abusé.

Nous eûmes l'heur de le rencontrer un peu plus tard au cours d'une collation plus intime. Le Gouverneur nous dit à mi-voix qu'il avait appris la mort de son fils unique, François-Louis de Buade qui s'était fait tuer, à la tête de son régiment, dans un combat d'avant-garde, l'un des premiers qui se livraient au début de la guerre de Hollande. Son malheur était bien visible. Nous nous gardâmes de lui parler de son épouse mais il se laissa aller à murmurer :

— La Comtesse a de bonnes raisons sans doute ; elle défend à la cour mes intérêts qui en ont grand besoin. Mais la solitude est parfois une charge accablante.

Je ne pus m'empêcher de protester, avec la vivacité que vous me connaissez, qu'il avait déjà en Nouvelle-France des amis indéfectibles. Il m'en remercia, non sans nuance :

— Le Marquis de Brézin m'a beaucoup parlé de vous. Des défenseurs en haut lieu vous seraient peut-être nécessaires également.

Son ardeur éclata assez vite. J'avais ouï dire que c'était un fin lettré, goûtant fort le théâtre, assez peu les jésuites… Mais il entreprit assez vite une action des plus énergiques, prouvant, si nécessaire, qu'il entendait détenir l'autorité. Il organisa une réunion de plus de mille personnes auxquelles il fit leçon, leur rappelant que le premier devoir est l'obéissance au Roi et son représentant. Le lendemain, des Hurons et des Abenaquis, présents au grand déploiement, demandèrent à lui prêter serment. On prétendit que Colbert le réprimanda de ce beau zèle mais il n'en tint pas compte.

Dans le même temps ou presque, il se lia avec un sieur Cavelier de la Salle, aventurier de grand mérite dont on commençait à parler beaucoup, pour l'inciter à se rendre chez les Onontagues et convier le chef des Cinq Nations à une grande réunion qui eut lieu — vous le savez peut-être — à Kenté. Là, il leur fit un discours dont quelques mots me furent rapportés par Jacob qui l'accompagnait :

«Mes enfants, déclara-t-il, je suis consolé de vous voir arriver ici où j'ai fait allumer un feu pour vous voir pétuner et pour vous parler… Mon esprit est tout rempli de paix et elle marche avec moi. Courage donc, mes enfants, et vous reposerez.»

Alors que dans le même temps, les colons espagnols détruisaient les sauvages, les Anglais les tenant en mépris, l'attitude du Gouverneur, comme celle des coureurs des bois de Nouvelle-France, apparaissait chaleureuse et riche d'avenir. Comme vous le savez, une telle œuvre était d'avance condamnée : les Anglais tenaient à prolonger notre discorde avec les Iroquois et le Gouverneur demeurait haï par de nombreux représentants du clergé ; que peut-on faire au royaume de la Zizanie ?

*
* *

Vous devez penser que je suis un avocat bien partial du Comte de Frontenac. Il a, certes, quelques défauts, dont le goût de la traite qu'il partage avec bien des hommes, mais il m'est toujours apparu posséder le désir de découvrir plus avant l'Amérique française, ce territoire immense où les coureurs des bois, peu soucieux de gloire pourtant, vont porter le drapeau du Roi de France. Il eut conférence avec ceux-ci deux fois par semaine lors de sa présence au Québec et se lia intimement avec Cavelier de la Salle dont nous devions sous peu faire la connaissance pour notre salut.

Je ne vous parle pas de Louis Jolliet et du Père Marquette que vous connaissez mieux que moi, découvrant la grande rivière*, leur descente jusqu'à Peoria, où ils furent accueillis, nous dit-on, par un très vieil Indien s'écriant : «Que le soleil est beau, Français, quand tu viens nous visiter. Tout notre bourg t'attend et tu entreras en paix dans nos cabanes.**» Puis l'Arkansas***.

Je ne peux m'empêcher de revenir à ce fascinant personnage, Cavelier de la Salle, que vous connaissez mieux que moi peut-être, puisqu'il eut une seigneurie à Montréal. Cet extraordinaire coureur des bois, habile à chasser, manier le canot, faisait la guerre comme les sauvages la pratiquent. Au demeurant, ami damné de notre Gouverneur. N'étaient-ils pas faits de la même glaise ? Nous le connûmes au moment où il envisageait d'aller encore plus au sud pour trouver l'ouverture du Mexique.

Tout commença pour nous par un billet du Gouverneur nous mandant de venir. Jacob et moi nous présentâmes aussitôt. Frontenac se montra fort aimable mais inquiet :

— Cher Baron (dois-je vous appeler Baron ?), vous êtes pour moi M. de Bressoir mais comptez de nombreux ennemis que

---

* «Ohio» en iroquois, «Mississippi» en outaouais.

** Il s'agissait vraisemblablement d'un déserteur français indianisé comme il en pullulait à l'ouest des grands lacs. La phrase fut gravée sur le monument de Marquette à Laon, en 1935. *Histoire populaire du Québec*, Jacques Lacoursière, éd. Septentrion.

*** Le Père Marquette périt de fatigue après avoir prêché plus de deux mille Indiens ; son corps sera ramené par une bande de Kiskakous montés sur trente canots, il n'y avait pas un chrétien parmi eux (Jean-Marc Soyez, Fayard).

vous ne soupçonnez pas. On vous a vu vous entretenir avec des colons suspects d'hérésie. Je ne vous en dis pas plus. Mais si vos ennemis parlaient, nous n'ignorons pas quel serait votre sort.

Jacob se mit à pâlir :

— Que dois-je faire ?

— La France, à ce jour, n'est guère plus accueillante. Vous pourriez y retourner mais avec maintes précautions. Dans un premier temps, afin de permettre aux bavardages de se tarir, je vous suggère de partir en expédition avec M. Cavelier de la Salle. Je vous sais hardi. Entreprenant. J'ai parlé de ce projet à M. Cavelier. Il n'y est pas hostile.

Ce fut tout réfléchi. Jacob, terrorisé à l'idée de retrouver la chiourme ou de connaître le bourreau pour son évasion, ne balança guère :

— Je suis prêt, dit-il calmement.

Je me gardai bien de l'en dissuader, encore qu'une nouvelle séparation dont j'ignorais la durée me plongea dans la consternation. Son absence m'affectait d'autant plus que l'on commençait à jaser sur moi. Mes compétences de chirurgienne relevaient, selon certains, de la sorcellerie et se trouvaient contraires aux Écritures. Il était par ailleurs avéré que je portais ombrage à l'excellent M. Robert auquel je prenais des pratiques. C'est du moins ce que Toinette m'expliqua. Elle-même venait de mettre au monde son septième enfant. Tous étaient fort gaillards, poussant comme de jeunes érables. Matthieu, fier comme Artaban, menait sa tribu avec autorité et tendresse. Ils doivent être pères de familles et sont peut-être coureurs des bois à cette heure. Nos autres «filles du Roi» ont été aussi prolifiques ; leurs enfants ont connu peu de mortalité. J'ai la modestie de penser qu'ils le doivent à vos bonnes herbes mais surtout à cet air canadien magique qui a fait pousser cette forêt humaine. Je le dis, non sans mélancolie, n'ayant eu à cette époque point encore d'héritier, bien qu'ayant suivi vos conseils en vue de favoriser ma fertilité.

Le Gouverneur m'avait rassurée sur mon sort discrètement. Mais lui-même était menacé, contesté, haï, et nos destins se retrouvaient liés.

Nous fîmes la connaissance de M. Cavelier de la Salle au Fort Saint-Louis où le Gouverneur entendit assurer sa première rencontre avec Jacob. Je n'avais pas lieu d'être là mais soupçonne fort M. Frontenac d'avoir goûté obscurément mes appas, et peut-être aussi l'esprit de fronde qui a toujours été le mien, lui rappelant celui de son épouse, naguère complice effrontée de Mademoiselle de Montpensier.

Si je n'avais été éprise de Jacob, je serais peut-être tombée sous le charme immédiat de ce grand voyageur dont on commençait à jaser. Arrivé au Canada deux ans après nous, il n'avait pas trente ans lorsque je le vis : une stature élevée, l'allure vigoureuse, le port altier ; le visage fin et mince, marqué par un nez busqué accentuant son expression volontaire ; une bouche fort bien dessinée, et des yeux mobiles qui me dévisagèrent sans vergogne avant de repartir, hélas, vers des horizons auxquels il rêvait.

— Robert Cavelier de la Salle, nous dit M. Frontenac, a reçu les ordres mineurs chez les Jésuites. Un ami, en quelque sorte…

Le Comte souriait dans ses moustaches en tenant ces propos.

— Mais, ajouta-t-il aussitôt, il s'est fait heureusement relever de ses vœux.

— Les Jésuites ne me le pardonneront pas…

— Peu importe. Il vous manque, très cher, une qualité essentielle : la soumission. Quelle erreur !

Ni Jacob, ni moi ne fîmes le moindre commentaire à ces propos. Le discours qui suivit nous parut, au demeurant, plus décisif :

— Mon ami s'est vu concéder un domaine dans l'Île de Montréal et en a profité pour fréquenter nos sauvages. Il les comprend ; il s'en est fait des amis. Et savez-vous ce qu'il veut ?

— Non pas, murmura Jacob.

— Bâtir pour la France et avec l'ordre de Dieu un immense Empire. Il veut reprendre la rivière des Illinois, et descendre le fameux père des fleuves, ce Mississippi qui doit mener à la mer… Loin. Très loin…

— Je le crains.

— Ce n'est pas la hardiesse qui vous manque. Et, cher Baron, écoutez-moi bien : notre ami, car je pense que c'est déjà le vôtre ou je vous connais mal, veut une expédition mêlée de Français et de sauvages. Elle comptera, songe-t-il, vingt-trois Français et dix-huit Indiens de la nation des Loups et de celle des Abenakis. Des hommes, bien sûr, mais aussi dix femmes et trois enfants. Cela fera cinquante-trois personnes.

— C'est un merveilleux projet...

— Vous avez raison, Jacob. Vous serez le cinquante-quatrième...

— Votre volonté est la mienne.

— Le Baron de Bressoir n'a pas le choix et le Comte de Préclair encore moins...

Ce disant, Frontenac éclata d'un rire énorme, nous faisant bien entendre qu'il attachait fort peu d'importance au passé de Jacob, l'avenir de l'Empire français d'Amérique lui paraissant autrement important.

Cavelier n'avait prêté aucune attention aux derniers propos du Gouverneur. Il se bornait à murmurer ses craintes :

— J'ai peur de tous, sauf des sauvages. Mes hommes m'ont déjà abandonné, à la première expédition, partant avec canoës et bagages.

— C'est vrai ; tout autre que lui aurait péri dans ces solitudes...

— Il faut s'habituer à ce qui décourage... Mais je persiste à craindre l'intrigue, la malveillance, l'incompréhension, la jalousie, la trahison...

Frontenac lui donna une grande bourrade dans le dos :

— Pardi l'ami, nous avons les mêmes adversaires. Il n'y a que les médiocres appréciés ici-bas, et encore, pas toujours...

Jacob écoutait tout cela les yeux brillants :

— J'ai connu moi aussi les courses lointaines, je suis prêt à vous aider mais je dois vous avouer un seul obstacle.

— Lequel ?

Mon époux me prit la main :

— Vous pouvez rire si vous voulez mais je mourrais sans elle. Votre voyage sera long, je ne peux la laisser.

— Il n'y aura pas de femme blanche, coupa Frontenac, sur un ton irrité.

Cavelier me regarda de ses yeux si mobiles :

— J'ai ouï dire que la Baronne de Bressoir était chirurgienne. Peut-être ses talents, après tout…

— La Baronne de Bressoir ? Ah ! Ah ! Ah ! Vous voulez parler de M. Robert, cet aimable barbier, si habile en tous lieux et que Madame, ici présente, rêve de supplanter…

— Sûrement pas !

— J'espère que vous ne prenez pas mon propos à la lettre. Sachez que les agents d'information du Gouverneur que je suis travaillent fort bien et qu'après tout, il serait peut-être opportun que vous partiez aussi quelque temps… M. Robert saura se vêtir en coureur de bois. Le carnaval ne lui a jamais fait peur.

Nous nous quittâmes dans un bain d'amitié. Frontenac demanda aux laquais d'ouvrir quelques bons vins de France que nous bûmes en gaieté. Le Gouverneur eut le mot de la fin :

— Savez-vous que nos sauvages adorent notre bon vin ? Au lieu de livrer cette détestable eau-de-feu, nous ferions bien de leur faire boire nos grands crus, à la santé de notre futur Royaume d'Amérique.

*
* *

M. Cavelier de la Salle fixa le départ à Montréal. C'était le début de la belle saison. Nous partîmes avec peu de bagages : une chemise sur la peau, un bonnet de castor, une couverte en laine, mocassins, fourrure pour le froid, fusils, pierre à feu, raquettes. M. Robert — puisqu'il prenait désormais ma place — emporta une cassette de remèdes et d'instruments. Elle risquait, hélas, de servir. Toinette et Matthieu demeuraient là pour garder la nouvelle maison que l'on achevait de construire. Je me demandais avec angoisse si nous pourrions la revoir un jour.

La veille du départ, nous nous fîmes nos adieux, d'une certaine façon : il était peu probable que ce maudit Robert puisse s'isoler comme nous le souhaitions avec Jacob sans provoquer

227

de douteux propos. Je fis provision de la douceur de peau de mon époux ; son odeur ; ses lèvres. Il me rendit tout au centuple. Nous avions coutume d'être fort généreux sur le terrain magique de la joute amoureuse en dépit de notre mariage auquel nous avions dû nous soumettre et qui ressemble si souvent à un carcan. Mais cette sorte de torture, Dieu merci, nous épargnait ; nous gardions notre fraîcheur d'âme et de corps.

Nous partîmes tous les deux avant le lever du jour et gagnâmes par étapes Montréal, où je ne pus vous voir, hélas, ni même prendre congé. De là, nous retrouvâmes Cavelier et ses compagnons. L'un d'entre eux me surprit : il s'agissait d'un ancien officier du Roi, Henri de Tonti, d'origine italienne. Un colosse amputé de la main droite et que l'on surnommait « Main de Fer ». Nous eûmes l'impression que Cavelier lui portait une profonde amitié.

Ce dernier se montra plein d'espérance. Après avoir avalé, nous dit-il, une salade à la ciguë que d'obscurs ennemis lui firent servir (cinquante jours avaient été nécessaires à son rétablissement), il s'était rendu en France, à la Cour, portant justaucorps et perruque.

— Ma foi, s'écria-t-il en riant, je me demande si je ne préfère pas la ciguë. Les courtisans sont de viles sangsues stupides et redoutables. Cependant, Colbert m'a reçu...

— Tout est donc bien.

— Mon pauvre Jacob, je l'espère. Le Roi m'a accordé des lettres patentes pour prendre possession de ces vastes territoires... Mais je n'ai confiance en personne, à peine en moi-même...

Nous retrouvâmes après de longs jours de navigation la rivière Colbert, comme l'avait, paraît-il, baptisée Jolliet. Notre flottille allait, cette fois, bon train. Nous venions d'être rejoints par les sauvages qui nous accompagnaient avec leurs canoës en bouleau blanc ou décorés de bleu, noir et rouge. Nous portions des culottes et des vestes de bison. Les Indiens, des jambières enfilées jusqu'aux cuisses, une peau de bête au-dessus du buste, des plumes sur la tête. Les squaws en robes souples et frangées surveillaient leurs enfants placés derrière le père. Cavelier, soudain, se montra soucieux, la figure assombrie. Nous nous arrêtâmes malgré notre hâte. Il souffrait de douleurs au ventre et déclara tout aussitôt :

— Décidément, on en veut à ma vie. On a encore tenté de m'empoisonner.

« M. Robert » s'approcha timidement.

— Ah non ! cria Cavelier, pas de médecin ! Pas de médecin ! Ce sont des tueurs pires que les autres.

— J'ai pourtant là, si vous le souhaitez, un électuaire opiacé ; de la thériaque, voulez-vous l'essayer ?

— Au point où nous en sommes...

Ses douleurs augmentaient. Il accepta mon offre. Quelques heures plus tard, l'empoisonnement se trouvait jugulé. Il me remercia très promptement et nous reprîmes notre navigation.

— C'est quand on n'a plus d'espoir qu'il ne faut douter de rien, conclut-il avec emphase.

Il avait raison. Le Mississippi l'attendait, somptueux, intimidant, inquiétant avec les gros blocs de glace qu'il charriait encore, s'écartant de ses îles rongées par les eaux en crue, entre des rives lointaines bordées de savanes vert tendre ou de forêts déjà printanières. Jacob, près de moi, me prit la main. N'avions-nous pas mérité ce fulgurant voyage loin de la chiourme et de l'hôpital ?

Mais le destin en avait décidé autrement. Les canoës par leur nombre se distancèrent peu à peu. Le nôtre demeurait en arrière avec celui d'un homme plus âgé s'appelant Antoine. Soudain, j'entendis un petit cri auquel une meute d'hommes invisibles répondirent par un cri plus terrible. Antoine, qui n'en était pas à sa première course, eut à peine le temps de nous prévenir :

— Les Iroquois !

Les autres étaient déjà loin ou peu désireux d'affronter le danger qui nous menaçait. Les flèches commencèrent à voler dans notre direction. Tous se jetèrent à l'eau avec leurs armes afin de se dissimuler dans les branches et tirer efficacement. Pour mon malheur, je ne savais pas nager. Je me sentis happée par un Iroquois qui me ramena vigoureusement à terre; quelques instants plus tard j'étais ficelée. Nos compagnons, y compris Jacob, avaient disparu. Les Iroquois, au cours d'une longue marche, me ramenèrent à leur village. J'aperçus un peu plus loin Antoine attaché de la même façon. Il eut à peine le temps de me murmurer:

— C'est la fin. Le poteau de torture…

Il était défiguré par la peur. Je devais avoir le même aspect. Nous fûmes conduits jusqu'au village, dans la cabane de celui que je supposais être le chef. Les femmes et les enfants nous regardèrent avec convoitise. Je pensai avec terreur que la sagamité serait assaisonné le lendemain de «fille du Roi». On nous attacha tous deux au poteau qui se trouvait installé sur une sorte de place centrale. Autour, une trentaine de cabanes longues étaient construites à angle droit. Hommes et femmes allaient et venaient à peu près nus, vêtus d'un simple pagne et d'une ceinture à laquelle étaient accrochés leurs armes ou leurs outils. Je vis tout cela dans un rêve, ou plutôt un cauchemar. Ils chantaient tous avec allégresse. Attachée, je ne pouvais même pas tordre les doigts et m'imaginais déjà déchiquetée ou brûlée. On nous arracha la chemise à tous deux. Antoine avait la poitrine large et tannée par l'air et ses voyages. Bien qu'âgé selon moi d'une quarantaine d'années, il était encore fort séduisant mais à quelle fin?

Moi, je me retrouvais soudain, après tant d'années où Jacob avait découvert ma traîtrise, le torse dénudé, offrant aux sauvages le spectacle d'une femelle désirable. Ma gorge était intacte et toujours insolente. On m'arracha le bonnet de «M. Robert». Mes cheveux blonds descendirent aussitôt sur mes épaules. Sans façon, les sauvages me retirèrent le reste. Déjà, j'étais détachée, nue ainsi qu'au jour de ma naissance ou comme dans la grange, lorsque l'affreux Renoncour m'avait dénichée. J'entendis des exclamations. Des palabres. Antoine n'était pas loin de moi. Il possédait une supériorité partagée par Cavelier: les langues iroquoises et algonquines lui étaient familières.

— Il se passe quelque chose, lança-t-il. D'abord, nous ne sommes pas chez des purs Iroquois. Des Algonquins primaires, peut-être des esclaves, sont parmi eux. Ensuite…

Il ne put poursuivre. Un sauvage s'approcha de moi et se mit à me palper avec douceur. Il me prit par le bras et fit mine de m'emmener. Le chef fit un signe, désignant les autres femmes du clan qui criaient plus fort que les hommes et semblaient commander.

Antoine réussit à s'approcher de moi :

— Je crois, dit-il, que nous n'allons avoir la chance d'être adoptés. Ces femmes se plaignent de la mort récente de guerriers ou de proches parents. Elles doivent proposer que nous les remplacions…

Effectivement, ce fut un véritable rite funéraire qui commença. Les squaws se tordaient les mains dans un violent accès de douleur, déplorant sans doute la perte d'un être cher. Elles avaient la tête recouverte d'un linceul. Pendant ce temps, Antoine et moi fûmes séparés. Chacun de nous prit place dans une cabane. La cabane était déjà remplie d'enfants et de quelques femmes. J'aperçus au milieu une courte banquette de terre où des feux brûlaient en permanence. Je dus prendre place près de ce feu et me tenir assise. Une des femmes, dont je supposais qu'elle était la mère du clan, entonna un chant lugubre qui m'inquiéta. En fait, il annonçait, ainsi que je le compris plus tard, non pas ma mort mais la renaissance des défunts. Son chant fut suivi d'un long discours que je ne compris guère. Antoine, que je devais heureusement revoir souvent par la suite, m'expliqua le sens de cet exposé. Je ne me souviens que de quelques phrases essentielles :

— Oh, notre frère ! Hélas ! Il est parti. Il ne reviendra jamais. Mais pourquoi pleurons-nous ? Il est tombé avec gloire. Son esprit a vu notre détresse et nous a envoyé Tiskawamis. C'est notre sœur. Désormais, à la place de notre frère, elle se tiendra dans notre tribu.

Dès lors, je fus aussitôt lavée, habillée, puis invitée à partager la sagamité iroquoise qui mitonnait sur le feu, où je crus déceler du maïs, des débris de courges, d'écorces, de grenouilles et autres morceaux de viande que je ne pus identifier.

J'étais placée près d'un sauvage qui m'avait prise par le bras et dont le visage m'apparut fort beau et différent des autres. Je

devais en apprendre le motif par la suite. Il s'agissait d'un prisonnier comme nous : un Algonquin. J'avais entendu dire que ces
Algonquins surprennent tout Blanc mal informé : ce sont les sauvages qui ont le plus d'allure, de noblesse, d'attitude et de beauté.
Il me regardait par instants quand il pensait que je ne le voyais
pas. Il commença à toucher mes cheveux, ce qui m'inquiéta grandement, puis posa sa main sur la mienne. Les autres se mirent à
pousser des cris et tenir des discours que je continuais à ne pouvoir saisir. Mais il me sembla comprendre assez vite ce qui m'attendait. L'Algonquin me désirait. Les autres, apparemment, n'y
firent aucune objection. Mon maître — puisque c'était désormais
cela dont il s'agissait — prononça le mot de «wigwam», sortit de
la cabane et se mit à préparer loin des autres une tente pointue
dont je compris assez vite la destination.

À la tombée de la nuit, nous nous retrouvâmes tous dehors.
Les Iroquois dansaient et chantaient la joie de leur capture tandis que les plus affamés se servaient de cette sagamité qui n'exci-
tait guère mon appétit. Je finis par en prendre, la faim m'y poussant. Antoine tenait la main d'une femme qui semblait lui porter
les attentions d'une épouse. Apparemment, nous étions bel et
bien tous les deux mariés à l'iroquoise.

Il put me dire encore quelques mots :

— Je pense, Madame, avoir compris que M. Robert n'existait
pas et à cette heure, la chose me semble bien dépourvue d'intérêt. Nous pourrions compléter le potage de la tribu. Estimons-
nous chanceux. Vous l'êtes encore plus que moi. Vous avez
comme maître un Algonquin ; ils sont raffinés et beaux. Il ne
vous reste plus qu'à apprendre très vite à parler sa langue ainsi
que l'iroquois.

— Antoine, murmurais-je, je suis mariée au Baron de Bressoir.

— Madame, je pense que vous devez l'oublier. Il vaut mieux
forniquer avec un sauvage que se voir arracher les ongles ou la
chevelure… Ce n'est point une tromperie. Si vous voulez rester
vivante… Moi-même…

Je n'entendis rien d'autre ; nous fûmes séparés. Et je devins
pour tous Tiskawamis. Ignorant le nom de mon maître qui ne

me parlait que par signes ou par gestes, je l'appelai Silence et il sembla retenir ce nom. Quand la lune apparut, l'obscurité étant totale, Silence rejoignit seul le wigwam ; à mon étonnement, il avait préparé un feu à notre intention. Quand je vins le rejoindre, je vis en effet un canard sauvage achevant de cuire sur une sorte de grille. Il m'invita à m'asseoir et partager le gibier, sortant un sachet d'herbes odoriférantes qu'il répandit sur la viande. Nous allions donc dîner à l'algonquine. Son costume était brodé de coquillages et de dents de fauves. Quelques peintures étranges sur son visage en accentuaient la beauté.

Quand nous eûmes fini, il me montra la couverte. Je ne balançai guère et me déshabillai. Avais-je, Catherine, un autre choix ? Je ne peux vous donner trop de détails mais sachez que nous autres Blancs sommes peut-être bien prompts à imaginer que les sauvages manquent de façons. Silence les connaissait toutes apparemment. Il me caressa de telle façon qu'il me laissa sans défense et prête à tous les sacrifices. Nu à présent, il m'apparaissait fait à la perfection. Je vous entends : « Aviez-vous déjà oublié votre Jacob ? » Certes non : ils rivalisaient tous deux en beauté. À toute autre que vous, je dirais que le choix ne m'appartenait pas. Au confesseur que vous êtes, j'avouerai que Silence me séduisait comme Jacob dans la grange de Coutances. Mais il n'avait pas les mêmes scrupules. Il me prit sur la couverte et nous nous endormîmes l'un contre l'autre. J'eus un instant l'idée que Jacob était peut-être accablé de douleur en m'imaginant mise à mort après mille tortures. Antoine devait provoquer une pitié et une angoisse analogues dans le groupe. Cavelier avait peut-être fait revenir ou laissé quelques-uns de ses hommes en arrière pour tenter de nous retrouver.

Dix lunes passèrent. Ma vie se déroulait singulièrement paisible ; pour l'instant, la femme ne songeait point à la guerre. Il régnait au camp une liberté inconcevable ailleurs. Personne ne songeait à corriger un enfant pour quelque sottise que ce soit. Il y avait une cabane particulière où s'entassaient à grands rires les jeunes filles en état d'aller à l'homme. Elles se montraient visiblement fort accueillantes et de mœurs libres. Les hommes y entraient comme ils voulaient.

Tout était à tous. Je compris cependant qu'ils échangeaient parfois avec les tribus voisines une monnaie qu'ils appelaient l'«esnoguy». Il s'agissait de lamelles taillées dans un coquillage, polies, percées et enfilées pour former un collier qu'ils appelaient «wampum». Silence m'emmena à la rivière la plus proche; j'y vis un cadavre presque frais, tailladé et immergé. Je compris que ce n'était pas une victime mais un défunt récent. Un moment plus tard, les autres vinrent le retirer; chaque plaie était remplie d'«esnoguys» dévorant le corps. Ainsi se préparaient les colliers...

Mais Dieu merci pour moi, si j'excepte ce détail macabre que vous connaissez peut-être, en l'absence de toute capture et la chasse étant bonne, il régnait une paix de la nature qui me faisait comprendre pourquoi tant des nôtres s'indianisent. Dans notre wigwam, Silence se montrait d'une grande douceur et je répondais à ses désirs avec une promptitude qui me fait encore rougir aujourd'hui. Je ne vous en ai guère parlé à mon retour. Nous autres chrétiens, possédons davantage l'art de souffrir que celui de saisir le plaisir et l'instant. J'apprenais peu à peu l'iroquois et quelques mots d'algonquin, devenant peu à peu Tiskawamis, la femme de Silence que je commençais d'aimer.

Mais un jour s'éleva une discussion violente entre les femmes qui se mirent à hausser le ton. J'imaginai qu'elles se mettaient à songer à quelque entreprise guerrière. L'une d'entre elles désigna notre wigwam avec fureur. Je pensai aussitôt à un mouvement de jalousie ou d'hostilité à l'endroit du couple que nous faisions, étranger à l'iroquoisie mais cependant adapté. C'est ainsi que je pris peur. Il y eut des conciliabules. Silence me regardait avec trouble et inquiétude. Alors, le matin suivant, vers midi, voyant que personne ne me prêtait attention, je me mis à courir de toutes mes forces, loin du village, vers la forêt. Antoine m'aperçut et cria:

— Marie! Tu es folle!

Silence ne tarda pas à courir à son tour, cherchant à me rattraper. Les autres bientôt le suivirent. Je supposai non sans raison qu'ils étaient armés de leurs arcs ou de carabines. Leurs cris se rapprochaient. Silence se trouvait maintenant derrière moi. Quand les Iroquois furent à bonne portée, ils tirèrent. Je cherchai désespérément un arbre pour me dissimuler; soudain, Silence, tandis que les autres cherchaient à m'atteindre, se plaça devant moi. Il y eut un grand bruit d'armes tirant en même temps et je sentis contre moi le corps de l'Algonquin devenir faible, sans vie. Comprenant aussitôt qu'il venait de mourir à ma place et pour moi, je repris ma fuite éperdue, réussissant à disparaître dans les hautes herbes. Je retrouvai la rivière et marchai, épuisée, les pieds en sang. Je ne m'arrêtais qu'à la tombée de la nuit, dormant enfin, exténuée. Je repris ma course mais, cette fois, je n'entendais plus ni les cris, ni les voix des Iroquois.

Combien de lieues ai-je ainsi franchies? Je l'ignore. Quelque temps plus tard, je fus réveillée par des bruits de canots et des voix françaises. Cette fois, ramassant mes dernières forces, je courus dans cette direction.

La Providence, décidément, venait à mon aide une fois de plus: je reconnus Jacob et ses compagnons. Il hurla en m'apercevant, imité par les autres. Les canots étaient au nombre de trois. Cavelier avait dû poursuivre sa route. Mais depuis plusieurs mois, ainsi qu'il me l'expliqua, Jacob cherchait en vain ma trace, prêt à tirer vengeance de ceux qui s'étaient emparés de ma personne. Quand il me vit saine et sauve, il m'étreignit avec une force que vous imaginez. Ils me hissèrent sur l'un des canots où je tombai, épuisée. Je n'eus que le temps d'entendre Jacob s'exclamer:

— Dieu merci, elle est vivante.

— Que faisons-nous?

— Pardi! Nous retournons à Montréal.

Personne ne fit allusion à M. Robert; je pense qu'après ma disparition, Jacob avait eu tout loisir de se justifier; le drame était si grand que tout autre détail paraissait dérisoire.

Je m'endormis presque aussitôt. Au cours d'une de nos premières étapes, je partageai ma cabane avec Jacob. C'était la première fois que nous nous retrouvions seuls. La température restait encore fort douce; nous reprîmes notre liaison où nous l'avions laissée. Vous vous étonnez peut-être que j'emploie le mot «liaison» bien que s'agissant d'époux. Mais notre entente charnelle était si grande que je préfère utiliser ce terme chargé de passion et de flamme. Je vous entends: «Et votre infidélité récente? L'avez-vous avouée à votre compagnon?»

L'auriez-vous fait? Était-il nécessaire de blesser à mort un homme tant chéri pour lui conter ce qui, d'une certaine façon, était un viol... ou presque? J'y ai consenti avec volupté. Mais avais-je le choix? Et si vous me donnez tort, eh bien, voilà une nouvelle raison d'être damnée. Je vous l'ai dit au début de ce récit. Le diable m'a donné des appétits et des appas. Le Seigneur puisse-t-il me pardonner mes péchés innombrables.

En arrivant à Montréal, j'allai vous quérir, si vous vous en souvenez. Émue par nos malheurs, vous nous offrîtes l'hospitalité dans votre habitation. Nous découvrîmes vos enfants, votre époux, affable et souriant.

Ayant pu vous entretenir en un endroit retiré, je vous confiai un secret que je venais de découvrir: je n'avais plus mes mois. Vous m'examinâtes. Je ne pense pas que vous l'ayez oublié. Après cet examen, vous conclûtes gravement:

— Marie, il est trop tôt pour conclure; vous l'êtes peut-être, mais de fort peu puisque vous avez retrouvé votre mari depuis peu.

Il fallait donc attendre davantage; je me sentais cependant déjà réjouie et tremblante; l'enfant que j'attendais était-il de Jacob? Silence avait-il conçu l'enfant sous le wigwam? Tout semblait possible. Une seule certitude: je me garderais d'en souffler mot à mon époux aussi bien qu'à vous-même. C'est aujourd'hui que je vous fais cet aveu. Notre distance, le temps qui passe, m'incitent à le faire.

Nous repartîmes à Québec mais vous me fîtes promettre de venir auprès de vous deux mois avant mes couches, s'il se révélait que j'étais réellement grosse. Mon âge (j'avais plus de trente ans), cet état que je subissais pour la première fois, incitaient à une prudence naturelle. L'envie que j'éprouvais de faire appel à vous ne fit que se renforcer dans la crainte des contretemps que cette première naissance tardive et confirmée pouvait amener à prévoir.

Quand j'en fus certaine, j'annonçai la nouvelle à Jacob qui me serra ardemment contre lui, heureux d'être enfin père:

— Il sera huguenot comme moi! s'exclama-t-il, et nous l'appellerons Samuel...

— Ce sera peut-être une fille.

— Nous verrons.

Appeler mon fils «Samuel» me comblait d'aise. Pouvait-on imaginer en Nouvelle-France un prénom plus glorieux? Et après tout s'il était l'enfant d'une «fille du Roi» et d'un Algonquin aimable, le Seigneur en serait-il fâché?

Vous me direz que je me donnais à moi-même bien aisément l'absolution. Mais mon ignorance et mes doutes me mettaient à l'abri, provisoirement peut-être, des scrupules qui eussent dû m'accabler.

Nous retrouvâmes notre seigneurie, maintenant neuve et grandiose, avec ses pierres imposantes. Matthieu, toujours paisible, régnait sur sa famille tel un chef biblique sur sa tribu. Il ne restait plus rien à coup sûr du matelot transi et souffrant, grimpant aux cordages par tous les temps sous la férule du Comte de Cotrain. Toinette avait pris de l'embonpoint; seuls mes yeux pouvaient se souvenir de son pauvre regard et du petit crâne rasé de la détenue de la Salpêtrière. Victor, le fils aîné, veillait sur ses frères et sœurs, innombrables, tout en se préparant à devenir promptement coureur des bois.

Nous revîmes M. de Frontenac auquel nous contâmes nos aventures lors du retour à Québec.

— Je suis navré pour vous, tout en me réjouissant de vous savoir sains et saufs. Il vous manquera toujours, pardonnez-moi, la gloire et la joie de notre ami de la Salle.

Jacob s'enquit aussitôt:

— A-t-il réussi?

— Au-delà de toute espérance! Je viens d'apprendre par des coureurs des bois qu'au début du mois d'avril, Cavelier, achevant de descendre le fleuve, a découvert des étangs, des îlots herbeux, des marécages...

— Et puis?

— Et puis la mer! Oui, la mer, l'océan! Il a marché d'abord tout seul puis est revenu en criant: «Enfin!»

— A-t-il pris possession légalement de ces terres?

— Bien sûr, mon ami! Il les a baptisées: «Louisiane». Ses hommes ont érigé une grande croix de 4 mètres devant laquelle se dresse, paraît-il, une colonne où ont été apposées les armes royales découpées dans le cuivre d'une marmite! Si j'en crois le messager (il est vrai qu'il vient de bien loin) on peut lire sur cette colonne: «Louis le Grand, Roi de France et de Navarre règne, le 9 avril 1682». Cavelier, bien sûr, a revêtu son habit écarlate galonné d'or, comme un empereur. Il est d'ailleurs un imperator! J'imagine près de lui une vingtaine de Français en tenue de campagne, les Indiens de l'expédition. Tout ce dont je suis sûr, c'est qu'ils ont chanté un «Te Deum» et le «Domine salvum fac regem» et que Cavelier, tenant notre drapeau, a prononcé une harangue pour prendre possession au nom du Roi du pays de Louisiane. Vous entendez: la Louisiane!

Frontenac exultait, levait les bras, riait, pleurait de joie. Nos larmes coulaient aussi, par fierté aussi bien qu'émotion.

Frontenac poursuivit avec exaltation:

— Notre ami a pris possession de toute la vallée du fleuve et de ses affluents. Un continent; oui vraiment, un continent! Ah! j'oubliais de vous dire: d'après ce messager, un notaire les accompagnait. Jacques de la Métairie. Vous l'avez peut-être vu; il était dans la deuxième pirogue. Eh bien il a délivré un acte en bonne et due forme, paraphé, et même signé!

— Sa Majesté, murmurai-je, va le combler de bienfaits et vous en avez également la gloire.

— Ma pauvre amie, me dit le Gouverneur soudain devenu sombre, à cette heure, je suis en disgrâce à Versailles. On me rappelle.

— C'est impossible.

— Il faut croire que non. Mes conflits avec le haut clergé n'ont cessé de s'envenimer. On me juge libertin, autoritaire, abusif… Je n'ai que des ennemis.

— Je voulais vous dire…

Le Gouverneur ne me laissa guère le temps de lui annoncer mon état qui semblait tout à coup bien dérisoire près de la découverte de Cavelier.

— Ah vous ! Vous et votre époux ! Prenez garde ! Ne restez pas ici dès lors que je ne suis plus là. Je vous ramène avec moi, si vous voulez…

Jacob et moi jugeâmes plus prudent d'attendre mon accouchement en Nouvelle-France. Nous fîmes nos adieux à Frontenac qui nous pria de le joindre dès notre retour. Nous nous sentîmes aussitôt fort désemparés et pressés sur l'instant de le suivre dès que possible.

Un marchand protestant que Jacob avait rencontré sur les quais de Québec lui avait laissé entendre que des membres de la RPR, comme on se plaisait à les nommer, vivaient obscurément en Nouvelle-France. Mgr Laval était même intervenu auprès de Sa Majesté pour en interdire la venue. Mais quelques-uns ne cessaient d'arriver. Plusieurs filles du Roi observaient, paraît-il, la foi huguenote, et le mariage d'un certain Isaac Bédard à Québec avec une coreligionnaire, en 1666, demeurait dans les mémoires.

La plupart d'entre eux, cependant, abjuraient afin d'éviter le pire. Jacob ne pouvait envisager de demeurer éternellement dans la clandestinité. Frontenac était son rempart. Le départ du Gouverneur devenait un signe. Le marchand protestant, un certain Isaac Desmonts, lui proposa de repartir avec lui lors de son prochain retour. Mon état interdisait un tel déplacement. Mais M. Desmonts reviendrait nécessairement pour ses affaires l'année suivante. L'enfant serait né. Nous repartirions alors tous les trois vers La Rochelle, si le Seigneur voulait bien me prêter main forte lors de la naissance.

Je ne vous dis rien, en ce temps-là, de notre projet, ou du moins laissai entendre simplement que Jacob projetait de retourner chez lui, ce qui vous semblait naturel. L'hiver passa, rigoureux comme à l'accoutumée. Mais maintenant, je savourais les couleurs automnales et fabuleuses. Les premières neiges. L'éclat du soleil, si brillant sur la neige que Jacob portait, pour ses longues marches, les masques de bois fendus devant les yeux afin d'éviter l'aveuglement qui frappe, comme vous le savez, les voyageurs ignorants.

Puis ce fut le printemps. Le temps passa très vite. Jacob me conduisit dans votre maison, comme vous le souhaitiez. Vous eûtes la bonté de m'héberger. Je connus à mon tour les coups de pied de l'enfant; ses mouvements inattendus et les tisanes de feuilles de bois blanc dont vous m'abreuviez. Je réappris aussi à prendre des bains comme les sauvages. Vous aviez adopté cette habitude surprenante: mes hôtes — si j'ose les appeler ainsi — m'avaient étonnée en se rendant quotidiennement à la rivière, se mettant nus pour entrer dans l'eau. Nous le fîmes avec vos enfants, dès que le soleil fut suffisamment fort, et je sentis que j'y gagnais en force.

Jacob était reparti à Québec pour préparer notre départ et assurer la vente de la seigneurie. Le «Baron de Bressoir» multipliait les démarches afin de sauver le Comte de Préclair et sa famille.

Une nuit, je sentis les premières douleurs. Vou me donnâtes aussitôt du nopol* et de la racine de yam sauvage. Je souffris cependant, mais dans une sorte d'allégresse. Ce n'était point une douleur véritable, mais une entreprise magique menant à la création d'un être nouveau. J'étais couverte de sueur, laissant échapper force gémissements, comme Toinette, Nicole, Sophie, Simone, tant d'autres... Avais-je le droit de me plaindre?

Vous me donnâtes des feuilles étranges à mâcher et la douleur diminua aussitôt. Je devins presque inconsciente. J'entendis simplement:

— Pousse Marie! Pousse donc, tabernacle!

Puis j'entendis votre exclamation dans une demi-conscience:

— Ah! Le voilà. Viens donc! Viens donc! À cette heure, nous t'attendons. Passe-moi ta tête mon joli.

---

* Opunta.

240

Je perdis l'esprit. Lorsque je repris mes sens, je vous entendis :

— Alors, la Marie ! Ton fils est là et il a tout ce qu'il faut pour faire une belle famille !

Elle le mit un instant dans mes bras. Je le serrai bien sûr avec passion non sans regarder son visage pour tenter d'entendre la réponse à ma question. Vous vous êtes exclamée :

— Tout le portrait de sa mère ! Une vraie « Marie Arnault » en gars !

J'imagine que vous l'avez oublié. Chacun de vos mots cette nuit-là est resté gravé dans ma mémoire. Vous avez repris l'enfant pour mettre sur son nombril de la poudre de vesse-de-loup séchée*. Bientôt, pour la première fois, je lui donnai le sein. Une commère voisine ne put s'empêcher de venir voir l'enfant :

— Comment s'appelle-t-il ?

— Samuel.

— Comme M. de Champlain ?

— Exactement.

Elle l'inspecta davantage et murmura :

— Pour mignon, il est mignon. Mais à mon avis, il n'est pas de chez nous…

— Qu'est-ce que tu veux raconter par là, vieille sorcière ?

— Rien du tout. Il n'a pas la tête de chez nous… Je le vois bien…

Vous l'avez mise à la porte promptement. Que dire de plus ?

Jacob, alerté, arriva aussi vite qu'il le put et prit l'enfant dans ses bras avec emportement :

— Samuel ! Oh, mon fils Samuel ! Que tu es beau… Ne trouvez-vous pas, murmura-t-il alors, qu'il ressemble à Marie ?

— Certes, il va bien à cette heure mais il faut le baptiser.

— Rien n'est pressé, fut la conclusion laconique de Jacob.

Le temps était printanier. Nous profitâmes de cette belle saison pour revenir à Québec. Et je vous dis adieu, chère Catherine, sachant que je risquais de ne plus vous revoir.

---

* Champignon en forme de boule servant d'adoucissant.

À la ville, déjà, tout devenait différent. Frontenac parti, le nouveau Gouverneur, M. Lefevre de la Barre, faisait régner un tout autre climat. Certes, beaucoup d'habitants et surtout de prêtres le jugeaient infiniment moins tyrannique. Nous perçûmes quant à nous que le climat de gaieté et de tolérance s'était envolé avec Louis de Buade. Ce dernier, en outre, se piquait de littérature et tournait l'épigramme avec une aimable facilité. On le soupçonnait pour cette raison d'être l'auteur de traits acerbes décochés contre les Jésuites dans certains livres. Sous son règne, au moins, on jouait la comédie au château Saint-Louis. Elle fut proscrite dès son départ. Enfin, et ce fut l'essentiel, le climat s'alourdit. On jasa chaque jour davantage sur le Baron de Bressoir. M. Robert était prétendument en voyage en France pour trouver de nouveaux remèdes. Nous n'allions pas tarder à le retrouver.

Il fut convenu avec Matthieu qu'il veillerait sur notre seigneurie. Jacob avait soudain songé que notre avenir ne nous appartenait pas et que Samuel, quelque jour, serait heureux d'être chez lui. Il ne restait plus qu'à trouver un vaisseau. Il fallait se hâter avant le début de l'automne.

Jacob, un matin, revint plein d'espérance. Il avait rencontré Isaac Desmonts qui repartait à La Rochelle chargé de pelleteries. Il lui parla à cœur ouvert. L'affaire se trouva vite conclue. À l'aube suivante, nous partîmes en gabare rejoindre le *Vigoureux*, une frégate dont le capitaine, Jérémie Audeux, était, comme le reste de l'équipage, un coreligionnaire. Quelques heures plus tard, lorsque le vent se leva, nous remontâmes le Saint-Laurent. J'avais les yeux pleins de larmes, regardant défiler Sainte-Anne, l'Île aux Coudres, Saguenay, Tadoussac, sentant tout à coup combien je m'étais attachée passionnément à la Gaspésie. Mais contre mon cœur, Samuel s'accrochait. Je le serrais sous mon manteau tandis que la rive fuyait. Je lui devais, comme à Jacob, la sécurité. Et cette sécurité — mon erreur fut redoutable et fatale — nous attendait en France.

X

Nous arrivâmes en peu de temps à La Rochelle. La frégate était légère et le vent favorable. Le capitaine nous logeait dans le château. Nous prenions nos repas à sa table. L'entrepont ne contenait, heureusement pour le repos de ma conscience, que des marchandises. Le voyage me sembla étrangement heureux. N'allais-je pas retrouver les miens ? Et Jacob revoir enfin son père ?

Catherine, vous ne pouvez imaginer à quel point le malheur nous guettait. Nous tombâmes en enfer. Les habitants de La Rochelle se montrèrent fort accueillants ; la plupart d'entre eux restaient religionnaires et gardaient la mémoire du terrible siège qui leur avait été naguère infligé. Le fantôme de Guiton, maire irréductible, héroïque, rôdait dans chaque rue. Il y avait de nombreux réfugiés, une terrible répression s'étant abattue dans les provinces voisines où les Dragons du Roi occupaient les maisons des plus irréductibles, commettant les pires méfaits. Il nous fut expliqué que M. Louvois et Sa Majesté souhaitaient que leurs excès amènent les Huguenots à la conversion. La Rochelle pour l'instant était épargnée mais de plus en plus de métiers étaient interdits aux membres de la RPR.

Nous quittâmes le port en hâte, non sans avoir remercié Isaac Desmonts de toutes ses bontés. La route n'était guère facile entre La Rochelle et la Normandie ; nous savions qu'elle était périlleuse autant qu'harassante. En rôdant sur le quai une dernière fois, Jacob, soudain, reconnut son sauveur :

— Ineki !

L'intéressé se retourna. Les deux hommes tombèrent dans les bras l'un de l'autre. J'appris l'événement une heure plus tard dans l'auberge où Samuel et moi avions trouvé refuge. J'ignorais le prénom du Basque qui naguère sauva Jacob de la mort. La Providence, décidément, est bien sinueuse, insondable, remettant face à face pour la troisième fois ces hommes qui n'avaient rien de commun, si ce n'est peut-être cette générosité compensant, parfois, la cruauté de tant d'autres.

Ineki et Jacob s'expliquèrent tant bien que mal. Mon époux parla de Regneville et de la Normandie. Le Basque devina la vérité dans le visage de Jacob et lui montra de loin la pinasse chargée de poissons et de tonneaux, attendant près du quai. Nous n'attendîmes guère. La mer était calme. Ineki alla prévenir ses amis. Nous revînmes dès que possible et montâmes hardiment. Les cris et rumeurs de La Rochelle ne nous incitèrent guère à rester là plus longtemps. Déjà, pour les pauvres habitants, la terreur allait commencer.

Ce petit navire n'était guère plaisant, répandant une forte odeur de poisson et offrant peu de place. Mais une sorte d'amitié muette, ou plutôt de langage incommunicable, régnait là, comme celui que je connus avec les Algonquins de Marie de l'Incarnation. Les jours passèrent. Nous débarquâmes enfin à Regneville. Des paysans nous reconnurent et acceptèrent aussitôt de nous mener à Préclair. Jacob n'avait point de compagnon ni de valet. Il commençait à trembler non pour lui-même, mais pour son épouse et le petit Samuel. À ma grande surprise, il se tourna vers Ineki et lui fit comprendre qu'il serait fort heureux s'il pouvait venir jusqu'à Préclair. Ineki manifesta un signe d'assentiment. Il alla sans doute expliquer à ses compagnons qu'il s'absentait quelques heures et revint avec deux d'entre eux. C'est ainsi que nous prîmes place tous les six dans une carriole en direction de Préclair. J'avoue que sur l'instant la demande de Jacob me parut singulière. Je devais, hélas, en comprendre les raisons sans tarder.

Quand nous arrivâmes devant le manoir, à la porte principale, nous vîmes deux Dragons du Roi en uniforme. Jacob, aussitôt, me pria d'attendre dans la carriole et partit avec Ineki et ses hommes. J'entendis bientôt des cris et des cliquetis d'épées. Il n'y avait que mon époux qui possédait la sienne. Les hurlements répondaient aux cris. À l'oreille, je percevais des bruits de meubles brisés, des exclamations en français et dans cette langue étrange que je savais maintenant reconnaître comme du basque. Le combat me sembla plutôt court. Un, deux, trois, et bien plus encore : une dizaine de Dragons à l'uniforme déchiré surgit, projetée sur les marches. Jacob apparut, l'épée à la main, rouge, ébouriffé, la sueur coulant sur son visage. Ineki et ses camarades l'encadrèrent bientôt. Ils tenaient des gourdins. Les Dragons, à leur vue, s'enfuirent en hâte. Leurs chevaux étaient à l'écurie. Ils allèrent les prendre et nous ne vîmes bientôt plus que la poussière soulevée par leur monture.

L'un d'entre eux cria :

— Prenez garde, messieurs les hérétiques ! Nous reviendrons pour vous pendre...

Et ils disparurent.

Nous entrâmes alors tous, accueillis cette fois par le pauvre Comte que ces soudards avaient enfermé dans sa chambre. Là, les gens qui nous avaient accompagnés furent invités à se mettre à table et burent à la régalade le cidre et le vin qu'Abraham de Préclair fit quérir à la cave par un de ses valets demeuré auprès de lui ; il chancelait encore, blanc comme plâtre.

Jacob me montra un avis laissé bien en place sur la table devant laquelle nous avions pris place : « *Le demeuré Comte de Préclair, hérétique notoire, est requis par la présente de loger et nourrir dix hommes des dragons bleus du Languedoc, commandés par le Capitaine Brévent, ceci jusqu'à nouvel avis.* » La note était signée « *De Belleville, commissaire du Roi* ». Mais la peur, la honte et les combats laissaient place maintenant à l'émotion. Le Comte serrait contre lui son fils qu'il désespérait de revoir vivant. Il posa la main sur mon épaule dans un mouvement filial et regarda Samuel avec l'attendrissement que vous imaginez.

245

Les paysans repartirent, chargés, sur ordre du Comte, des victuailles que ces canailles n'avaient pas eu le temps de dévorer. Ineki et ses compagnons prirent congé après le souper. Jacob embrassa une dernière fois son sauveur et murmura un «merci» tellement passionné que les Basques le comprirent aussitôt.

À mon étonnement, Ineki répondit par quelques mots : «*Jain koa ahalorotakoa da*» un de ses compagnons, qui semblait savoir quelques mots de français, nous traduisit ces paroles :

— Dieu est tout-puissant.

J'en étais bien persuadée.

Nous demeurâmes seuls. Jacob et moi, enfin, reposions le soir côte à côte dans le grand lit à baldaquin. Nous nous retrouvions et je goûtai son corps comme il goûta le mien. Certes, Catherine, je vous parle bien crûment. Mais ne faut-il pas aussi parler de ces choses divines que Dieu a voulues ?

Le lendemain, je m'enquis auprès du comte de l'état où se trouvaient ma mère et mon beau-père. Il me répondit avec bien des hésitations qu'il ne savait rien.

Je m'efforçai de trouver une nourrice aux environs de Préclair ; par miracle, je pus engager une certaine Suzanne Balard, dont Abraham de Préclair m'avait dit le plus grand bien, me laissant entendre qu'il s'agissait d'une convertie forcée.

Ayant l'esprit apaisé sur le sort du petit Samuel, je le laissai à son père et me rendis à Coutances, en cavalier, reprenant mes habitudes d'autrefois. Elles m'offraient la facilité du parcours et la prudence du travesti. Je retrouvai bientôt la rue des Cohues, le portail, l'épi de faîtage. Mais ce furent des inconnus qui m'accueillirent. Je me présentai à eux sous un faux nom. Ils me répondirent donc sans la moindre précaution oratoire que Mme Renoncour était morte cinq ans plus tôt, de consomption selon eux. Quant au Lieutenant du Roi, une apoplexie l'avait foudroyé quelques mois plus tôt, laissant sa charge sans successeur. Je m'enquis sur le sort de Jeanne. La naissance de son dernier enfant lui avait été fatale.

Ainsi mon retour à Coutances devenait une funèbre visite. Même le fantôme de mon parâtre m'attrista. Que dire de mon sentiment devant les pierres qui recouvraient les femmes que j'avais chéries ? Suffit-il de partir quelque peu pour retrouver un champ de bataille où il ne reste rien des vivants que l'on aimait ? Je me sentis terrifiée et pris la fuite afin de retrouver ceux qui étaient devenus les miens, guettés par le meilleur ou le pire.

Ce fut le pire : nous apprîmes par le Comte de Préclair que le Roi, séparé de Mme de Montespan, s'était uni discrètement à la veuve de Scarron qui, sous le nom de Mme de Maintenon, devenait l'apôtre sans pitié de la dévotion et la lutte contre les protestants. Selon elle, Sa Majesté commençait enfin à penser à son salut et il n'y aurait bientôt plus qu'une religion dans son royaume.

C'était le sentiment de M. de Louvois, décidé à vaincre les « hérétiques » obstinés par d'innombrables compagnies de cavalerie qui devaient se montrer féroces.

Il restait paraît-il un rempart de modération : le ministre Colbert, soucieux de ménager la prospérité que les protestants, par leur courage et leur diligence, assuraient à la France. Hélas ! Le Roi ayant reproché durement à son fidèle conseiller les dépenses « effroyables » de Versailles « où l'on ne voyait pourtant rien d'achevé », la santé de Colbert s'altéra. L'homme, profondément blessé dans son âme, fut pris de violentes fièvres au cours de l'été, peu de temps après notre arrivée, et s'alita pour mourir au début de septembre. Dès lors, Louvois n'eut plus de frein et l'horreur commença.

Le soir, à la veillée, avec des larmes dans les yeux, le Comte nous fit la terrible description des persécutions auxquelles se livraient ceux que l'on appelait les « missionnaires bottés ». Dans le Béarn et le Dauphiné, selon lui, la cruauté atteignit le comble : pendaisons, viols, veilles forcées, brûlage des pieds, enfoncement d'aiguilles sous les ongles, arrachage de la barbe, des dents, des ongles bien sûr, également. Je ne veux pas vous en écrire davantage. Nos Iroquois trouvent ici des disciples, hélas chrétiens. Ce fut et cela demeure le martyre sous toutes ses formes infligé aux vieillards, comme aux femmes et aux enfants les plus jeunes. Les plus endurcis meurent. Beaucoup se convertissent et communient presque aussitôt.

247

Je crains par ce récit de vous troubler l'esprit. Mais ne convient-il pas de se souvenir de cette barbarie ?

Celle-ci n'a guère tardé à gagner la Normandie et le Nord. Enfin, tandis que Samuel grandissait près de nous, le 19e octobre 1685, le Roi signa un «édit de Fontainebleau» dont la teneur fut répandue dans toutes les provinces : l'édit de Nantes était révoqué.

Le père de Jacob et Jacob lui-même ne purent empêcher leurs larmes de couler devant moi quand ils apprirent les dernières mesures ordonnées par le Roi : la religion réformée se trouvait désormais interdite ; les temples détruits. Depuis des années, les huguenots se voyaient exclus de la plupart des emplois, mais là, il ne restait plus qu'à fuir et fuir était interdit sous peine de galères. Les enfants des religionnaires devaient être baptisés et élevés dans la foi catholique.

À Paris, les apparences sont demeurées sauves. Ailleurs, tout fut permis aux soldats. De la torture à l'abjuration, il n'y avait qu'un pas, franchi bien vite. Enfin, quelque temps plus tard, en janvier de l'année suivante, un nouvel édit ordonna que les enfants de sept à seize ans seraient enlevés à leurs parents hérétiques et remis à des catholiques désignés par les juges.

Il ne restait plus, dès lors, qu'une issue : tenter la fuite clandestine.

Le gouverneur Frontenac nous avait remis avant notre départ une aimable lettre à l'intention de Madame Palatine. Je courais infiniment moins de risques que Jacob à me rendre à la Cour. C'était la seule solution pour tenter d'obtenir un passeport vers un pays étranger. Le Comte de Préclair m'expliqua que Madame Palatine, belle-sœur du Roi, avait été calviniste, puis luthérienne avant de se retrouver catholique en France par son mariage. Elle était surtout, selon lui, une véritable chrétienne, estimant que l'on doit supprimer les calomnies plutôt que les croyances.

Je préparai un léger bagage, n'ayant pas l'intention de demeurer longtemps à Versailles, et rejoignis en hâte la route de poste pour Paris. Je vous passe les détails de ce voyage qui ne fut pour moi que le préalable de notre fuite. J'obtins une audience dans un délai qui me parut étrangement court. Peut-être Louis de Buade, alerté par la Princesse, lui confia qu'il s'agissait de Réformés cherchant à échapper à ce terrible piège.

La Cour m'étonna fort. Depuis que j'avais dansé autrefois à Versailles avec «Roger», la mode se trouvait bien changée: les rhingraves plus longs, les perruques plus hautes; les femmes sacrifiaient à une mode dite des «Fontanges» ainsi qu'il me le fut expliqué. Elle se trouvait inspirée de la dernière favorite du Roi, Mlle de Fontanges, dont le renom n'était parvenu que bien assourdi sur les rives du Saint-Laurent. Elle était morte très soudainement comme Madame, première épouse de Monsieur et dans des conditions aussi singulières, n'ayant eu que le temps de donner son nom à un nœud de cheveux relevés en boucles sur le sommet de la tête. La coiffure sur cette jeune personne ne manquait pas de charme mais les dames, apparemment, déformant ce gracieux caprice, portaient à présent les cheveux montés de façon considérable, devenant avec les jours des échafaudages d'au moins deux pieds.

On me remarqua tout aussitôt: j'étais vêtue à la mode d'autrefois et coiffée comme la pauvre Fontanges l'était peut-être dans ses derniers jours. Je fus abordée; des courtisans m'assaillirent, me posant les questions les plus sottes du monde, comprenant que je venais du «pays des sauvages». Heureusement ces insolents furent soudain bousculés par un gentilhomme qui se frayait un chemin vers moi et devant lequel ils s'effacèrent après l'avoir salué avec une déférence où je décelai quelque ironie. C'était M. de Frontenac.

Vous jugez de ma joie; mon soulagement se trouvait extrême. Il me prit à part aussitôt.

— Je sais, me dit-il, que Madame Palatine vous attend dans une heure. La Princesse a bien de l'esprit et ne peut manquer de vous aider malgré sa douleur.

— Sa douleur?

— Hélas! Le Palatinat comme les États voisins souffrent autant le martyre que les religionnaires; Louvois et ses conseillers ne rêvent qu'incendies et pillages.

Le Comte avait baissé la voix. Apparemment, il convenait d'être prudent en ces lieux dont les murs recelaient trop d'oreilles. Je lui demandai si M. Cavelier de la Salle était heureux de la grande issue de son entreprise. Il me répondit à voix basse :

— Ne savez-vous pas que les hommes si hauts soient-ils ne connaissent que l'ingratitude ? Notre ami a grandement souffert de cette terrible expédition ; à son retour il est tombé malade et s'est arrêté à Michillimakinac. De là, il a chargé le père Zénobe Membré d'annoncer la nouvelle au nouveau Gouverneur.

— Sa Majesté a dû exulter !

— Le Roi a répondu à mon successeur, M. de La Barre : «la découverte du sieur de la Salle est fort inutile». Mais mon enfant, l'heure approche, oubliez tout cela, allez voir Madame Palatine.

— Vous reverrai-je ?

— Je m'efforce de retrouver la confiance de Sa Majesté, ce qui n'est guère commode. Si Dieu le veut, nous nous reverrons là-bas...

J'allais prendre congé lorsqu'il me rappela d'un mot :

— Je sais, me dit-il, que l'on me hait parce que j'ai soutenu de toutes mes forces Cavelier et mes fous... mes chers fous... les coureurs des bois. Là-bas, vous le savez, chacun veut tâter de la traite ou voyager à la découverte, mais Madame, ce sont des héros, ils plantent le drapeau du Roi partout, jusqu'en Louisiane... Les guerres que mène ici le Roi sont pures folies. Nos vrais conquérants se trouvent là-bas...

— Vous avez sûrement raison.

— Au fait, vous, fille du Roi, si je suis assez heureux pour retourner en Nouvelle-France, pourquoi ne feriez-vous pas une seconde traversée ? Il n'y a, dans notre belle province, point de dragonnades que je sache et je vous donne ma parole que nous ferons jouer *Tartuffe* à Québec...

Nous nous quittâmes sur cette promesse fabuleuse qui me fit rêver.

Je m'éloignai à regret, ayant soudain l'impression de quitter un ami précieux, tandis que l'éloignement de la Nouvelle-France me parut aussi cruel qu'à lui-même.

*
* *

Madame Palatine m'accueillit dans ses appartements. Je n'eus garde de l'appeler «Princesse Palatine», ayant ouï dire par Jacob que cette appellation se trouvait réservée à Anne de Gonzague, épouse du Prince Palatin Edouard, oncle paternel de Madame. Selon mon époux, cette «Princesse électorale palatine du Rhin», comme on devait la désigner, était aussi une convertie forcée ; une exilée ; infortunée de surcroît puisqu'elle se retrouvait prisonnière par les liens du mariage à Monsieur, frère du Roi ; Monsieur, lui-même, appartenait à la cabale redoutable où le Chevalier de Lorraine, une pléiade de mignons et une valetaille complaisante formaient une ronde satanique.

Madame Palatine m'accueillit avec une courtoisie faisant oublier aussitôt l'embonpoint disgracieux que l'on m'avait décrit, ainsi que son accent qui ne me troubla guère. L'aménité de ses propos et la vigueur de ses attaques contre nos ennemis communs l'emportèrent vite sur tout autre sentiment.

Après l'avoir saluée très respectueusement, je lui avouai que mon époux était huguenot et cherchait à fuir. Elle semblait le savoir déjà grâce sans doute à notre ami commun. Elle me dit à mi-voix, craignant aussi les oreilles des tapisseries :

— La vieille conne[1] et le Père de la Chaise ont persuadé le Roi que tous les péchés que Sa Majesté avait commis avec la Montespan seraient absous s'ils harcelaient les Réformés...

Elle ajouta presque dans un murmure :

— Je hais tous ces prêtres de la Cour et leur vie si peu chrétienne. Pour ce qui est de votre époux et de vous-même, je vais solliciter une fois de plus la bienveillance d'un de mes amis très chers... On vous fera tenir un passeport. La Hollande me paraît à cette heure l'asile le plus sûr. Demeurez pour l'instant éloignée de la Cour ; dans quelques jours vous aurez ce que vous attendez.

---

1. Ce sont les termes mêmes employés par Madame Palatine.

Je lui baisai la main et repartis me dissimuler dans un logis où j'étais parvenue à me terrer, non loin de Sèvres. La Princesse savait où me trouver. Quelques jours plus tard, à la nuit tombante, un inconnu vint porter des passeports au nom de « M. le Comte et la Comtesse de Modeme, accompagnés de leur fils et Suzanne Balard, nourrice de son état ». L'ami providentiel était, ainsi que je l'appris plus tard, un éminent diplomate qui n'arrêtait guère d'intervenir en faveur de ses coreligionnaires. La terreur s'installait. La fuite demeurait la seule solution mais se heurtait à des frontières hermétiquement closes. Les Réformés étaient traqués par des armées entières et une masse d'habitants transformés en mouchards. Nous savions que des malheureux se cachaient dans les cales des navires en partance, sous un tas de charbon ou dans des tonneaux vides. Les passeurs de frontières s'achetaient à prix d'or ; on racontait d'horribles histoires ; des passeurs assassinaient leurs protégés pour les dépouiller. Les passeports que xxx* me faisait remettre étaient un don du ciel, si le Seigneur nous épargnait.

Je retrouvai Jacob et Abraham. Ce dernier n'avait point de faux titre pour fuir, mais le Comte de Préclair voulait demeurer là, en ses terres, se jugeant trop fier et trop âgé pour l'exil. Nous le quittâmes nuitamment, encore, afin de gagner la frontière par de mauvais chemins. Jacob me redonna courage :

— J'ai ouï dire qu'à la nouvelle de la révocation, les États de Hollande ont décrété un deuil national et un jeûne général. On alloue là-bas des fonds secrets aux fuyards, leur attribuant des fonctions, des commerces… Marie, nous allons revivre…

Je ne vous conterai pas les détails de notre fuite ; elle fut identique à celle jadis des Hébreux poursuivis par leurs ennemis, sans quartier ni pitié. Je serrais Samuel contre moi ; la pauvre nourrice nous accompagnait, marchant vaillamment lorsque nous devions poursuivre à pied. Nous passâmes par Maubeuge et la Flandre. Vous ne pouvez imaginer les peines et les fatigues

---

* L'ambassadeur Ezechiel Spanheim. Marie Arnault, à l'évidence, ne pouvait dévoiler son identité.

que nous endurâmes ; tantôt à cheval, tantôt en charrette ; nous couchâmes plusieurs nuits dans les bois, sous l'orage, mouillés, accablés ; parfois sous la paille, dans des granges, craignant la dénonciation. Nous avions préféré éviter la mer ; des histoires affreuses couraient sur des bateaux volontairement coulés par les maîtres du bord ; ou des malheureux dissimulés dans la cale, lardés de coups d'épée par leurs « visiteurs ». Nous franchîmes la frontière dans une dernière course. Jacob remit aux passeurs une forte récompense bien justifiée : ils ne nous avaient pas trahis et risquaient la galère ou la roue.

Nous nous installâmes à Amsterdam, accueillis avec la plus grande amitié. Je me souvins de Descartes : l'ombre de Michel Arnault m'accompagnait donc encore. Mon époux se vit allouer un poste éminent ; je m'occupais de mon cher petit Samuel, au côté de la nourrice fidèlement dévouée. Bientôt, je m'aperçus que j'étais grosse, et loin de vous… Nous entendions les récits les plus horrifiants. La France, pays des Lumières, se trouvait soudain l'objet de la détestation générale, le pape lui-même condamnant les persécutions. Le Roi devenait exécré. Un diplomate éminent vint un jour nous rendre visite et laissa éclater sa haine :

— C'est la peste et la malédiction de l'Europe… Mieux vaut les conquérants barbares de l'Antiquité que cet homme coiffé de son énorme perruque, se pavanant entre les révérences et les saluts des maîtresses et des confesseurs…

Mais soudain, survint un drame pire pour Jacob que tout autre. Un protestant normand en fuite vint lui porter une terrible nouvelle : le Comte de Préclair avait été tué dans son domaine par les Dragons ; ceux-là même peut-être que Jacob avait chassés. Je ne pus rien faire d'autre que serrer mon époux contre mon cœur :

— Si je n'avais souhaité protéger Samuel, jamais mon père ne se serait retrouvé seul…

— Jacob… Jacob… J'attends un nouvel enfant.

— Dieu soit loué. Marie ayez confiance, attendez-moi. Si c'est un garçon, nommez-le Simon, une fille, Esther. Qu'ils se souviennent de notre Foi.

— Vous serez de retour bien avant la naissance.

Je l'ai dit les yeux remplis de larmes, sachant qu'il n'y avait guère d'espoir qu'il revienne vivant. Je l'ai su à l'instant même. Tout mon être l'a compris.

On me l'apprit plus tard. Jacob trouva le cadavre du Comte abandonné aux loups. Il tenta de rompre l'épée contre les soudards. Mais lui aussi savait que la Mort l'attendait. Elle ne manqua guère à sa parole. Il tomba, appris-je plus tard, transpercé de mille coups par ces missionnaires assassins.

Esther vint au monde le troisième de juillet 1687. Ce n'était plus mon premier enfant, ce fut donc plus facile; une sage-femme du pays vint à mon aide; mais, ma chère Catherine, hélas, vous étiez loin de moi. Et mon pays. Quel pays? J'avais appris que Cavelier avait été assassiné, lui aussi, deux mois plus tôt par les siens, étreignant cette terre qui lui était chère.

En France, la guerre se poursuivait. Il n'y avait plus de huguenots, mais beaucoup de clandestins convertis comme les « marranes » dont Jacob m'avait parlé. Au début de 1689, le Roi et Louvois décidèrent, paraît-il, de tout brûler et rebrûler entre l'Alsace et l'Allemagne, rasant Manheim, Heidelberg; tous les villages flambaient les uns après les autres, les soldats travaillant avec un feu et une joie incroyables. Je songeai à Madame Palatine; de quelles tortures ne devait-elle pas souffrir en apprenant le martyre de sa patrie, assumé par celle de son époux?

« Rien ne m'était plus; plus ne m'était rien » selon le mot du poète. L'ombre de Jacob avait disparu à jamais et j'aurais peut-être mis fin à mes jours s'il n'y avait eu le souci de préserver désormais mes deux enfants. La disparition de Jacob m'a fait mourir une seconde fois; Samuel et la petite Esther m'ordonnent de vivre et je ne sais que faire. Je viens d'apprendre que M. de Frontenac est de nouveau Gouverneur de la Nouvelle-France, cette terre de l'aventure parcourue si souvent par nos époux, nos amis, sauvages ou chrétiens, et la meute de tous les vrais héros découpant cette Amérique française de la Louisiane à la baie d'Hudson.

Les miens sont morts, hélas. Ma patrie étranglée par la disette et les guerres est en train d'expirer. Je n'y ai point ma place à cette heure. Mes « sœurs » et vous-même me faites de grands signes que je devine. Le journal que je vous destine va partir ces jours-ci mais je commence à penser au voyage. Louis de Buade avait peut-être raison. Dans mes rêves, il y a un autre vaisseau, gréé en voiles de rêves et d'espérances. Je salue le vieil océan et songe qu'il m'attend. Terrifiant, certes, mais sans haine. Le monde vivant lui appartient indistinctement et les vagues, parfois mortelles, m'attendent pour me conduire vers un ailleurs. J'ai soudain l'irrépressible envie de revenir.

Marie Arnault

Postface

L'intolérance est un crime impardonnable. On ne peut, par respect de la vérité, omettre de préciser que les catholiques du Canada eurent à souffrir, à leur tour, de l'intolérance religieuse des Anglais lorsqu'ils vinrent conquérir la Nouvelle-France.

Les Acadiens furent l'objet de déportations massives : hommes, femmes, enfants, vieillards durent fuir dans des conditions atroces ; beaucoup moururent au cours de cette déportation ; terres, maisons, bétail étaient confisqués au profit de la Couronne. Ils laissèrent tout derrière eux ; les efforts de plusieurs générations leur offraient une vie aisée. Ils furent témoins de l'incendie de leur village, les soldats allant aussi semer le feu dans toute la Province. Il y eut des scènes déchirantes de désespoir : les parents se trouvaient séparés de leurs enfants, les maris de leur femme, sans aucun espoir de jamais pouvoir se retrouver.

Ce fut « le grand Dérangement ».

Bibliographie

Assiniwi Bernard, *La Médecine des Indiens d'Amérique*, coll. Nature et mystères, Montréal, 1988.

Assiniwi Bernard, *Recettes indiennes et survie en forêt*, Éd. Leméac, 1972.

Boucher Louis, docteur, *La Salpêtrière. Son histoire de 1656 à 1790*, Paris, 1883.

Candy Yves, *Filles du roi (Histoire du Canada)*, Leméac, Montréal, 1992.

De Grèce Michel, *Louis XIV, l'envers du Soleil*, Éd. Olivier Orban.

Dictionnaire biographique du Canada, PUL, Québec, 1966.

Doyle Conan, *Les Réfugiés*, Éd. Robert Laffont, Collection Bouquins, 1990.

Dumas Sylvie, «Les Filles du roi en Nouvelle-France», Société historique du Québec, *Cahiers d'Histoire*, n° 24.

Foisil Madeleine, *Le Sire de Gouberville*, Éd. Aubier, 1981.

Goubert Pierre, *Louis XIV et vingt millions de Français*, Éd. Pluriel (Fayard), 1995.

Lacoursière Jacques, *Histoire populaire du Québec. Des origines à 1791* (T.I.), Éd. Septentrion, 1996.

Lahontan, *Nouveaux voyages en Amérique septentrionale*, Éd. Balises (Canada), 1983.

Lanctot Gustave, *Filles de joie ou filles du roi*, Chantecler, Montréal, 1952.

Laporte Yolaine, *Marie de l'Incarnation*, XYZ Éditeur, Québec, 1997.

Lebigre Arlette, *La Justice du roi*, Éd. Complexe, 1995.

«Les Filles du Roi et les soldats du régiment de Carignan-Salières», *Cap aux diamants*, n° 34, Été 1993.

Lessard Renald, *Se soigner au Canada aux XVIIᵉ et XVIIIᵉ siècles*, Musée canadien des civilisations, 1957.

Le Texier René, *Coutances (histoire et description)*, Coutances, OCEP, 1973.

Mabire Jean et Ragache J.R., *Histoire de la Normandie*, Éd. Hachette 1976.

Martin Henri, *Histoire de France*, Paris, Furme Libraire-Éditeur, 1855.

Myrand Ernest, *Frontenac et ses amis*, Éd. Historiques, Dussaux et Proux, Québec, 1902.

Ortolla Hervé, «Les Officiers du régiment de Carignan», Thèse : *À la conquête du Canada*.

Pariente Liliane, *Petite encyclopédie des Maladies sexuellement trans-missibles (Histoire et Actualité)*, Éd. Louis Pariente, Paris, 1993.

Pichon Francis, *Histoire barbare des Français*, Éd. Seghers, 1964.

Pierre Bernard, *Le Roman du Mississippi*, Éd. Plon, 1990.

Pitte Jean-Robert, *Histoire du paysage français*, Éd. Taillandier, 1984.

Proulx Gilles, *Entre France et Nouvelle-France*, Éd. Marcel Braquet, Parcs Canada, 1984.

Richard Michel-Edmond, *La Vie des protestants français. De l'édit de Nantes à la Révolution*, Les Éditions de Paris, 1994.

Rousselet Marcel, *Histoire de la Magistrature française*, Plon, 1957.

Seguin Robert-Lionel, *La Vie libertine en Nouvelle-France, au XVIIᵉ siècle*, 2 vol., coll. Connaissance, Leméac, (Québec), 1972.

Simon Nadine, *La Pitié-Salpêtrière*, Conservateur du Musée de l'APHP, Éd. L'Arbre à Images.

Soyez Jean-Marc, *Quand l'Amérique s'appelait Nouvelle-France*, Éd. Fayard, 1981.

Toussaint Joseph, *Coutances des origines à la révolution*, Coutances, OCEP, 1980.

Van der Cruysse Dirk, *Madame Palatine*, Éd. Fayard, 1988.

Vessier Maximilien, *La Salpêtrière, Un moment d'histoire*, Pdt Hono-raire de l'ass. des Amis de la Chapelle.

Viau Roland, *Enfants du néant et mangeurs d'âmes*, Éd. Boréal, Canada, 1997.

Vigié Marc, *Les Galériens du Roi*, Éd. Fayard, 1985.

Impression réalisée sur CAMERON
par BRODARD ET TAUPIN
La Flèche

pour le compte des Éditions du Rocher
en juillet 1998

Imprimé en France
Dépôt légal : août 1998
N° d'impression : 6359U-5